产业结构优化与土地利用效益提升：共生测度、驱动机理与政策设计

范树平　朱云涛　王　琦　解华军　著

中国农业出版社

北　京

图书在版编目（CIP）数据

产业结构优化与土地利用效益提升：共生测度、驱动机理与政策设计 / 范树平等著. -- 北京：中国农业出版社，2024.12. -- ISBN 978-7-109-32859-4

Ⅰ．F269.27；F321.1

中国国家版本馆 CIP 数据核字第 2025RU6083 号

产业结构优化与土地利用效益提升：共生测度、驱动机理与政策设计

CHANYE JIEGOU YOUHUA YU TUDI LIYONG XIAOYI TISHENG：

GONGSHENG CEDU、QUDONG JILI YU ZHENGCE SHEJI

中国农业出版社出版

地址：北京市朝阳区麦子店街 18 号楼

邮编：100125

责任编辑：边　疆　张潇逸

版式设计：小荷博睿　　责任校对：吴丽婷

印刷：北京印刷集团有限责任公司

版次：2024 年 12 月第 1 版

印次：2024 年 12 月北京第 1 次印刷

发行：新华书店北京发行所

开本：700mm×1000mm　1/16

印张：15.75

字数：275 千字

定价：98.00 元

本书得到安徽省自然科学基金项目"产业结构优化与土地利用效益提升：共生测度、驱动机理与政策设计（项目编号：1908085QG310）"、安徽省社会科学创新发展研究课题"安徽省设施农用地利用效率测度、影响因素及响应策略研究（项目编号：2023CX523）"、安徽省自然资源科技项目"乡村振兴背景下安徽省设施农用地问题与对策研究（项目编号：2024－KZ－18）"、安徽省自然资源科技项目"保障'三大工程'建设，构建房地产发展用地新机制研究（项目编号：2024－KZ－5）"资助。

发展产业是繁荣区域社会经济的基础支撑。土地作为生产生活的基本资源，是社会经济发展的第一生产要素，也是产业发展的唯一空间载体。作为经济增长的关键要素，土地利用效益提升、产业结构优化与现代社会经济转型联系紧密。与此同时，也带来土地利用效率低下、产业结构不合理等诸多问题，进而影响社会经济可持续发展。当前阶段，中国正处于转变发展方式的重要时期，高质量发展、新质生产力对土地利用效益和产业结构升级提出了更高要求。因此，如何利用好有限的土地资源以满足产业发展和产业结构升级的"双重导向"，以及如何协调土地利用效益与产业结构优化之间关系，值得深思和进一步研究探讨。

英国古典政治经济学之父威廉·配第认为，劳动是财富之父，土地是财富之母。土地作为地球万物的载体，是人类劳动及社会活动的生产资料与物质基础。土地资源开发利用与社会经济发展的相互关联，集中表征为土地资源配置到各产业用地部门，并由用地部门输出的产品及服务多寡而衡量用地成效，产业发展与土地利用相互制约、相互作用。生态文明建设作为中国特色社会主义事业"五位一体"总体布局之一，核心理念要求一切社会经济活动要尊重自然禀赋、顺应自然规律、保护自然环境，始终坚持走资源节约和环境保护的健康持续道路，形成节约资源和保护环境的空间格局、产业结构、生产方式、生活方式；同时要求着力构建现代产业结构新体系框架，其实这就是依据国家市场环境需求新调整、产业结构新动态和科技革命新趋势所提出的，对优化产业结构、加快转变经济发展方式具有重要导向。

如何协调经济发展和产业结构调整对土地需求的增长与土地资源稀

缺性之间的矛盾，以及提升土地利用效益语境下如何满足产业部门用地需求，已成为区域土地利用及产业结构优化的核心问题。纵观中国产业发展与用地政策导向及目标需求，产业结构调整与土地利用效益之间关系的历史、现状及未来走向到底如何，一直是诸多学者研究的难点及焦点问题。特别是在产业结构供给侧结构性改革背景下，如何协调处理好土地利用社会、经济、生态效益的共生型推进，恰逢中国处于新型城镇化及新常态下倡导的土地生态文明建设的内在要求及新质生产力的本质内涵，正是中国"十四五"以及未来更长时期需要解决的现实问题。关于产业结构优化与土地利用效益提升的研究已渐成体系，并逐步完善。本书在归纳总结当前国内外研究现状的基础上，系统介绍了产业结构优化与土地利用效益提升的共生关系。本书力争做到理论方法和具体应用的有机结合，即通过具体应用案例，详细描述产业结构优化与土地利用效益提升共生测度技术在不同空间尺度下的推广运用性，展示关于产业结构优化与土地利用效益提升的内在机理，以期使读者能对产业结构优化与土地利用效益提升之间的关系有一个较全面的了解和把握。

本书共分为 10 章。第 1 章绪论，以问题缘起为切入点，介绍了产业结构优化与土地利用效益提升的研究目标、意义、内容与技术路线，以及研究方法与数据来源、创新与不足。第 2 章文献综述与脉络走向，在文献综述的基础上，归纳总结了国外在产业结构优化与土地利用效益提升研究领域的脉络轨迹以及国内对该问题研究的思路进程，包括产业结构优化研究、土地利用优化研究、土地利用效益研究及其相互关系。第 3 章理论基础与研究框架，介绍了产业发展与土地利用涉及的基本概念，对研究命题与基础理论进行了阐释与说明，探讨了共生理论适用于产业结构与土地利用效益的共生发展研究，并在此基础上构建了本书的总体逻辑架构与理论框架。第 4 章产业结构与土地利用效益的理论基础分析，揭示了产业结构与土地利用效益的普适关系，分阶段阐述产业结构对土地利用效益的作用路径并解析了土地利用效益对产业结构的作用路径，围绕产业结构与土地利用效益的互动关系，确定了互动子目标及总体目标。第 5 章产业结构对土地利用效益的作用机理分析，回顾了中国产业结构的历史变迁过程，构建了土地利用效益评价指标体系及产业结构对土地利用效益响应模型，从产业结构对土地利用效益响应系数的影响分析出发，探究了产业结构对土地利用效益响应的具体影响因子及其作用态势。第6章土地利用效益对产业结构的作用机理分析，以土地利用效益对产业结构调整的反作用关系，结合中国省级数据测度中国产业用地效益及其比较优势程度，以及借助空间分析提出产业结构调整及战略布局建议，进一步探究了土地利用效益对产业结构调整的路径及影响因素。第7章产业结构优化与土地利用效益提升的共生关系模型构建，基于共生关系的理论核心，系统梳理了产业结构优化与土地利用效益提升的共生动力解析、共生要素阐释、共生形成条件、共生演化路径、共生机理透析，为实现理想共生关系目标提供政策设计的理论路径分析。第8章产业结构优化与土地利用效益提升的共生度测定及其影响因素实证分析，结合中国产业结构优化度和土地利用效益度时序数据，测度得到了共生度及其对应共生模式，以及共生关系趋势及优化要求；设定合适的计量模型及算法，测定共生影响因素，并以安徽为例进行了共生测度技术推广。第9章产业结构优化与土地利用效益提升的政策机制设计，系统梳理了国内外关于产业结构调整、土地利用效益协调提升等方面的政策经验，得出对称互惠共生模式是最为理想模式，进一步凝练表述了两者共生的价值回归及价值取向，借助 Williamson 政策设计框架和共生理论要点，构建了设计共生政策网络。第10章研究结论及研究展望，系统梳理了本书关于产业结构优化与土地利用效益提升的主要结论以及进一步开展研究的展望。

全书由范树平主编，其中范树平撰写第1、2、3、4、5、6、7、10章全部和第8、9章核心内容，朱云涛、王琦撰写第8、9章部分内容，解华军参加了部分文字整理和数据资料收集整理。

由于本书涉及学科面广及时间和水平的限制，可能会有错误或不足之处，恳请读者批评指正。

著　者

2024 年 11 月

目 录
CONTENTS

第1章 绪 论 /////////////////////////////////////

1.1 问题缘起与研究主题

1.1.1 产业结构调整与土地利用效益的现象反照

威廉·配第（William Petty）曾经说过，劳动是财富之父，土地是财富之母。土地作为地球万物的载体，是人类劳动和社会活动的生产资料及物质基础。由于土地资源形成因素的区域差异及动态变化，使得不同地区呈现出差异化的土地资源空间布局。某一特定区域的各类用地的组合方式、比例结构以及彼此之间相互关联所形成的不同用地结构，简而言之，即是在一定区域内各类用地面积所占区域土地总面积的比重和在土地空间上的布局（落地）（王群，2015）。地球空间上的土地、矿产、河流、植被等自然产物，经由人类的社会生产活动所创造出的农业、工业、交通运输、城镇等社会产物，形成了不同的产业结构。人类将土地资源作为生产要素，并以不同方式加以开发利用，直接烙印了不同产业活动下的对应物质基础，利用方式及类型不断发生改变，形成了复杂而稳定的人地协调系统（赵小敏，2004）。土地资源开发利用与社会经济发展的相互关联，集中表征为土地资源配置到各产业用地部门，以用地部门输出的产品及服务多寡来衡量用地成效。产业发展与土地利用相互制约、相互作用。一个不争事实是，中国人均占有土地资源不足世界平均值的 1/3，以占世界 9% 的耕地，养育着占世界约 20% 的人口。这带来一个严峻的挑战，就是有限的土地资源开发空间及宝贵的耕地资源，如何有效保障日益增长的社会经济用地需求，同时能够确保土地生态可持续利用（Westing A H，1989），以及提高粮食产量和保障国家粮食安全（刘芳，2016）。在实际应用中要坚持建设用地项目少占地的基本原则，确保以较少的土地资源消耗支撑较大规模的经济增长，确保国土资源生态安全。党的十八大把生态文明建设纳入中国特色社会主义事业"五位一体"总体布局，要求大力推进生态文明建设。其核心理念可理解为，一切社会经济活动都要尊重自然禀赋、顺应自然规律、保护自然环境，始终坚持走资源节约和环境保护的健康持续道路，形成节约资源和保护环境的空间格局、产业结构、生产方式、生活方式。

在人们生活水平提高的同时，也存在对自然资源的过度利用，人口增长与资源有限性之间的矛盾越发突出，在土地利用方面集中体现为人地关系的矛盾。特别的，随着人口的急剧膨胀和科学技术的快速进步，土地利用的范围和强度也日益加大。不合理地开发利用土地资源造成了环境污染、植被破坏、土地退化、物种灭绝和资源匮乏等一系列重大全球性问题（TumerⅡB L，1994；Moran E，2005），制约土地资源可持续利用，扰乱区域生态资源环境稳态。自改革开放以来，中国工业化、城镇化的进程不断加快，国内生产总值（GDP）总量及人均收入逐年增加，社会经济取得长足发展。在追求经济强度增加和用地规模扩张的过程中，一些地区的经济增长是建立在掠夺式开发自然资源及盲目扩张城镇工矿用地的基础之上，以高消耗、高排放、高污染、低效益为代价，属于一种粗放式和掠夺式经济增长，长此以往必然导致耕地资源等自然资源大量浪费，土地利用效率相应降低，生态用地大量减少，区域生态环境逐步恶化，严重制约土地可持续利用及土地利用综合效益提升（吴次芳，2009）。

要实现社会经济的可持续发展，仅依靠土地面积绝对量的增加来保障社会经济各部门对土地需求的增加是不太现实的，土地利用结构的调整和优化是在不需要追加土地面积投入的条件下获得土地供需平衡的结构效应的有力措施（任奎，2008）。土地利用结构的调整不仅影响到土地利用方式，还引导着产业发展方向，进而影响到产业结构调整（孔祥斌，2005；张颖，2007）。同时，产业结构调整也需要土地利用结构作出相应的调整（黄贤金，2002；濮励杰等，2008），以促进各产业土地利用供需平衡，进一步提升土地利用经济效益、社会效益及生态效益，实现土地利用经济效益、社会效益及生态效益的协调统一。

（1）协调提升土地利用效益，是中国区域土地利用与管理的现实要求

改革开放以来中国社会经济取得跨越式发展，GDP 从 1978 年的不足 0.4 万亿元猛增至 2015 年的超过 68 万亿元，2010 年我国成为世界第二大经济体；城镇人口数量从 1978 年的 1.70 亿人增加到了 2015 年的 7.71 亿人，2015 年我国城镇化率已达到 56.10%。根据诺瑟姆 S 形曲线，中国城市化发展正处于加速发展阶段，带动工业化、产业化及城镇化由量变到质变。中国城镇化快速发展，城镇工矿用地及基础设施用地规模快速扩张，第一、二、三产业及内在产业结构发生调整转化，产业集群及集聚发展态势进一步明显，并在时空上发生着产业结构演变调整，带来区域土地利用结构及空间布局发生改变。土地利

用系统是一个开放的复杂系统，涉及自然、经济、社会、生态诸多因素的影响，并反作用于社会经济及生态环境演变（蔡运龙等，2005）。当前，在用地需求日益增长与实行最严格的土地管理制度这一矛盾日益突出的新形势下，仍要始终坚持科学发展观，不断探索创新用地节约集约新模式、新机制及新路径，以资源利用特别是土地资源利用与配置结构，促进或者倒逼社会经济发展方式转变，推动区域经济社会与生态环保全面协调可持续发展（谢俊奇，1999；马贤磊，2014），保持土地利用系统健康稳定（郑华伟，2012）。追求土地利用效益的理想模式就是经济效益、社会效益、生态效益协调耦合并达到帕累托最优，实现社会经济持续健康发展，同时不以牺牲生态环境的质量为代价（李边疆，2008；Cooper A，2006）。因此，紧密结合国家政策方针，从时空双重视角合理组织、优化配置区域有限的土地资源，并与人力、物力、财力及技术等生产要素协调耦合，实现土地开发利用产出产品及土地利用综合效益最大化，是中国当前土地利用与管理面临的现实问题。

（2）调整优化产业结构，是推动区域社会经济可持续发展的客观需要

从新结构经济学的视角，结构主导型增长是经济增长的本质所在，产业结构优化升级是推动区域社会经济持续健康发展的核心动力（林毅夫，2017）。目前，中国正处于新型城镇化及新常态发展阶段，这个时期也是产业结构优化调整的窗口期及关键期，不尽合理的产业结构可能制约中国社会经济的持续增长（郑振刚，2016）。在发展阶段和环境语境下，中国经济发展步入新常态表现出经济发展要转型、资源环境约束加强的新要求，从要素驱动、投资驱动转向创新驱动，优化升级经济结构，更加注重民生和生态文明建设（齐建国，2015）。党的十八大报告提出要着力构建现代产业发展新体系，这是党中央根据国际市场需求结构新调整、产业格局新变化和科技进步新趋势，科学分析中国经济发展新阶段新特征所提出的重大战略任务，对优化产业结构、加快转变经济发展方式具有重要导向作用。中国现有产业结构体系仍然是一种生产型社会所配套的体系，第二产业比重过大、第三产业比重偏低，产业结构存在明显的虚高度化、欠合理化，总体趋向仍是较高的劳动消耗、资源消耗和较低的资源使用效率（黄群慧，2015）。这一状况导致了中国以高投入、高消耗、高污染、低质量、低效益为特征的粗放式增长，且在产业发展过程中过度关注经济增长，土地资源的使用效率不高，由此可能带来土地生态环境污染，呈现土地利用经济效益不是很高、社会生态效益持续下降的态势。为此，政府及企业每年要投入大量的资金进行污染治理，也制约经济进一步持续发展。应以综合采

用产业结构调整为手段或契机，促进生产要素合理配置，特别是土地资源优化配置，促进土地生产、生态、生活协调统一发展，推动区域土地资源合理开发利用与保障社会经济可持续发展。

1.1.2　促进产业结构优化与土地利用效益提升的协调推进

中国社会经济转型正面临着产业结构调整优化，由于满足社会经济增长用地需求而带来的农转非过度占用耕地资源及土地生态环境恶化，是摆在各级政府部门尤其是土地管理部门面前的重要课题。从产业经济学视角来看，在生产技术及资源禀赋约束条件下，将土地资源配置给效益较高的用地部门，提高土地利用的总体效益，即把区域土地资源按效益最大化原则配置给不同用地部门（李鑫，2016）。然而，产业发展必须落实到具体空间上，产业类型、产业规模及产业分布在一定意义上是指通过产业占地而对应形成的用地类型及规模布局，最终是为了提高土地开发利用产出效益水平。土地资源是人类一切活动的载体，产业发展作为主要生产活动，提供基本资源再造及空间布局（苏东水，2015）。以转变经济发展方式为统领，通过改革土地资源配置政策形成机制、建立多元化治理机制、创新土地管理机制和体制、转变土地利用与管理方式以及构建土地高效配置的政策保障体系，建立区域社会经济协调发展、城乡居民及建设统筹考虑、产业结构布局合理优化和民生体制有效保障的用地政策框架体系，达到土地资源在区域间、行业间、部门间的有效配置（陈利根，2012）。土地资源的稀缺性及有限性决定了土地资源是产业发展不可替代的基本载体，也决定了产业发展的空间约束环境，反过来产业结构优化调整也必然对土地资源配置提出新的标准及要求，合理的用地方式必须与不同产业结构发展阶段相匹配。区域产业变迁虽要考虑发展基础、资源禀赋、区位条件以及政策方针，但关键在于产业用地效益，以及效益水平能够满足人们日益增长的物质、文化及生活需求程度。因此，土地资源利用效益水平在很大程度上决定了资源优化配置效率，并对实现资源的高效、合理利用，保障区域社会经济持续、健康、稳定发展具有重要意义（王万茂，1996）。如何协调经济发展和产业结构调整对土地需求的增长与土地资源稀缺性之间的矛盾，以及在提升土地利用效益语境下如何满足产业部门用地需求，已成为区域土地利用及产业结构优化的核心问题。

纵观中国产业发展与土地利用的政策导向及目标需求，产业结构优化与土地利用效益提升之间关系的历史、现状及未来走向到底如何，一直是从中央到地方政府，以及诸多学者研究的难点及焦点问题。特别是在深化供给侧结构性改革背景下，如何促进土地利用社会效益、经济效益、生态效益之间的共生型推进，正是中国面临的现实问题。

基于以上陈述，不禁追问产业结构优化与土地利用效益提升之间的"六个如何"：产业结构优化与土地利用效益提升内在逻辑关系如何架构？产业结构变化对土地利用效益提升的影响因素如何？反过来，土地利用效益对产业结构调整的影响因素又如何？产业结构变化与土地利用效益的共生关系如何构建？两者之间共生程度测度及其影响因素如何？共生理想模式及措施如何设计？这些问题不断吸引笔者的研究动机与急切探索，而这些具体的问题汇集成本书的"在以产业结构优化与土地利用效益提升为双重目标导向下，区域产业结构变化与土地利用效益产出如何共生推进？"这一核心命题。由此引发本书的研究动机，具体说明如下。

研究动机一：产业结构与土地利用效益内在本质关系如何构建？从区域产业结构与土地利用效益涉及的经典理论基础挖掘，引入相关理论基础及作用体现，分析界定两者内涵，阐释产业结构与土地利用效益一般普适关系，从理论高度揭示与呈现两者内在本质关系，为共生理论引入及本书的研究提供基础理论保障，是本研究的原始动机。

研究动机二：产业结构对土地利用效益作用机理如何？产业结构与土地利用效益具有明显的区域差异性，结合中国国情分析不同产业结构语境下对土地利用效益响应程度及其影响因素，探究产业结构对土地利用效益作用机理，实现产业结构效益化探讨，是本研究的条件动机。

研究动机三：土地利用效益对产业结构作用机理又如何？借鉴运用比较优势理论，结合中国省级数据测度中国产业用地效益及其比较优势程度，探究产业用地效益比较优势影响因素以及土地利用效益对产业结构作用机理，实现土地利用效益结构化探讨，也是本研究的条件动机。

研究动机四：产业结构与土地利用效益的共生机理如何？在明确两者相互作用机理的基础上，自然而然表明了共生理论适用于两者关系思辨，接下来的关键在于如何运用共生理论将产业结构与土地利用效益整体纳入共生系统。在此借助共生理论原有范式并进行逻辑逐步推导，阐释如何选择共生模式以达到共生均衡及实现共生稳定，这是本研究的核心动机。

研究动机五：两者之间如何共生发展？既然将产业结构与土地利用效益运用于共生系统，势必要进一步探讨两者如何共生发展及其影响因素。在已有理论基础上，实践分析应该是最有说服力及应用价值的。前面以中国作为宏观尺度，接下来测度共生度及其影响因素，并以空间尺度下放至省级层面（以安徽及其地级市为例）进一步印证共生测度技术及其研究成果的运用推广性，从不同空间尺度分析两者的共生发展，这是本研究的目标动机。

研究动机六：产业结构与土地利用效益共生发展措施如何设计？在产业结构与土地利用效益共生化目标下，必须有措施加以保障。为此，研究两者共生发展政策顶层设计显得十分必要，这是本研究的最终动机（图1-1）。

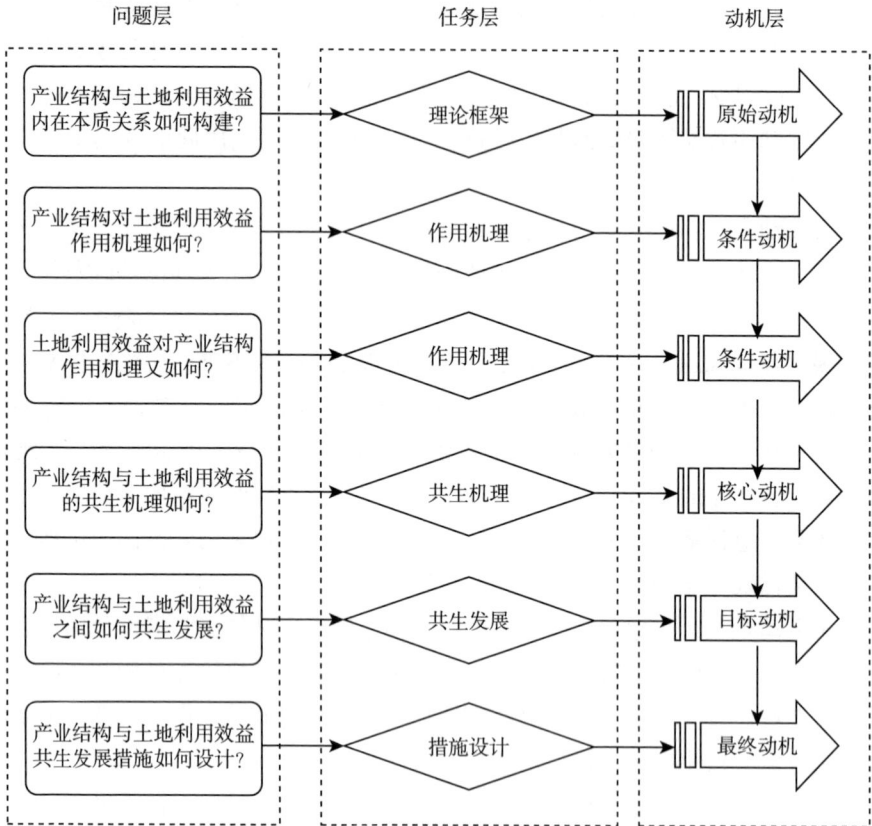

图1-1 研究主题：基于"问题＋任务＋动机"的三重视角

1.2 研究目标与研究意义

1.2.1 研究目标

20世纪90年代初，中国政府积极实施土地调控政策，通过有效的宏观调控，实现了土地开发的有序推进（黄贤金，2014）。在引导区域产业结构优化过程中应考虑土地利用（彭快先，2009）。区域土地资源优化配置及合理开发利用与产业结构优化调整是复杂多变的动态过程，涉及产权制度、社会制度、经济水平及自然资源禀赋等诸多层面。很有必要应用多学科的理论知识来重塑土地利用与产业发展，借鉴相关学科理论并结合中国特色探索新理论、新方法。为此，在系统梳理国内外相关理论的基础上，引入共生理论及其分析范式，从产业发展的角度探索区域土地利用。从追求土地利用效益的顶层目标出发，采用理论阐释与实证运用相结合的哲学思维，探索研究产业结构优化与土地利用效益提升的共生关系及测度技术，研究成果以期为协同实现产业结构优化与土地利用效益提升提出一些政策建议。

1.2.2　研究意义

（1）理论意义

中国土地利用研究开展时间相对较晚，且由于研究侧重点偏好，导致关于区域土地利用效益与产业结构之间挂钩研究较少，定性居多、定量不足（范树平，2013）。产业结构分析一直是产业经济学的研究重点，土地利用效益直接关系到资源配置效率和经济效益（Fan C，2003）。总而言之，土地利用与产业发展存在空间尺度和类型差异，基于不同空间尺度的产业类型差异化的演变规律研究相对缺乏，在关于土地利用与产业结构关系的研究中的一般机理及作用过程显得不够深入和系统，土地利用效益与产业结构研究基础较为薄弱。本书以共生理论作为核心理论，系统揭示土地利用效益与产业发展之间的作用机理及共生发展，紧密关联研究产业用地结构与土地利用效益，为深入研究区域土地利用与产业发展之间的关系提供一种新的思路和方法，也为区域产业结构调整及土地利用效益协调提升提供"双赢化"理论支撑。

（2）实践意义

本书既注重基础理论研究及阐释，也重视实践运用，特别是重视共生测度技术检验推广，实践意义明显。①为中国用地政策和产业发展政策提供决策参考。当前，中国社会经济发展正面临着人地关系亟待协调、产业转型升级完善及土地利用效益提升的关键期、换挡期，土地资源开发利用目标取向发生深度改变，土地利用方式及类型有待更新，不断考验着当前土地利用与管理政策。国家制定一系列政策来调控土地的供应结构、规模及布局，借助土地要素作为宏观调控执行手段，完善用地政策及产业配套政策之间的联动、互动机制，促进产业用地资源集约高效和产业结构优化，对国土资源生态空间实施强制保护。本书通过系统分析中国产业结构与土地利用效益一般演变规律和特征，双向厘清两者相互作用机理及其共生影响因素，研究结论能够为国家层面制定用地政策和产业结构调整政策提供参考，为优化相关的制度设计提供有益的参考。②安徽是承接产业转移重要区域，可为其产业结构优化及合理有效保障产业项目用地提供决策参考。本书在理论分析和宏观阐释的基础上，以中国为基础背景进行分析，以纳入"一带一路"和长江经济带覆盖区域的安徽为例，探究安徽产业结构与土地利用效益的共生关系及共生演变，对应提出相关对策建议，为安徽优化产业结构、提升用地综合效益提供对策思路。

1.3 研究内容与技术路线

1.3.1 研究内容

基于上述逻辑架构和研究目标，对产业结构与土地利用效益相互关系展开研究，重点分析产业结构与土地利用效益的理论关联、作用机理、共生演绎、共生案例及共生措施。具体来说，主要开展以下研究。

（1）产业结构与土地利用效益：理论框架化

运用产业结构理论梳理产业结构形成及发展、土地利用功能及对应效益，揭示产业结构与土地利用效益的普适关系；在划分产业结构演变阶段的基础上，分阶段阐述产业结构对土地利用效益的作用路径；详细分析土地资源功能判识和土地利用效益价值重构，解析土地利用效益对产业结构作用路径。在此基础上，围绕产业结构与土地利用效益的互动关系，确定互动子目标及总体目标，更加明确地表明理论总体框架及主旨。

（2）产业结构对土地利用效益的作用机理：结构效益化

回顾中国产业结构历史变迁过程，构建土地利用效益评价指标体系，运用测度模型测算中国土地利用效益，对评价结果进行全面揭示；构建产业结构对土地利用效益响应模型，计量化测定响应系数及其时序、空间情况；从产业结构对土地利用效益响应系数的影响分析出发，探究产业结构对土地利用效益响应的具体影响因子及其作用态势，从内在机理、外在驱动两个递进层次，系统阐释产业结构对土地利用效益的作用机理。

（3）土地利用效益对产业结构的作用机理：效益结构化

重点借鉴运用比较优势理论，结合中国省级数据测度中国产业用地效益及其比较优势程度，进一步探究产业用地效益比较优势影响因素及空间分析，全面阐释土地利用效益对产业结构的作用机理，实现两者关系分析的效益结构化。

（4）产业结构与土地利用效益的互动机理：共生演绎化

基于产业结构与土地利用效益的结构效益化和效益结构化的思辨过程，借助共生理论分析框架，逐步阐释共生动力起源、共生要素、形成条件、演化路径及共生机理。

（5）产业结构与土地利用效益的共生测度：案例实证化

着重测定中国产业结构优化度，构建共生计量模型及运用数学运算推导，测度共生度及其对应模式。从共生的理论视角，阐述对产业结构优化、土地利用效益提升及其共生度的作用影响，定量化测定共生影响因素。为了进一步检验共生测度技术运用推广性，转化空间尺度至省级单元，进一步测定安徽共生度。结合共生影响因素分析结果，针对性提出共生优化路径。

（6）产业结构与土地利用效益的共生措施：理论提升化

梳理总结国内外代表性国家及区域的发展政策经验，相互比较并凝练启迪。结合共生理论进一步阐释共生理想模式及内在要求，为后续内容指明思辨方向。阐述产业结构优化与土地利用效益提升对称互惠共生发展的实践反思的价值回归及价值取向，在共生单元、共生界面、共生模式及共生环境语境下，研究共生的实践条件。基于威廉姆森（Williamson）四层次分析框架及共生理论原有框架，构建设计共生政策网络体系。

1.3.2 技术路线

如上所述，本书主要是围绕"产业结构与土地利用效益关联应是什么？如何改进？"这一核心问题，试图从生态学的共生理论视角梳理及改良两者关系，旨在建构出迈向产业结构与土地利用效益和谐共生发展的理论架构并分析其实现逻辑。简言之，本书主要在于回答四个问题：是什么？为什么？应是什么？如何做？紧扣产业结构与土地利用效益两个关系主体，第 4 章从理论高度总体阐述两者相互关系，实现理论框架化，回答"是什么"的问题；第 5 章、第 6 章从实践入手到理论凝练，阐释两者相互作用机理，分别实现结构效益化和效益结构化，回答"为什么"的问题；第 7 章基于第 4 章理论框架，以及第 5

章、第 6 章对两者相互作用机理的深度阐释，引入共生理论并运用到产业结构优化与土地利用效益提升共生系统，采用逻辑演绎及公式推导，实现共生演绎化，回答"应是什么"的问题；第 8 章从实践验证视角探究共生测度技术及其影响因素，第 9 章结合共生理论分析框架及前面研究成果，从实践操作与政策措施方面分别实现案例实证化和理论提升化，回答"如何做"的问题。本书的技术路线如图 1-2 所示。

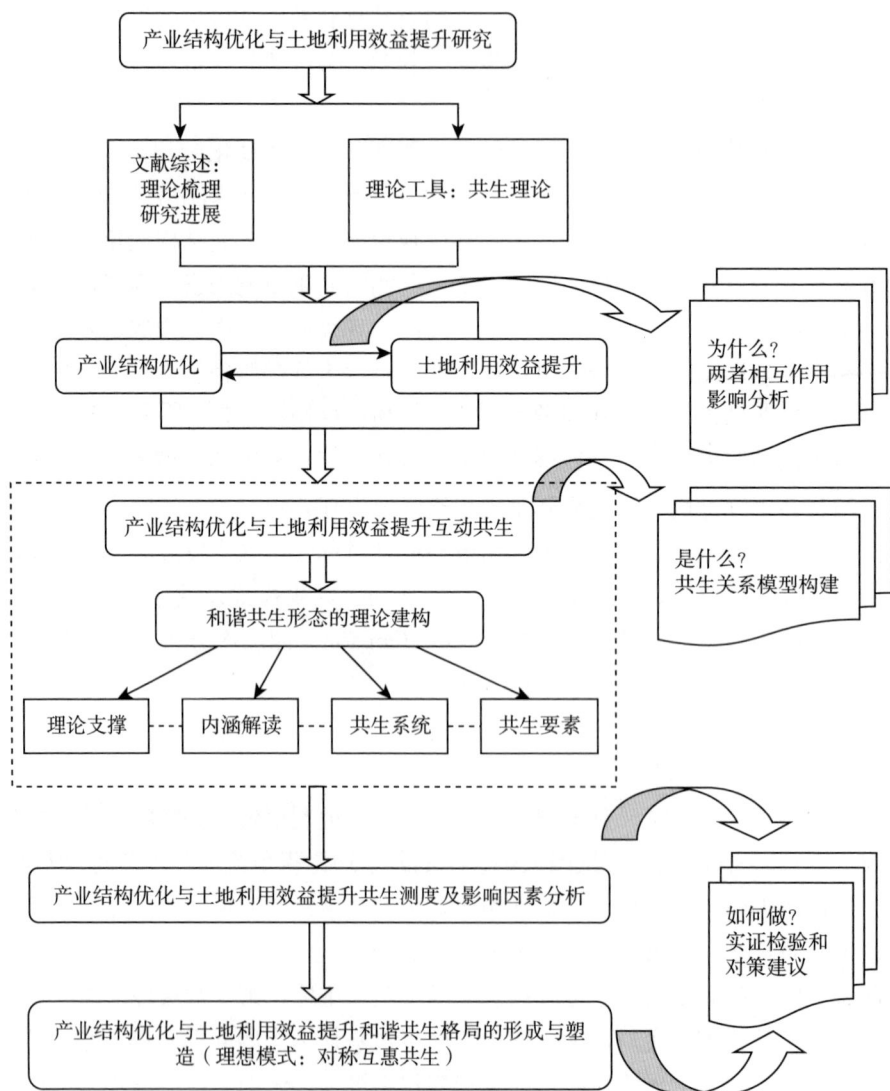

图 1-2　技术路线

1.4　研究方法与数据来源

1.4.1　研究方法

本书主要采用文献分析法、历史分析法、计量分析法等对核心内容进行研究。

（1）文献分析法

文献分析法是社会科学研究中一种基本的资源获取手段和基本研究方法。本书主要是通过对国内外相关文献的检索、分类、研读，准确客观地了解国内外有关产业结构与土地利用方面的研究进展、分析视角及解决途径，为规避可能的研究误区和借鉴相关研究成果提供依据。同时，本书使用的文献除了国内外相关研究成果以外，还会涉及部分政府政策报告、项目研究报告、统计资料、网络媒体报道等数据资料。

（2）历史分析法

本书旨在通过对不同历史阶段的产业结构与土地利用的现实分析，按照社会经济发展情况分阶段总结整理产业结构的阶段演化及土地利用效益历史趋势，总结不同阶段两者关系的内在特征及外在表现，为构建和谐共生发展关系夯实基础。同时，长序列历史数据也是得出测度共生度的具体公式的必备基础。

（3）计量分析法

采用定性与定量相结合的方法。定量分析内容包括以中国为研究对象的土地利用效益评价及时空分析，中国产业结构对土地利用效益响应系数，中国产业用地效益比较优势度、共生测度及其影响因素分析，以安徽为实证对象的产业结构优化度、土地利用效益、共生度等衡量测度。采用模型方法有响应系数、比较优势度、产业结构优化度、双基点法（TOPSIS）、探索性空间数据分析（ESDA）、共生度等算法，采用 Excel、Matlab、ArcGIS、GeoDa、SPSS、Stata 等统计软件。

1.4.2　数据来源

除图表数据资料特别注明以外，大致涉及产业、土地两大领域。数据资料涵盖产业发展、社会经济、土地利用、生态环境等方面，其中，产业发展及社会经济指标数据主要来源于历年《中国统计年鉴》《中国工业统计年鉴》《中国人口统计年鉴》，土地利用及生态环境指标数据主要来源于历年《中国国土资源综合统计年报》《中国环境统计年鉴》《中国林业统计年鉴》，以及全国分省份历年土地利用变更调查汇总数据。具体涉及每个章节的数据来源，另加详细阐述。

1.5 可能的创新与不足

1.5.1 可能的创新

第一，本书尝试性地从生态学的视角来设计研究思路，通过引入生态学中的共生理论来分析区域产业结构与土地利用效益的互动关联，思辨两者深度关系以实现产业结构与土地利用效益从"两难"到"共赢"。虽然当前相关研究成果丰富多彩、硕果累累，但大部分拘囿于经济学与地理学两大视角，本书首次尝试引入共生理论视角，深入挖掘研究两者关联，可以说是一种新的尝试。

第二，关于产业与用地已有研究成果确实很多，但成果水平参差不齐，深入细致研究成果不多见，深入研究最多也就是关于产业结构与用地结构的"双结构"研究，且此研究重复雷同较多，更深入的关于产业结构与土地利用效益的研究浅尝辄止。①本书准确把握研究脉络，只将用地结构优化作为研究"媒介点"，进一步突出产业占地的产出效益水平高度，推进到产业结构与土地利用效益研究的更深层次；②本书从理论与实践相结合的视角，分别借鉴引入响应系数与比较优势度，系统深入地剖析产业结构与土地利用效益相互作用机理，为共生理论运用到产业结构优化与土地利用效益提升关系提供基础支撑；③本书首次系统引入共生理论并运用到产业结构优化与土地利用效益提升关系研究，定量化测度了共生度及其影响因素，形成共生测度及影响技术方法，借助共生理论分析框架提出共生优化路径的对策建议。本书核心研究内容在该领域没有借鉴参考，从理论借鉴到实践运用均可算初次尝试，虽在无形中提高了研究难度，但亦是一种新的尝试。

1.5.2 存在的不足

第一，共生测度技术作为本书一个初步尝试，是承上启下的核心研究要点，也是基于中国近 40 年产业结构优化度和土地利用效益程度的时序数据。两者数据是通过选取诸多评价指标测算而来，虽经过重点研究及反复运算调试，但由于受到数据资料制约，可能存在评价指标选择不尽合理问题。

第二，受所收集数据资料限制，产业类型划分只到三次产业而未进一步细分行业，土地利用效益只是综合测度相对值且效益类型未进一步细分到社会、经济、生态及环境等维度。

第2章 文献综述与脉络走向 //////////////////////

2.1 国外理论研究的脉络轨迹

国外关于产业发展与土地利用研究相对较早且理论较为成熟，基础理论探索与实践运用相互结合。现从经典理论回顾、理论基础拓展、理论深化演变三个递进层次，系统描述国外在该研究领域的脉络轨迹，为本书提供理论背景及实践支撑。

2.1.1 经典理论回顾

国外关于土地利用与产业发展相互关系的研究起步较早，主要是基于市场经济视域并与产业演变紧密结合起来，研究成果更多服务于社会经济及产业发展，形成了诸多经典理论且一直主导当前研究趋向。最早关于该领域的研究可以追溯到屠能（Von Thunen，1826）发表的《孤立国同农业和国民经济的关系》，他首次提出了农业区位论，该理论也是当时资本主义发展下的社会化大生产的产物。屠能最早从土地区位条件差别化入手分析农业产业空间布局配置。一是围绕农业产出的农产品消费，系统研究农业土地经营种类、经营强度，以及如何合理安排区域土地资源开发利用及结构，将土地区位因素引入土地利用空间优化配置，初步阐明了位置级差地租。二是认定农业土地利用类型和农业土地经营集约化程度，既取决于土地自然属性，也取决于人类生产活动下的社会经济属性。以城市为中心，距离城市中心越远，区位地租越低，用地强度相应也越低。三是从农业产业类型分布揭示了土地利用结构形成机制，以不同农业产业类型能够承担的支付地租能力为标准，从里到外依次为农业、林业、轮作式农业、谷草式农业、三圃式农业、畜牧业六个圈层（Thunen，1997）。屠能农业区位论首次从产业经济学视角引入地租理论，研究方法及手段被后来学者广泛沿用及推广。其重大意义在于采取产业空间分布来优化配置区域土地资源，为区域产业发展及合理利用土地资源以获得更高土地利用效益及产出提供了卓有价值的思想基础。

受到屠能农业区位论的影响及启迪，德国经济学家马克斯·韦伯（Max Weber）于 1909 年出版了著名的《工业区位论》。工业区位论是在近代工业较快发展的德国产业革命背景下产生的，具有大规模人口在地域间移动，尤其是产业与人口向大城市集中的现象较为显著的时代特征。该理论的核心在于如何确定工业企业或工业在一定区域内的合理分布以获得最好效益。投资效益分析是工业区位论的出发点，区位因子是决定工业生产布局的重要因素，区位因子决定了生产区位因素，地方区位因素决定了工业产业空间布局，区位因素的集聚和分散影响工业布局基本框架，进而提炼出运输、劳动成本和集聚效益是"纯"理论研究的三大区位因素（Weber A，1997）。韦伯工业区位论实际上是对屠能农业区位论在产业类型上的扩充、在内涵上的深化，夯实了土地利用与产业布局理论基础，为土地资源优化配置及产业结构调整升级提供了理论支撑。

继韦伯之后，德国地理学家克里斯塔勒（Christaller）在对德国南部地区实地考察后，于 1933 年出版了《南部德国的中心地》一书，提出了中心地理论，形成了近代空间经济研究的重要理论。克里斯塔勒认为，市场原则、交通原则和行政原则共同决定了中心地等级序列的空间分布模式，在本质上揭示了城市工商业分布规律和空间均衡的优化模式，首次界定了地域空间是呈现一定结构的，为地域结构（空间结构）的研究指明了方向（Christaller W，1998）。克里斯塔勒是在原有理论基础上的集大成者，考虑到更多区位条件及其空间结构化，对产业空间分布的分析更具实践性，更能从理论运用推广至实际。几年后，在中心地理论基础上，1939 年廖什发表了《经济空间秩序》，假设工业配置需寻求最大市场，将生产区位和市场结合起来，进一步提出了类似六边形区位模型的市场区位论（图 2-1）。实质上，国外早期的土地利用与产业发展研究均是从空间区位优化配置切入考量，抓住了土地要素、产业空间及其衍生出

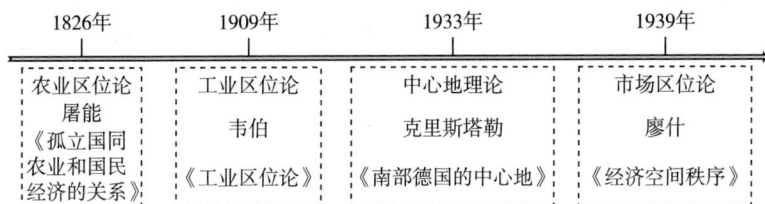

1826年	1909年	1933年	1939年
农业区位论 屠能 《孤立国同农业和国民经济的关系》	工业区位论 韦伯 《工业区位论》	中心地理论 克里斯塔勒 《南部德国的中心地》	市场区位论 廖什 《经济空间秩序》

图 2-1 国外经典理论发展轴

来的市场要素，在此为本书提供了核心启示：综合考虑产业发展、土地利用及其效益水平，从区位空间优化视角探究产业结构优化、土地利用效益提升的"双赢"模式。

2.1.2 理论基础拓展

随着工业化、城镇化、产业化的快速发展，在以空间区位为基础的经典理论框架下，为了适应及服务于社会经济发展，特别是城市化的发展，诸多学者结合实践进行了改进、补充及深化，形成各有侧重的土地利用、社会经济及产业发展方面的理论模型及范式。1925年美国社会学家帕克（R E Park）与伯吉斯（E W Burges）等对美国芝加哥市进行调查，总结出城市人口流动对城市功能地域分异的五种作用力：向心、专业化、分离、离心、向心性离心（歌德伯戈，1990）。以城市中心为基础，划分了城市土地利用的功能分区，分别为中心商业区、过渡带、工人居住区、高级住宅区和通勤带，对每个功能分区进行产业发展及社会活动引导。这一模式从动态变化入手分析地域，在宏观效果上基本符合一元结构特点，为探讨地域结构提供了一种方法，但仅考虑芝加哥一个城市的特点，功能分区过多、过于规则，且未估计到城市交通的作用。

美国城市经济学家霍伊特（H Hoyt）认为均质性平面的假设不太现实，其自1934年起收集了美国64个中心城市的房租资料，后又补充纽约市、芝加哥市、底特律市、华盛顿市、费城市等大城市资料，画出了平均租金图。总结发现，商业区、低级住宅、批发和轻工业区混合分布于城市中心，住宅、批发和轻工业区还会沿交通线路由市中心向外呈扇形延伸，高级住宅、工业区则处于城市外围。根据现象总结和规律分析，他认为城市地域呈扩展式扇形，并于1939年发表了《美国城市居住邻里的结构和增长》，正式提出扇形模型学说。不同租赁区不是一成不变的，高级的邻里向城市的边缘扩展，在移动式城市增长过程中最为重要。这一模型较同心圆模型更为切合城市地域变化的实际，但也仅局限于单中心城市，忽略了重工业对城市内部结构的影响和市郊住宅区的出现。

打破城市内部土地均质性的假设，1945年美国地理学者哈里斯和乌尔曼在《城市的本性》中提出城市土地利用结构的多核心模式，城市围绕着多个次中心会形成批发和轻工业、重工业区、住宅区，还会出现多个次中心商业区（张舒，2001）。多核心模式虽考虑了城市地域发展的多元结构，但仍基于地租地价理论，假设付租能力较高的高密度住宅倾向于接近中心点和其他主要经济胞体，最接近这些胞体的空间却被批发和轻工业所占有。多核心模式的突出优点是涉及城市地域发展的多元结构，考虑的因素较多，比前两个模式在结构上显得更加复杂，而且功能区的布局并无一定的序列，大小也不一样，富有弹性，比较接近实际。其缺点是对多核心间的职能联系和不同等级的核心在城市总体发展中的地位重视不够，尚不足以解释城市内部的结构形态。

2.1.3　理论深化演变

第二次世界大战以后，各国亟待恢复重建，世界经济加速发展，城镇化过程加速，城镇规模扩张和集聚发展，新的科技革命导致生产结构、城镇区位等发生新的变化；社会各种矛盾凸显，人们在要求改善社会经济的空间结构的同时，更加注重营造良好的工作及生活环境。地理学、经济学、社会学、景观学等学科之间相互渗透，为针对城镇发展、土地利用及社会进步等方面的研究作出了巨大贡献。作为现代区域科学创始人之一的艾萨德（W Isard）对城市地域结构中的应用进行了探讨，其所著《区位与空间经济学》深入分析了城市与区域之间的关系及其作用影响，研究了市场需求及供给、居民工资及消费价格均衡，探讨了居民个体意愿诉求与政府部门决策约束条件，对公共部门活动及社会共享福利也展开深入探讨。其引入大量计量经济方法进行产业发展区位空间布局分析，涉及农业与土地利用、零售服务业与商业、工业用地区位、城市街区用地及交通运输布局等诸多方面，实质就是在城市区域空间范围内部进行产业细化剖析，其思想理念及导向对现代区域社会经济发展、土地空间开发及产业空间布局具有深远影响。

1964 年威廉·阿朗索（William Alonso）所著《区位和土地利用：地租的一般理论》一书是他的成名之作，其主要贡献是将屠能关于孤立区位和农业土地利用的分析引申到城市，以解释城市内部的用地与地价的分布，形成了著名的城市土地竞标地租理论。通过一系列的假设，用新古典主义经济理论解析了区位、地租和土地利用的关联及其相互作用，描述形成竞标地租函数，以竞标地租来演算获得区位结构均衡点。以城市为中心，按照从内到外的产业类型分布依次为商业、工业、住宅、农业，进一步解释了在区位影响下的地租差异化导致了产业选择不同的区位空间及其产业用地空间。该理论揭示了单中心城市土地竞租函数与产业布局调整相互作用而形成的区域土地利用模式（杨宇，2008）。该理论与其他相关理论比较，将区位、地租及产业用地通过竞租模型进行关联分析，对地域结构理论及产业空间发展理论贡献很大，也进一步证明了土地利用功能分区存在的必然性及规律性，为国家土地合理开发利用与产业发展提供了理论支撑及理念导向（图 2-2）。

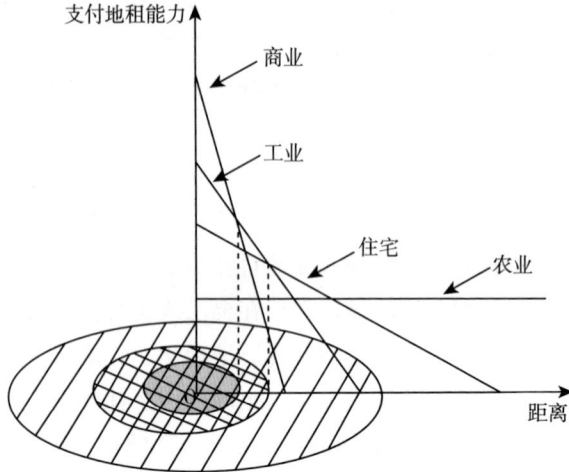

图 2-2 阿朗索土地竞租曲线

20 世纪 60 年代以来，国外主要资本主义国家进入战后重建的经济社会大发展阶段，社会经济体系、产业结构及土地利用理念发生深刻变化，使得土地利用结构的理论模型与现实存在的区域土地布局之间的差异变得越来越大。结合土地利用经济学理论不足及区域特色化的发展瓶颈，特别是在产业发展区位空间承接产业趋势下，诸多学者以解决实际问题为导向进行研究。例如，Macann、Sakishima、Egan、Bailey、Kraine、Boehm 等分别探讨了产业区位抉择的经济考量、房地产和零售商业区位竞争、次级住房市场垄断区位、不动产流动性、人口与投资选择等内容，代表了国外学者潜心通过实证案例研究以解决现实问题。20 世纪 80 年代之前，国外对产业发展与土地利用的研究已基本形成较为完善的理论体系，重点就是已从传统形态布局偏好过渡到区域空间功能体现。与此同时，国外诸多学者对涉及生产要素展开空间结构模拟演变。如戈登通过研究劳动力在美国都市区和非都市区的流动，得出了美国就业人口一般具有从都市区向郊区、从外围区到乡村区域流动的离心化态势；日本学者以东京、名古屋、阪神三大代表都市圈为例，分析得出批发、服务业的区位动向总体趋势仍是核心区域集聚度降低，集中分布现象相对趋减（许学强，1988）。

综观国外研究动态，关于土地利用与产业发展关联的研究和实践开展得比较早，经过了从理论基础研究到实践运用的完整过程，范围从整个区域到城镇内部，产业从农业、工业至城市内部产业体系结构，形成了诸多经典理论及实证成果，对现今产业发展、土地利用及土地利用效益研究具有很强的指导意义，也为本书产业结构优化取向与土地利用效益提升方向提供了理论及实践支撑。

2.2　国内问题研究的思路进程

国内研究相对较迟，经历了从理论借鉴到寻找变量进行实证研究的转变，部分成果已上升到理论高度。该领域研究涉及土地、产业及社会经济等方面，在借鉴国外理论研究基础上，诸多国内学者从地理学、经济学、社会学和规划学等不同学科对土地利用及产业发展逐步深入研究，特别是针对中国特殊的自然地形地貌、社会经济、城市发展热点或特殊区域开展了差别化的实证研究，取得了较为理想的研究成果。随着近年来计算机科学、地理信息系统（GIS）技术及大数据技术变革，土地利用研究的广度和深度得到巨大提升，不同区域、不同空间尺度下的土地利用、产业发展等方面实证研究硕果累累，为科学合理开发利用土地资源及产业结构调整提供了基础支撑。综观国内当前相关研究，结合本书核心要点，进一步细化当前研究方向，可归结为产业结构优化研究、土地利用优化研究、土地利用效益研究，以及产业与土地相互关系研究，特别是产业与土地相互作用、相互影响研究。最终导向是促进产业与土地相互协调及优化发展，由单项到双项、由简单到复合的逐级耦合。

2.2.1　产业结构优化研究

随着人类生产活动纵深发展及科学技术不断推进，以人的需求为中心的产业结构得到不断发展、调整及升级，最终趋向可以归结为区域产业结构优化（于泽，2014）。正因如此，产业结构优化成为诸多学术领域的理论及实践课题，也是中国工业、城镇化快速发展及转型时期的热点、难点问题，得到诸多学者及政府部门的关注。中国作为一个体量最大的发展中国家，已跨入经济结构转型及经济稳定快速发展的黄金时期，社会经济结构性矛盾逐渐凸显并制约宏观经济健康持续增长，这一点也可从诸多现实经济现象加以观察总结（张川川，2017）。涉足产业结构优化研究领域主要有经济学、地理学及管理学科学体系，归纳主要有内涵界定、判识标准、影响因素、定量分析及对策建议等五个方面（图 2 - 3）。

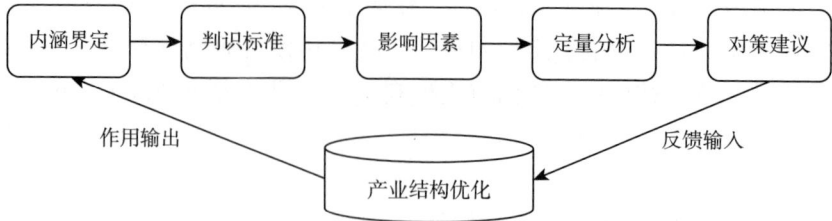

图 2 - 3　产业结构优化研究脉络

第一，产业结构优化内涵界定方面，此点是研究关注最早的，且很重要，不过各学术界及各派系说法不一。在此不得不提及研究较早且影响深远的上海市社会科学院周振华先生（1992），他认为高度化和合理化是产业结构优化的两个体征，其中高度化表明产业结构从低水平向高水平发展变迁，合理化表明产业类型之间的有机关联聚合质量的有效提高。苏东水先生（2000）强调变化发展的内涵所在，认为推动合理化及高度化的协调发展过程才是产业结构优化的本质要求，重点强调通过政府产业及相关政策调整影响产业结构变化的供给结构及需求结构，实现参与产业生产资源要素的优化配置及高效利用，推进产业结构的合理化与高效化发展。有学者基于新结构经济学的视角，指出产业结构的升级、技术和资本密集程度的提高意味着产业结构处于优化过程，提出产业政策在组织产业部门要素的战略指导（林毅夫，2012）。张辉（2013）采用产业结构的要素生产函数模型对美国产业结构与经济增长的关系进行初步研究，得出美国的产业结构和全要素生产率对经济增长有着巨大的推动作用，也得出在不同产业之间优化配置要素存在差异性及其重要性。与此同时，余子鹏（2011）分析生产要素配置过程，计算我国三次产业生产要素产出效率，探索要素效率与产业结构演变的关系，探讨产业结构演变的潜力，得出产业结构优化升级本质在于生产要素配置效率。由此可见，产业结构优化，要基于区域自然资源禀赋及社会经济发展需要，主要从产业高度化及合理化两个维度，不断实现生产要素优化配置的动态发展。

第二，产业结构优化判识标准方面，关于产业结构优化度测定，国际上的普遍做法就是将一个国家或特定区域的产业结构与世界其他国家的产业结构进行比较，从而确定该国或地区的产业结构优化度，典型代表如钱纳里的"产业结构标准模式"及"钱纳里—赛尔昆模型"，还有库兹涅茨"标准结构"等（杨公朴，2005）。国内研究开始是结合国外经典判识标准及方法，结合中国社

会经济发展阶段判识分析（江小娟，1996；吕政，2000），取得了较为良好的
开端，但选取变量只是涉及收入、产值及就业等个别指标，仅反映产业发展演
变的共性问题，未结合各国国情产业结构升级差异进行深入细化研究。张建华
等（2008）开创性地拓展了评价指标体系，从资本、劳动、能源、原材料和服
务五大要素构建 KLEMS 评测指标体系及数据库，深入分析了不同国家资源要
素禀赋及产业结构演变。在此基础上，有学者综合产业部门比例和劳动生产
率，测度了北京市、上海市、天津市等中国典型产业快速发展区域，取得了一
定研究成果（刘伟，2008）。虽然产业结构优化判识标准、测度指标及方法不
一致，但不可否认，诸多研究成果及研究范式对产业结构优化内涵界定及其计
量测度具有很好的启迪作用。

　　第三，影响产业结构优化过程方面，从制约其优化升级的要素出发，透析
各要素之间相互作用机理，以便更好地提出产业结构优化对策，服务于区域产
业政策出台及产业市场调控。各种领域方面均得到学者探究。例如，杨治
（1985）借鉴西方产业组织理论并结合中国产业发展，研究得出经济总量决定
或映射产业结构。原毅军等（2014）、钟茂初等（2015）分别结合中国分省份
时序面板数据，探究如何发挥环境规制对于产业结构调整的倒逼效应，正视产
业结构优化升级及生态环境保护的"两难"格局，实现环境保护与结构转型的
"双赢"。还有学者将劳动力作为最重要的生产要素，认为其数量和质量都对产
业结构的优化升级产生重要影响（茅锐，2015）。有学者利用我国 1978—2012
年三次产业数据和标准化供给面系统，测度不同类型技术进步对产业结构变迁
的非对称性影响，得出不同技术类型对不同产业类型结构升级作用具有差异性
（袁礼，2016）。在针对产业结构与市场、政府的相互协调关系研究方面，平新
乔（2016）从总体逻辑思路推理层面探讨产业结构调整过程中市场与政府之间
的关系，剧锦文（2011）以我国战略性新兴产业快速发展为例，探究在其发展
阶段过程中的政府与市场分工。

　　第四，从产业结构优化定量化考虑，深入探讨优化升级的理论支撑，也从
实证案例视角具体分析产业结构优化过程及发展态势，此种研究方向逐渐成为
新的研究趋向（李鸣，2010）。早期国内著名学者如陈锡康（1983）、邵汉青等
（1983）、钟契夫（1982）均作出了杰出贡献。后来结合经济优化方法（陈宏，
1997）、目标规划技术（薛声家，2003）、供需均衡增长理论（刘春山，2005）
等相关技术模型或理论，从技术方法上改进经典的里昂惕夫投入产出模型，研
究成果同样较为丰富。

第五，产业结构优化对策建议方面，主要是通过理论剖析及实证案例，从不同侧重点提炼形成相关产业结构优化政策。如宋涛等（2012）引入马克思主义理论指引中国产业结构调整升级，岳军（2003）强调需结合市场运行机制并以制度创新推动产业结构优化，魏梅（2008）认为在资源禀赋及环境约束下必须形成政府引导和市场激励推进相结合的有效发展机制；刘瑞娜（2016）针对我国产业结构发展的现状和问题，提出从加快现代农业建设、优化第二产业内部结构、加快发展现代服务业、发展区域特色产业集群等方面来促进产业结构调整。

2.2.2　土地利用优化研究

土地利用优化问题是一个古老、复杂而永恒的实践问题，更是学术界长久不衰的重难点主题。恰如 Carsjens 教授（2002）所说，针对不同用地类型的数量和空间位置进行配置的过程，在本质上就是一个优化的动态问题。那么，可以确切地界定，土地利用优化其实包括土地利用结构优化和空间布局优化双重指向。针对土地利用结构优化，国内外研究均较多；针对土地利用空间布局优化，国内研究尚未成熟，很多只在借鉴国外理论及实践研究基础上对国内案例进行实践研究，甚至部分与土地利用结构优化研究混为一谈，不过研究步伐较快，现已取得诸多研究成果。因此很有必要从土地利用结构和空间布局的双维视角加以系统梳理（图2-4）。

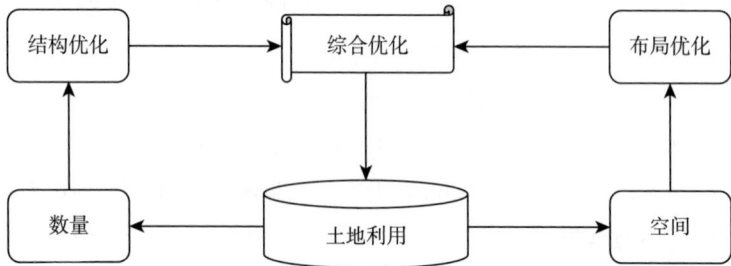

图2-4　土地利用优化内涵

一是土地利用结构优化维度。王万茂先生（1983）对其研究界定较早且最具代表性，他认为，用地结构指在某一特定区域各类用地所占比重及各类用地相互关系的总和，且在空间布局上加以确定。在用地数量层面也存在优化问题。用地数量层面上的结构优化要以一定区域土地利用系统所产生的效益最大化为目的，符合所设定的约束条件，将有限土地资源数量分配至各用地部门，从时空上得到合理安排及最佳落实（吴次芳，2009）。用地结构优化首先要明确优化目标，以此作为优化指标体系及模型构建的基础，在目标导向下推进土地利用结构优化过程，现有目标可细化为经济目标、社会目标和生态目标等目标类型。随着社会经济发展及人们需求多样化，日益要求土地资源具有多功能性，推进协同评价技术方法运用于土地利用多目标取向研究。例如，有学者研究认为，土地利用的经济效益、社会效益、生态效益之间的关系是，三类效益之和要超过某一项最大值，三类效益离差要小于某一项尽量小值（陈国阶，1990）；但也有学者认为，只要确定不同类型土地利用效益的优先等级即可，采用了多目标排序法进行决策，实现用地多目标合理（郭林海，1991）；还有学者进行深入研究并加以综合分析，确定土地利用结构合理性评价的主导指标并加以计量测算（王万茂，1996；赵小敏，2004）。上述关于土地利用结构目标研究结合了中国用地现实情况及社会经济需求的国情实践，为后续定量化研究提供了指导，借助计算机技术及 GIS 专业软件，线性规划法、系统动力学、灰色关联等分析方法得到应用。严金明（1996）借助系统分析原理，对南京市2000 年用地结构进行系统全面的优化设计；之后进行分析阐述及理论推演，得出土地利用效益及功能发挥同样可以通过用地结构优化得以实现，更进一步地回答了经济效益、社会效益、生态效益及综合效益如何最优化发挥出来（严金明，2002）。但承龙（2001）以启东市土地利用结构优化为目标，综合运用灰色规划及层次模型加以分析；刘静怡（2013）以嘉兴市北部为典型案例，整合运用灰色线性规划模型及 CLUE - S，表征用地结构优化中的灰色规划可行性及科学性；何鑫（2004）、董品杰（2003）、袁满（2014）等综合考虑了多种方法的优点所在，各自探究出一套适合区域特色的用地结构优化方法，研究结果同样具有很高的参考价值。总而言之，土地利用结构优化方法是随着时代发展在不断更新演变的，从最早的静态分析到动态模拟演化，从理论宏观性的定性分析到计量模型的定量化再到定性定量相结合过程，最终取向都是有助于土地资源能够得到合理优化配置及高效发挥价值所在。

二是土地利用空间布局优化维度。土地利用空间布局实质上就是依据用地现状及土地资源适宜性评价结果，将确定下来的土地数量结构在空间上加以布置和落实。在土地资源管理领域，各级自然资源部门管理土地资源的重要手段及方法就是从土地利用空间布局入手，基于地域分异规律的各级、各类分区（中国土地勘测规划院土地利用所，1993），先确定土地数量再落实其空间布局。虽然是基于土地利用数量优化基础，不过成果说服力及运用性有待考究。

有学者借助现代化手段，从其他研究领域借助粒子群算法，在用地目标匹配至具体地块单元之中，实现了多目标优化处理及用地数据、用地空间相互统一协调，同时克服了传统方法在数量结构与空间布局上难以实现统一的不足（马世发，2010）。有学者借助空间软件分析手段，直接将土地利用优化目标函数化，在多维空间层面下求解空间决策方案，将土地利用分异空间格局加以显现（秦向东，2010）。还有学者擅长运用 GIS 软件及计算机技术，空间化进行土地利用多目标动态模拟，以克服传统资源配置的非动态性及目标单一性（潘竟虎，2010）。随着遥感技术、GIS 技术及专业空间分析软件运用，土地利用布局优化在方法、技术、手段上不断更新变化及综合运用，如应用模拟退火法（王新生，2004）、生态位模型与元胞自动机（CA）模拟相结合（王汉花，2008）、遗传算法与元胞自动机相耦合（何春阳，2005）、GIS 技术支撑下的深度遥感解译（田光进，2001；吕红峰，2005）。土地利用空间布局优化研究涉及诸多学科领域，众多学者侧重于模型算法及新手段、新方法的创新和尝试，但是理论基础或者思想理念仍然拘囿于国外经典区位理论及资源禀赋理论，加强基础理论研究仍具有很大拓展空间。

2.2.3 土地利用效益研究

土地是人类一切活动的载体，也是自然—社会—经济综合体，承载着生产、生活及生态环境，是人类文明社会赖以生存发展的最基本的自然资源。自从人类开始种植与定居，便开始利用土地（David Rhind，1980），将追求土地利用产出效益作为土地资源开发利用的全部过程，且主导效益类型具有时代性、阶段性。效益随着区域自然资源禀赋、社会经济环境及制度文化体系而表现出差异，具有时空双重性。在此，针对土地利用经济效益、社会效益、生态效益等单项效益及其综合效益进行深入研究。

一是土地利用经济效益层面。当前，土地利用经济效益评价理论发展相对成熟，国内诸多研究加以借鉴参考，研究较为集中在区域范围土地利用效益研究、城市扩展过程效益研究及其效益动态演化过程三个方向（孙兴辉，2008），前两者侧重于效益空间差异性，后者侧重于时序变化性。臧俊梅（2005）以中国用地结构布局及经济效益为研究取向，采用比较分析法加以案例实证；张宝山等（2006）下移空间尺度至山东 17 个地市层面，通过构建评价指标、运用计量统计分析方法，得出山东各个地市用地经济效益空间分异情况。宋戈等（2008）以哈尔滨市建成区土地利用作为研究对象，采用时序分析法对 5 年内用地经济效益进行定量评价并提出诸多针对性土地利用效益提升对策。王成等（2009）从用地模式与管理实践需求出发，基于农户用地要素投入视角测度其经济效益响应程度，以便更好地判识用地模式最优化。随着中国城镇化、工业化发展，城镇工矿用地及开发园区用地面积不断扩大，吸引诸多学者加强了对城市用地开发情况及效益的评价。周蓓等（2003）主要选择单位用地产出、土地利用效益变化幅度及产值区位商，对中国特大型城市进行土地利用效益评价，揭示存在用地问题及提出提高土地利用效益对策，研究成果至今仍值得借鉴。还有袁丽丽（2006）、吴嘉惠等（2017）诸多学者，关注点还是放在城市用地上，分别对武汉市、京津冀地区城市用地经济效益进行评价分析，运用地理学空间演化、空间相关性及分异化阐释研究结果，提高实践价值。

二是土地利用社会效益层面。Ely、Morehouse 详细论述了土地利用过程中体现的社会目标，包括财富生产及分配、自然资源及环境的有效保护培育，以及生活乐趣在土地利用中的有效发挥；需要通过政府经济杠杆、法律法规等措施，实现土地利用过程中个人利益诉求最大化，但并不等同于社会利益或福利一致（伊利和莫尔豪斯，1982）。由于社会效益界定及评判标准随着不同地区的发展水平及人们思想差异而表现出很大差异，国内外针对土地利用效益研究特别是评价方面尚未形成规范统一的体系，缺乏相应理论积淀及实践探索，仅从 20 世纪 60 年代以后才逐渐被人们所重视（蒙吉军，2005），且参考其他相关领域社会效益评价研究居多。刘斌（1996）以小流域范围作为研究对象，秉持"以人为本"的社会发展导向，评价得出流域治理过程所形成的社会效益体现，表明核心价值在于居民生活质量有较大程度提高。黄力平（2006）综合采用了实证分析、专家打分、估算模型，实证分析了新疆奇台县退耕还林过程带来的社会效益响应程度。王静（2005）界定了土地利用社会效益内涵及其要求，并以曲周县农用地生产带来的社会效益为研究对象，分别从农业、农村、农民的协调可持续发展视角构建评价指标体系。陈士银等（2008）首先非常注重用地社会评价指标体系构建的科学性及合理性，从理论视角详细阐释了社会效益起源、发生变化及其影响作用，然后从四个方面构建评价指标体系，综合运用了加权法、变异系数法及层次分析法（AHP）对湛江市用地社会效益进行分析。

三是土地利用生态效益层面。将生态价值作为土地资源价值核心组成部分，以土地生态系统服务功能价值理论为基础，国外已进行了用地生态效益的诸多理论及实践研究，不过贡献最大的属 Daily G C（1997）和 Costanza

（1997）。随着国际生态系统服务功能及其价值评价推进，中国学者开始进行生态系统服务功能评价和生态效益评价研究（王万茂，2003），特别是党的十八大以来，在生态文明建设理论、山水林田湖草沙生命共同体系统观指引下，土地生态环境日益改善且研究日益深入。唐焱等（2005）从土地利用总体规划实施视角，从理论高度界定生态效益内在要求，提出用地规划实施过程中生态效益提升措施。陈仲新等（2000）采用 Costanza 等学者的经典价值评估技术，测算了中国土地利用生态效益价值情况，分省份进行评估并做排序及空间分析。张殿发等（2001）从用地系统合理性、系统功能完备性及生态环境质量良好化三个维度构建评价指标体系，较为科学合理地评价了吉林西部土地利用效益情况。邱道持等（2001）、李晶（2006）等诸多早期著名学者分别将小城镇、我国陕北黄土高原地区作为研究对象，突出体现在土地利用生态环境价值发挥层面，采用定量化手段评价了特定范围土地利用效益程度，提出适合地方特色产业及用地开发的对策建议。胡蒙蒙等（2016）基于生态绿当量原理及方法，设计不同土地覆被类型的生态服务功能评分标准，构建生态效益评价模型，合理测度玛纳斯河流域土地利用生态效益。郭旭东等（2017）基于碳储量视角，探析不同土地利用模式下碳储量的空间差异特征，并与加强城镇土地利用模式和生态效益研究相结合，有助于合理制定城镇土地利用政策。

四是土地利用综合效益层面。人类在土地利用与开发过程中可能会产生诸多问题，21 世纪以来土地资源可持续发展逐渐成为政府部门、学者及公众广泛共识，土地资源利用过程必须考虑到代际公平公正、合理配置，才能获得最优化的土地利用效益及最大化的社会福利（彭建，2002），最终目标还是实现经济、社会、生态三个效益水平综合最大化（刘书楷，2004）。国内研究较关注于土地利用三个效益内在关联透析及土地利用效益测度。史京文（1992）详细论述了土地利用效益本质内涵、三个效益的相互关系及作用影响，较早且从理论高度分析三者起源及关联，实属难能可贵、值得借鉴。许坚（1998）研究目的在于强调土地生态效益重要性及提升的紧迫性，系统阐释了其与用地整体效益之间的关系，表明生态效益是确保综合效益的首要保障。李植斌（2000）、彭建等（2005）分别从构建评价指标体系入手，运用计量模型算法，定量化测定不同区域土地利用效益，其实也就是土地利用综合效益，研究成果进一步丰富了测度指标体系，也是对综合效益的深化理解。

五是土地利用效益协调耦合关系层面。国内较早土地利用研究多起源于地理学、土壤学、农学等领域，进入 20 世纪 80 年代之后，国家相继提出人地关系矛盾、加强治理保护等土地利用研究理念，土地利用效益评价服务于大政方针，以更好地提出土地开发、利用、保护、整治等多维视角化的对策建议，更多关注点侧重到土地利用效益的协调性（度）、耦合性（度）评价。①从耦合层面考虑，梁红梅等（2008）、李冠英等（2012）为了测度土地利用社会经济与生态环境之间效益的内在协调关联性，采用耦合度指数，借助于系统科学建立耦合模型，分别测度广州市、南京市两类效益耦合程度，提出诸多有益建议及意见；颜开发等（2011）选取生态环境重点监测区域的桂林市作为研究案例地，基于城市用地的效益评价体系及耦合度测度模型，得到预想的研究成果；王伟娜等（2012）参考其他学者研究成果，以哈尔滨市为研究区域，在分析计算得到的用地社会经济效益及生态环境效益基础上，进一步通过耦合模型测度两种效益协调程度，还划分了耦合阶段。②从协调层面考虑，周章伟等（2011）在分析广东经济效益和生态环境效益基础上，通过软件分析其空间分布及协调程度，表明广东两种效益空间分异明显及相互协调度偏低的现实情况，呼吁加强提升效益再协调统筹；徐金哲等（2010）同样建立土地利用效益评价指标体系，计算社会经济效益与生态环境效益指标值及相关度，认为哈尔滨市两者相关度良好，总体呈现协调发展趋势；刘耀彬等（2005）在深入分析城市化与生态环境交互作用规律的基础上，利用协同理论建立两者耦合度及其预测模型，以徐州市为例进行实证检验。

2.2.4 产业结构与土地利用关系的研究

进入 21 世纪以来，中国正面临生存环境改善、生态环境保护等一系列挑战，正确认识和对待人与自然关系，以及协调人地关系成为其应对挑战的主线（郑度，2002）。以人为中心的生产活动对应形成的产业发展与以地为中心的土地资源开发利用之间关系的研究自然而然成为诸多政府部门及学者关注的热点话题。纵观当前研究，土地利用与产业发展研究成果实在颇多，尤其是用地结构与产业结构关系研究甚多，不过从研究所得结果来看，不外乎有产业决定论、土地决定论、相互协调论三种类型，最终建议导向都是强调产业发展与土地开发相互协调的重要性（图 2-5）。

第一，从产业决定论视角，认为一定区域产业结构及产业基础水平决定区域土地利用类型方式、规模结构及空间布局，制约用地资源优化配置及效益水平。社会经济发展处于不同阶段水平所形成的产业结构，其对土地利用需求特征是迥异的，产业发展规模决定了土地利用规模及土地利用重点布局，主导产

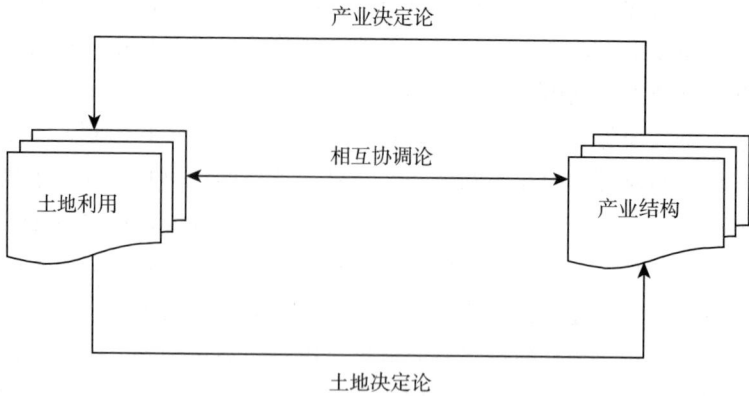

图 2-5　土地利用与产业结构关系的研究方向

业区位条件决定了用地空间布局。不同区域、不同产业结构形态对土地利用结构变化响应存在差异，表现出多元化、复杂化（孔祥斌，2005）。很多学者研究集中在于产业结构与用地结构先后变化层面。部分学者认为，产业结构变化是引起用地结构变化的决定因素，但在变化幅度上不一定表现出同步态势，更多情况是产业结构变化率大于用地结构变化率（但承龙，2010）；有部分学者持有反面意见，认为产业结构与用地结构变化方向、幅度及时序是同步的，也就是增减变化同步化，仅存在变化率幅度差异（张颖，2007）；还有学者认为，产业结构变化明显滞后于用地结构变化，两者不存在同步变化内在规律（鲁春阳，2010）。有学者打破产业结构与用地结构的"双结构"研究视角，从产业结构、产业规划引导为切入点，阐明产业发展决定区域用地战略部署及资源优化配置（曹志宏，2010），以及对区域用地集约（马涛，2010）、土地可持续发展（黄贤金，2002）具有很大促进作用，能够为区域产业用地提供决策参考。

　　第二，从土地决定论视角，认为土地利用配置与保障是产业结构优化升级和社会经济发展的前置条件及必然要求。用地结构调整是产业发展与结构升级的物质基础，是推动产业结构调整的源动力。若土地资源在各部门之间得不到合理配置，产业就不能形成合理结构体系，产业发展必须通过用地规划加以空间布局及用地指标的双重保障；若土地资源配置产业占地不合理，不仅阻碍原有产业升级改造，而且占用新兴产业用地指标，导致用地资源极大浪费及产业结构合理化、有效化欠缺。不过，在土地利用与管理领域，仅作为产业结构层面调整，也就是直接要求土地利用关系调整及结构优化。保证特定地域内土地利用系统良性循环、结构优化、功能提升及合理配置，唯一的途径就是达到土地利用结构合理，才能实现以较少的土地占有或投入而获得较高的效益产出（鲁春阳，2011）。张海兵等（2007）以中国用地结构与社会经济发展水平进行关联分析，通过计量模型测算两者之间相互作用关系及存在的内在逻辑关系，提出协调两者关系有助于土地综合效益发挥及国家宏观调控实现；也有学者运用系统聚类法对市域内部用地结构与经济结构进行实证分析，揭示了用地结构对区域经济发展方式、方向及速度在一定程度上具有差异性的内在规律（张秋峦，2000）；还有学者直接选取结构变化率和因果关系，采用实践案例研究方法，研究得出用地变化快于产业结构变化，积极倡议强化土地利用规划，优化土地资源配置格局，以此带动产业结构发展优化（杨宇，2008）。

第三，从相互协调论视角，认为土地利用与产业发展关系需要相互协调、相互照应，推进相互关系协调耦合演进，才能可持续、健康地促进用地高效及产业结构优化。一方面，土地资源是产业发展空间载体，土地各种功能支撑涉及生产、生活及生态等产业结构形成与演化；另一方面，土地资源只有通过产业占地形成加以绑定、开发和利用，土地资源功能才能得到发挥，产出效率才能通过产业生产得到体现，从而制约及改变区域土地资源开发强度、重点布局及空间形态。有学者选取处于不同经济发展阶段的北京市各个区（县）作为案例区，判断经济发展阶段，揭示产业产值与用地之间相互协调程度，得出产业结构调整是提升土地集约利用水平的主要途径，集约用地政策也是引导和约束产业结构调整的重要手段（孟媛，2011）。也有学者采用数据统计法、文献资料法，探讨城市产业结构与土地利用耦合关系，研究得出土地利用和产业结构调整要具有战略性目标，两者调整可以进行合理结合，从而减少城市土地资源的绝对使用量，提高土地使用效率（马安胜，2012）。还有学者通过研究梳理土地利用变化与产业结构演变互动关系机制，提出促进土地利用变化与产业结构演变的协调发展，依据产业用地适宜性评价结果科学甄别承接产业类型及其用地空间布局（范树平，2015），可为城市或区域用地合理、科学开发提供理论依据（李培祥，2007）。

2.3　文献述评

中国正处于社会经济转型发展关键时期，生产要素参与市场化配置尤为重要（陈银蓉，2005）。土地作为生产要素主要组成部分，其与生产活动主体的产业之间的相互作用关系，受到学者的广泛关注。综观当前研究，诸多丰富多彩的研究成果充分显示了学者对这方面研究的活力与努力。中国社会经济经历了快速发展时期，当下已进入经济发展新常态，产业结构与土地利用效益关系更具有中国特色，在紧密结合中国发展阶段化的时代特征开展研究方面，已有研究还存在诸多不足，有待进一步深入研究及实践推广。特别的，产业发展与土地利用研究不能仅局限在产业结构与土地利用结构的"双结构"研究层面，要在用地结构基础上再深化推进至土地利用效益层面，上升到产业结构与土地利用效益的顶层设计高度，最终实现产业用地效益得到协调且综合效益最大化的目标。在此，从研究成果、研究内容、研究视角三个维度尝试性地对两者关系的研究进行述评与反思，提出进一步研究的努力方向。

第一，在研究成果上，丰富多彩，质量一般。从学术开展主体来看，以高等院校教师及硕博研究生为主，兼有研究院所科研人员及政府部门工作人员，为该领域研究探索献计献策，呈现定性与定量并举、理论与实证并存的研究态势，共同汇聚成了一股强劲的学术力量。但特别针对中国的相关研究，仅体现为指标体系及模型算法差异化，借助地域差异运用到不同地区进行循环型研究，导致成果质量一般；加之研究方式和方法较为单一，导致主题研究略显苍白，在产业结构与土地利用效益作用机理、相互关系、优化方案、保障措施等方面系统研究甚少，仅体现地理学的地域差异性，雷同性的成果颇多。

第二，在研究内容上，注重实践分析，理论仍待跟进。目前学者们偏向采用新的计算机软件、模型算法在实践层面进行对策探讨和实证分析，仍缺乏一个统一的关于产业结构与土地利用效益的理论认知，学术层面也很少搭建符合当前中国发展阶段特色及转型时期的本土化理论体系以引导实践展开。虽然国外研究发展较早且有诸多成熟理论体系，但仅适应国外时代背景及体制机制，针对中国土地利用、产业发展及产权制度是否适用仍有待进一步反思和佐证。为此，关联性理论缺失和如何对实践指导亦使得当前这一主题研究略显不足，也反衬本书可取之处。

第三，在研究视角上，偏好明显，仍待突破。围绕产业与土地的研究是面向多维度、多学科的复杂系统，综观当前研究动态，其具有明显偏好，主要集中于产业经济学和地理空间学视角，缺乏新意。该研究发展至今，早已涉及经济、地理、政治、文化、生态等诸多领域，必须采用一个超越经济学和地理学的视角来进行协调统筹，引入其他学科的理论视角势在必行，特别是在中国注重生态安全及推进生态文明建设下，一个重要的角度即是生态学的研究视域，视整个世界是一个大的生态系统，各个主体和谐共生。

由此，审视产业结构优化与土地利用效益提升共生推进的一个全新思维或新视角便应运而生，即"共生生态学"的视角。其主要是指运用生态学的观点、理论与方法，研究自然现象和社会经济发展规律的理论。其在研究视域上跳出了生态学本身，把世界万物放到社会、自然等生态系统中予以整体性、系统性考察，理论目的在于揭示关系本质内涵，实践目的在于实现产业升级优化及土地利用效益提升从"两难"迈向"双赢"。因此，本书拟引入共生理论视角及分析范式，把产业与土地视为一个共同体，将产业结构优化与土地利用效益提升作为共生目标取向，用全新的思维尝试性地构建和谐共生的理论架构，分析两者之间作用影响，探究两者之间共生程度及其模式判识、共生影响因素，以及共生理想模式的实践逻辑。

第3章 理论基础与研究框架 //////////////////

3.1 基本概念与内涵阐释

本书的研究对象是产业发展和土地利用两个方面，基本概念涉及产业结构、土地利用、土地利用效益及共生发展，其中产业结构、土地利用及土地利用效益的内涵在研究综述部分阐释，共生发展将在引入共生理论部分兼以详细介绍。以下概念界定主要是基于已有研究的归纳性阐述，也代表本书所持观点。

3.1.1 产业结构

产业结构是指构成国民经济体系的各类产业之间相互联系、相互依存、相互制约的关系形态，以及数量关系和对比情况所表现出来的系统性和整体性。其衡量指标可分为两种，一种是各产业的就业人数及其占比、各产业资本额及其占比等，另一种是各产业产出占全部 GDP 的比重。从两重维度考量产业结构内在联系：一是从"质"的维度照应产业之间经济关联及相互作用内在规律，揭示不同社会经济发展阶段的产业类型部门扮演角色及结构效益；二是从"量"的维度体现某一特定区域、特定时段的产业之间投入产出占比关系。一般按照三次产业划分，区域产业结构就是指第一、二、三产业之间的比例结构及相互关系，区域产业结构的合理化和高度化直接影响到区域社会经济发展程度，能够以有效整合产业发展资源而达到产出最大化。合理高效的产业结构能够推动区域社会经济持续发展，不合理的产业结构将会影响区域健康稳定发展甚至阻碍社会经济提高，必须及时优化调整区域产业结构以确保区域社会经济持续发展。为此，本书引申产业结构优化过程，就是推动产业结构合理化和产业结构高级化发展，实现产业结构与资源供给结构、技术结构、需求结构相适应的状态，第 8 章实证测度产业结构优化度就是综合考虑到了产业结构合理化和高级化。在此需要说明一点，产业结构研究相对成熟，本书也是按照普遍采用的第一、二、三产业的产值所占比重表征产业结构特征；第 5 章由于数据资料限制，农业产值简要指代第一产业产值，非农产值指代第二、三产业产值之和。

3.1.2　土地利用

人类进行生产、生活离不开土地资源，土地资源具有物质基础来源及空间载体的重要功能，因此开发利用土地资源能够促进社会文明持续发展。土地利用又称为土地资源利用，是指全国、某一地区、某一单位范围内的土地在不同用途上的分配和使用。它是人类通过与土地结合获得物质产品和服务的经济活动过程，这一过程是人类与土地进行的物质、能量和价值、信息的交流交换过程（毕宝德，2002）。在实际的经济生活中，土地利用包含一系列的环节，主要有土地勘测、土地规划、土地开发、土地使用、土地保护、土地整理等，即涵盖土地直接利用的前期活动和土地开发、使用之后的后续活动（周诚，2003）。随着人类进行土地开发利用的技术水平的提高，从远古时代最原始的刀耕火种及猎取野兽，至现今集土地开发、利用、整治及保护于一体的综合土地行为，过程由简单到复杂，最为突出的就是从被动接受自然界给予到积极主动地改造自然。通过实践证明，应遵循自然规律及区位条件，科学合理地开发利用土地资源，组织协调人地关系及改善土地生态环境，积极寻求土地资源最佳开发利用目标及途径，充分配置各类生产要素及发挥资源禀赋优势，以期达到最佳的土地利用生态、经济和社会效益。当前，中国经济体量位居世界第二，城市化率已过半，工业化、产业化进程不断加快，进一步加速了区域土地利用景观格局变化，城镇工矿建设用地与农转非过程均呈交叉快速推进趋势，对土地利用与管理实践提出了更高要求和标准。为了实现区域土地资源及效益持续发挥，保障社会经济及生态环境可持续发展，必须加强统筹人与自然、人与土地之间的行为准则及规范。本书通篇围绕产业发展与土地利用协调视角进行切入研究，按照上述归纳总结开展理论研究及实践运用。

3.1.3　土地利用效益

土地利用实质上是由自然因素和社会经济因素交织在一起并相互作用、相互影响的复杂开放系统，是具有一定结构占比和功能性能的统一整体。土地资源开发利用作为人类社会日常活动，带有很强的目的性及预期性，随着人类需求的变化而变化。土地资源开发利用程度可采用土地利用效益度量。土地利用效益是指单位面积土地投入与消耗在区域发展的社会、经济、生态与环境等方面所实现的物质产出或有效成果（罗罡辉，2003）。土地利用效益是在某一特定空间范围内、一定时限条件下对土地利用效果的综合评判，综合考虑到各种因素因子作用程度的相对比较值。土地利用效益存在多维度、多层次性。按作用范围分类，可分为内部效益和外部效益；按种类分类，有经济效益、社会效益及生态效益；按照时序划分，则可分为近期效益、远期效益。本书中土地利用效益重点涉及第 5 章土地利用效益和第 6 章产业用地效益，在此按照普遍采用的类型划分方法进行分类。第 5 章为了构建科学的效益评价指标体系，将经济效益、社会效益和生态效益归并为社会经济效益、生态环境效益两个方面，并在这两个方面上综合评价土地利用效益，后面第 7 章实证部分也是采用此种处理；第 6 章按照农业和非农业类型，将效益分为农业用地效益和非农用地效益，在效益评价过程中统筹考虑到土地利用社会、经济、生态的综合效益。最为直接的反映是，在评价指标体系构建上，严格做到根据土地利用效益内涵选择合适评价指标。以下是基于已有研究成果对土地利用效益内涵的总结性表述。

①土地利用经济效益是指投入土地资源且能够获取的相应有效产品之间的相互比较。土地投入一般涉及资源成本、劳动成本及消耗成本，土地利用产出多寡直接受制于土地资源开发合理程度，进而影响用地经济效益表征。特别强调一点，土地作为农业生产资料，既是劳动对象也是劳动手段，其表现甚是明显，关键在于土地自然生产力的发挥，进而影响农产品形成。因此需充分利用土地自然生产力，带来土地更多产出，同时投入费用尽量低。

②土地利用社会效益是指土地利用对社会需求的满足程度及产生的政治和社会影响（王万茂，2003）。其实，土地利用本身不存在社会性，只是融入了人类劳动及价值投入而具有一定的社会性，在学术层面上就与社会科学领域彼此延伸及相互交融。土地利用社会效益按照影响范围可分为区域内和区域外：对土地所在的本区域内部居民社会活动影响，一般涉及国民经济收入、市场消费品供给、就业保障及生活水平改善等方面；对土地所在区域外的影响，一般包括产品输出、人口转移、市场贸易等方面。从土地利用影响的区域内外方面，可以从中选取指标对用地社会效益进行评价，进一步可衡量用地社会效益大小。土地利用涉及产品供应、居民收入、市场贸易、劳动就业等各个方面，因此土地利用是最为重要的社会生产活动，承担着社会运行角色，对整个区域社会生活影响深远。

③土地利用生态效益是指以人为中心的土地开发利用行为对整个区域土地

生态系统造成的影响程度，以此传导至人的日常生活及生产的环境产生影响作用。整个过程可以分解为，人类投入劳动到土地利用活动，消耗劳动价值，促进了与自然之间的物质、能量交流，获得了当量的经济效益及社会效益，同时退回至自然界一定量的物质及能量，这个退回过程必然对自然环境产生影响。在这一循环过程之中，人类对外围生态环境产生影响并不是人类作为土地使用者的初衷或期望，只是人类在深度改造自然的过程中，由量变到质变而对能量交流产生干扰、构成生态环境物质改变，进一步导致土地生态空间挤占、物质能量紊乱，生态环境效应趋向降低。

土地是人地系统中最为集中、最为复杂的单元，不仅是人类生产活动的载体，也是生态环境培育主体，两者角色转换在很大程度上是由人类决定的。土地利用过程中的社会经济效益和生态环境效益的共生性受人类劳动方式影响。土地利用如果遵循生态经济规律，就能使经济效益与生态效益实现同步增长，对生态环境产生积极影响；反之，如果盲目追求土地利用短期收益或明显偏向经济最大化，不仅背离经济社会效益，还会造成生态环境恶化及资源破坏浪费，影响土地资源整体可持续开发利用。因此，土地利用效益需要在遵循自然规律及节约资源条件下，同时获得经济、社会及生态三大效益的帕累托最优，实现土地利用综合效益最大化。

3.2　研究命题的阐释与说明

本书主要是遵循"理论指导—实践应用—理论提升"的学术思路来展开的。通过对产业结构与土地利用效益演变过程中存在的产业结构不合理、用地效率低下、土地生态恶化等"不和谐现象"的反思，透视出"产业结构与土地利用效益不协调"这一核心深层次问题，继而尝试性地围绕"共生关系"这一研究对象展开具体剖析。对于此命题的研究，有两点是有必要加以阐释和说明的，就是存在显性逻辑和隐性逻辑（图 3-1）。

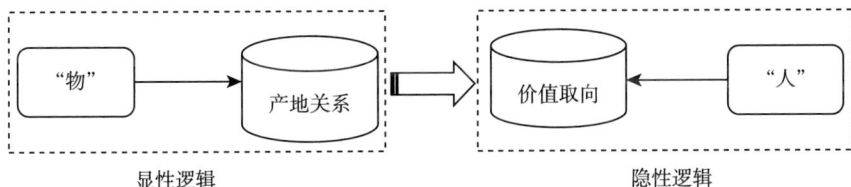

图 3-1　研究命题的逻辑阐释

3.2.1 显性逻辑

"物"：产业结构优化与土地利用效益提升关系。所谓"物"，即遵循当前研究的主流，也即以此主旨而进行理论的实际展开。具体而言，笔者以"构建产业结构与土地利用效益和谐共生关系"作为研究对象，也即本书的一条研究明线，以此展开的所有论述均是沿袭这条明线的实际扩展。同时，本书所指的"共生"不是指单纯以产业结构调整为手段来促进土地利用效益提升，或者以土地利用效益为目标导向来倒逼产业结构发生调整，而是综合考虑了产业结构与土地利用效益的"双向导线"，实现两者共同发展、共同提升，最低要求是一方改变不能影响另一方，两者均是独立个体、缺一不可。当然，不管产业发展与土地利用的趋势走向如何，一定要遵循资源禀赋、自然规律和生态环境原则，归根结底是要遵循以人为本的价值思想，不能脱离"人"的因素及其价值需求而一味"物化"产业发展与土地开发（衣恩普，2009）。因而，本书的另外一点隐性因素——"人"，便由此牵引出来。

3.2.2 隐性逻辑

"人"：价值取向。产业结构优化与土地利用效益提升和谐共生是两者关系发展的最终核心目标。产业结构是否合理？如何注重用地经济效益、社会效益及生态效益？两者处于什么状态才是共生发展？其实这都是一种评价判识，甚至是一种体验和认知，而这种体验、评价和认知均是以"人"为评判准绳的。所以，本书暗含着一条基本的隐线——公众对产业结构与土地利用效益的诉求和期待，这便是本书的隐性线索和价值旨归。具体体现到研究过程，就是考虑到不同阶段或时期发展所导致的公众对其价值诉求及理解的迥异，分阶段阐述产业发展及土地利用效益关系、土地利用效益评价及产业结构合理与否的具体指标选取，以及分区域差异化计量共生度影响因素。以上均体现了"人"的差异化价值取向及利益诉求。

3.3 基础理论

本书围绕产业与土地之间相互作用、相互影响的关系分析，是在人地关系伦理语境下的作用体现，在此仅选取与研究主题直接相关的基础理论进行概述，为后续研究提供理论支撑。

3.3.1 系统理论

科学的系统观是承认事物的客观普遍联系，具体全面地揭示对象的系统存在、系统关系及其规律的一整套科学的观点和方法（周玉东，2005）。其最大特点在于将世界万物当作系统考虑，深入全面地把握系统成员中的实物、个体及现象，而不是进行简单堆加，避免考虑事物的孤立性及片面性。一个个相对独立又相互联系、相互制约的子系统可以逐层构建更为庞大、更为复杂的高级系统，每个子系统又可单独发挥功能，并与其他系统中的各要素之间相互影响、相互作用，形成有机结合，保障系统内外正常运行。整个自然界就是一个大的系统体系，由很多相互作用、相互影响的子系统构成，也正是这种整体中各个要素的相关联系和作用构成运动，推动了自然界的演变。系统论概念的本质就是从联系、整体的角度来认识事物，从而揭示整体中各要素之间的相互联系方式以及整体特征。系统论作为当今诞生的一门新兴的方法论学科，其指导社会经济实践的效果很好，毋庸置疑成为众多学科中的佼佼者。系统论具有一般科学方法论的特点，因为"万物皆称系统，系统无处不在"（魏彦昭，2000）。因此，从系统论的哲学基础和方法论特征方面考虑，系统论已经非常接近哲学，特别是与马克思主义唯物辩证法直接相通，具有很强的哲学意义。人的物化劳动投入土地资源开发利用，打破自然原始系统，从而构建了由经济、社会、生态环境等因素构成的土地利用开放系统。系统内各要素之间相互作用及相互渗透，时刻进行物质能量交换。人的物化劳动投入形成了一定区域的产业活动及产业结构体系，一同融入土地利用系统，并在自然环境、人为因素作用下不断进行着形成、发展及演变的循环过程。以系统学的理念统筹考虑产业发展及土地利用，土地资源的生态属性、经济特征和社会功能就是依托产业发展而表现出来，相互交织并共同构成了具有一定结构和功能的复合系统。虽然土地利用系统涉及不同侧重的经济、社会、生态三个子系统，但整个土地利用系统是具有整体性、全面性的，任何子系统运行及要素变化都要服从总系统目标整体的需要，否则将导致系统紊乱和低效。

3.3.2 资源稀缺理论

当今，资源稀缺已成为人类社会可持续发展面临的重要问题。土地的稀缺性是由土地自然供给的绝对有限性、土地的固定性、质量的差异性和土地报酬的递减性造成的。土地供给的稀缺性不仅表现在土地供应总量与土地需求总量的矛盾上，还表现在可导致经济文化发展水平高、人口聚集的城镇地区和某种用途土地的特别稀缺上，从理论上看可以分为绝对稀缺和相对稀缺（张琳，2014）。绝对稀缺理论由马尔萨斯提出，考虑到土地面积有限性及不可再生性，从长期看整个区域土地总量不变，导致土地自然供给绝对无弹性；相对稀缺理论由李嘉图提出，考虑到土地资源不存在均质性，短期内投入土地市场的土地供给与土地需求之间的差异导致稀缺性，土地供给随着土地需求相应发生变化，短期供给具有弹性。土地资源是社会经济发展所需的重要生产资料，由于其有限性而导致土地管理事业成为社会经济发展的热门活动。随着中国产业化、城市化的不断加速，城市人口集聚不断增加、城市用地规模不断扩大，人地矛盾特别是城镇工矿地矛盾日益突出。其深层次原因在于用地粗放造成巨大浪费，多占、少用、闲置等土地利用低效现象普遍，导致资源人为稀缺化。人类在从事生产建设活动中要综合运用到土地资源的相对稀缺和绝对稀缺。一方面，要针对土地总量有限的现实条件，加强土地资源节约集约利用，提高土地利用各方面效益，尽量满足人类对土地资源的多元化需求；另一方面，要针对土地类型转变调整的弹性空间，综合运用市场化调控机制及政府宏观调控手段，合理配置各部门、各产业间的用地规模、用地布局，结合地方土地利用自然现状及产业发展形势，加快土地资源向优势土地利用效益的产业部门倾斜，建立健全土地类型转化协调弹性机制，加大区域土地资源在社会经济、生态环保、人口转移方面的协调力度，缓解土地资源稀缺带来的发展障碍。

3.3.3 区位理论

区位是一项经济活动或经济景观在区域空间中所占据的位置，是地球上某一具体的位置，可以用空间坐标来表示（Brower F，1991）。区位论就是关于人类活动的空间分布及其在空间中的相互关系的学说。区位论作为一种学说，产生于 19 世纪 20—30 年代，其标志是 1826 年德国农业经济和农业地理学家屠能发表的著作《孤立国同农业和国民经济的关系》，这是世界上第一部关于农业区位理论的古典专著。继屠能之后，德国经济学家韦伯于 1909 年发表的《论工业的区位》探讨了工业分布的理论问题和实际问题，标志着工业区位论的问世。19 世纪 30 年代，德国地理学家克里斯塔勒提出了中心地理论，即城市区位论，这是近代空间经济研究的重要理论。区位理论揭示了不同位置的土地收益与利用方式、利用程度及运费之间的关系，阐明了土地纯收益的空间转移规律（顾湘，2007）。随着社会经济发展及科技进步，人类认识及改造自然的能力加强，生产活动空间不断扩大，区位处在动态演变过程之中，产业区位理论孕育而生。产业区位是指资源在地理空间上的配置、构成及其关联性。一定的产业区位的形成不是一个简单的经济现象，是经济、人文、社会、政治、地理、历史等复杂因素综合作用的结果（杨治，1999）。近年来，产业区位在经济全球化、区域承接产业转移及新科技革命等背景下崭露头角，成为地理学和经济学共同关注的热点、焦点。土地资源分布具有空间性，产业空间选择以占用一定空间及规模的用地为基础，关于人类社会经济活动或产业发展及其空间组织优化的区位理论是产业结构与土地利用效益研究的重要理论依据。不同条件的土地区位，适合不同类型的产业空间布局，相应地在土地利用效益上也存在类型及大小的差异，反过来通过市场调节及政府调控进一步优化产业区位选择及产业类型投资倾向。

3.3.4　可持续发展理论

可持续发展与传统发展存在本质差异，其发展思想可以概括为照顾当前和未来发展需求、综合考虑各方面利益诉求、协调局部与区域发展等三个层面，旨在促进一个国家或区域达到持续、协调及健康发展。众所周知，人口、粮食、能源、资源和环境五个方面的问题是当今人类共同面临的现实问题，与土地资源存在千丝万缕的关系。土地是自然的产物，它的产生不以人们的意志为转移，具有数量有限性、沃度差异性、位置空间性、利用可持续性和属性两重性的特点（王万茂，1999）。土地的自然供给数量是固定的和无弹性的，土地经济供给量由于土地报酬递减规律的存在而增加十分有限，导致土地资源稀缺长期存在，客观上土地资源持续利用具有可能性及必要性。当今世界存在两种可持续发展思路，一种是以西方发达国家为代表的侧重保护的可持续发展思路，另一种是以发展中国家为代表的以发展为前提的保护自然资源的可持续发展思路。两者共同点在于以保护促进可持续，且随着社会经济发展及科技进步不断发展变化。根据中国土地资源和社会经济发展特征，优化调整产业结构、合理布局产业空间，以科学合理的利用、开发、整治和保护为宗旨，实现土地资源的永续利用与社会、经济、资源环境的协调发展，不断满足社会经济长期发展的需要，达到最佳的社会、资源环境和经济效益，实现三个效益的协调统一。其实质是协调人口、资源、环境与产业发展之间的关系，为后代留下一个能够持续、健康发展的良性生态环境。

3.4 共生理论：核心理论

在阐述共生理论基础上，从研究理论、研究单元、研究目标及研究过程四个方面，探讨共生理论适用于产业结构与土地利用效益的共生发展研究。

3.4.1 共生理论概述

（1）共生理论溯源追踪

共生是整个生物科学体系中的一个重要基本概念，涉及微生物学、寄生虫学、真菌学、植物学、昆虫学、细胞生物学等诸多分支学科。追溯共生理念，德国真菌生物学家德贝里（Debary）认为，共生就是不同生物密切生活在一起的共栖、共存的一种状态（邱仁富，2008）。由于对许多共生现象的印证及其推动共生思维的不断深化，诸多学者对生物之间普遍存在的共生关系形成新认知、新想法及新范式，逐渐将生物之间的共生规律总结到理论高度，共生概念得到了进一步的深化拓展。如 Douglas 从共生作用机制及过程考虑，界定共生体之间最为显著的特征就是，共生群体相互之间产生代谢能力，促进个体生物在长期演化发展阶段中与其他生物体实现共生合作、共同适应外界环境，获取各自所需物质或利益的生物种群相互关系（肖东生，2011）。以 Scott（1969）为代表的欧洲生物学领域注重共生关系下的互利响应及内涵，指出共生是两个及以上生物在生理上借助外界环境达到相互依赖程度并至平衡的一种动态过程。以 Margulis（1981）为代表的美国学者借鉴已有研究基础，提出细胞共生学说；Douglas（1994）同样认为，共生体本质上是指能够处为伙伴关系的个体以一种代谢方式进行表达，共同更好地适应外界环境的相互作用过程，不过获取各自所需利益还是各共生体的最终目标。综观研究，可以归纳出，生物学上的原始"共生"突出生物主体，强调面对共同周边环境而表现出共同生活、共同生存的一种相互联系。

（2）共生理论运用推广

进入 21 世纪以来，共生理论已逐步运用到生态学、经济学、管理学、社会学及哲学等诸多领域，在各个学科领域开创了相应的新理念，可见共生理论具有很强的兼容性和推广性。为此，广泛梳理共生理论运用成果，探究共生理论如何"嫁接"到本研究体系，积极吸纳并构建严谨逻辑框架。

共生理论最先运用到生态学领域，很快在此领域引起反响并成为此学科的核心理论。陈锦锡（2004）引入生物学共生理论分析范式，构建设计环境共生框架体系，突出强调人类为了生存和发展而主动适应和改变外界环境所表现出来的生产生活方式就是环境共生本质所在，进一步强调高效利用资源、低度伤害自然环境及保护生态环境，其最终目标是实现人与自然、人与社会、人与生态环境的和谐共生、互利互用。张旭（2004）将共生理论成功运用于城市系统分析框架之中，认为城市各个要素本身就是共生系统架构所在，人们一切活动均应该按照自然界已有共生规律法则开展，并整理形成了"城市共生论"，城市一切生产活动都是三者相互作用和组合的结果。

社会学存在多变、复杂的各种因素及相互系统，给予共生理论运用的天然环境，得到众多学者认同及衍化。胡守钧先生（2012）认为，共生是人与自然之间、人与人之间关于资源所形成的关系，社会共生是人的基本存在方式，社会共生论是在形式上借用生物共生论的某些概念来研究社会共生现象而建立的一种社会哲学。他的阐述最为完整也具有很高深度。就社会共生的主要内容来看，社会共生主要包含"经济共生态、政治共生态、文化共生态、人与自然共生态"四大方面（胡守钧，2000）。在此基础上，苏国勋先生（2006）突出强调文化共生的存在感和重要性，认为在全球化背景下，每一个共同体或国家的经济资源、生态资源和领土安全必须以其他主体安全为自己存在前提，且必须建立一种具有内在紧密关联、互构文化的"共生"关系。

针对中国改革开放及国企改制转型的大背景，袁纯清先生最先将共生理论运用到经济学领域，总结归纳出共生六大本质特征：①从共生现象审视，系统各共生单元相互合作、利用及依存；②从共生本质审视，共同进化、共同发展、共同适应是共生的内在要求；③从共生发展审视，共生单元之间相互依存进化，可能产生新形态、新结构及新能量；④从共生表征审视，反映单元组织之间相互利用、相互影响，并能够激化组织体系向更有生命力方向演化；⑤从共生行为审视，主要有寄生、偏利、非对称互惠及对称互惠四种共生关系；⑥从共生作用审视，共生关系对共生单元和共生环境均存在正向、反向或中性的影响作用，其能量可体现相关共生关系的协同与创新（袁纯清，1998）。他进一步结合金融及商业银行改革，提出了共生度、亲近度、同质度、关联度等是衡量共生特征的主要指标（袁纯清，2002）。其研究成果对共生理论运用到经济学及其他相关学科具有重要参照意义，也为本书提供有利借鉴。

在产业管理学领域，共生理论同样崭露头角、硕果累累。有学者从利益分配维度对中国房地产业和银行共生效果进行检验，中国"房地产—银行"共生系统的收益不稳定，偏利于房地产业的非对称分布，银行在与房地产业的合作中未获得平等的利益分配，共生效果不理想（葛红玲，2015）。也有学者基于战略性新兴产业技术创新路径的视角，分析产业技术创新制约因素，提出技术创新路径的共生模式（刘美平，2011）。还有学者综合运用共生理论与生态位理论，重构产业链的竞争共生模型，讨论产业链生态系统的共生环境资源以及稳定性（田增瑞，2016）。在区域资源规划领域，建树也很多，最早有学者探究了交通规划和土地利用规划的相融共生关系，并就规划实践中如何将两者紧密结合以提高规划的质量提出了新见解（刘冰，1995）；针对小流域综合规划，基于移民—产业—环境协调发展的内涵，引入共生理论，制定共生型流域规划的工作方法（马仁锋，2010）；通过加拿大卡尔加里大学可持续校园规划建设解析，总结国外大学社区等的微型社区建设经验，研究如何体现共生思想以便落实资源可持续发展（王鑫，2017）。

综观可见，从共生概念提出到共生理论形成再到较为完善的理论体系形成，已从最初的生物学发展运用到诸多学科领域，且不管运用到哪门学科，核心思想要务均是视各种研究对象为一个系统共生群体，以不断追求互存、互利、共进、共赢为目标取向。在此，系统、全面地梳理共生理论起源及应用推广，以便更好地把握共生理论思想脉络，以及本书如何更好地引入借鉴之。

3.4.2 共生理论适用性分析

通过文献综述梳理总结，针对产业结构与土地利用效益单方或双方研究，学术界及地方部门实践界基于研究视角或所在部门利益侧重，研究成果丰富多彩、千差万别，这也说明产业结构与土地利用效益是一个复杂的系统工程，涉及方方面面的内外影响因素，需要抽象到一个更高层面分析。共生理论作为种群生态学的核心理论之一，研究复杂种群之间信息传递、物质交流、能量传导以及合作共生的模式和环境，对产业结构与土地利用效益相互关系具有良好兼容性及适用性，能够全面、系统、有序地梳理两者之间作用机制及内在机理。难能可贵的是，有部分学者从理论高度对统筹协调产业与用地之间关系加以研究初探（张颖，2007；李鑫，2011），得出在尊重自然、尊重科学基础上，产业与用地要衔接协调发展，特别注重土地生态系统完整性及优先性，不能以新经典产业经济学理论而盲目追求产业结构带来的经济效益最大化。在土地经济、社会、环境效益有机统一的前提下，要协同促进区域产业结构合理化及高度化。共生理论早已成为生态学领域一个比较完善的理论体系，在产业发展及作用机理中得到广泛应用，在土地利用方面也有初步探究，不过就本书涉及土地利用效益、产业结构两个关键方面的共生理论研究尚属少见（范树平，2013）。基于产业发展与土地利用的协调关系、互动机理、优化配置等方面研究较多，可作为本书研究思路及方法的重要参考及借鉴，因而将共生理论运用到产业结构与土地利用效益之间相互作用关系，可谓两者关系研究再次升华，亦具有很强的理论意义及实践指导。因此，就统筹产业结构与土地利用效益的研究理论、研究单元、研究目标及研究过程而言，亦具有很强的适用性及契合性。

一是研究理论的适用性。由于中国区域差异的存在，导致关于产业与土地之间的实践性研究颇多，但是针对两者作用机制、互动机理的理论提升明显不足，急需基础理论支撑来进一步指导实证研究及实践工作。产业结构及土地利用效益研究层面更是如此，理论不足、实践偏少，这在前文研究综述已进行总结。产业与土地之间研究早已深入经济、社会、政治、生态、文化等诸多领域，共生理论已在上述领域推广运用且硕果累累。再将产业、土地统统归入自然—人文—生态—环境的复杂人地系统，共生理论运用到此，不仅是对共生理论运用领域的弥补和填充，也是对现有研究视角的一种归整尝试、探究超越。

二是研究单元的适用性。日本建筑大师黑川纪章在《新共生思想》一书中明确指出："共生概念还涉及人与自然的共生……不同层次内容的共生。"（黑川纪章，2009）人类改造自然的产业结构导向下的土地利用效益，本身就是人与自然共生的重要方面，两者具有较高的一致性和契合性。与此同时，产业发展与土地利用均是随着时代变化而变化，具有很强的动态性及现实性。不管是产业发展、承接转移优化升级，还是土地利用产出效益，均是呈现出开放系统并参与区域之间、国家之间的一个全球化趋势所在，是社会经济一体化格局中人类发展的共同利益诉求。实现共存、共荣是一致共识，共生理论思想已深置于此。本书运用共生理论仅是对此领域的进一步梳理及匡扶，旨在促进产业与用地之间关系的和谐健康，使其造就于人类福祉最大化。

三是研究目标的适用性。改革开放 40 多年来，中国利用劳动力、土地与资源环境成本相对较低的优势，形成了较为完善的产业体系。但是，随着经济发展阶段的转化和国内外经济条件的变化，产业比较优势也发生了显著转变，推动了产业结构的调整。中国产业结构调整最重要的特征是从失衡走向优化，产业结构调整是中国经济发展新常态的重要举措。与此同时，中央及各级政府非常重视并多次提及土地、土地政策及土地利用，进一步强调国土是生态文明建设的空间载体，要按照人口资源环境相均衡、经济社会生态效益相统一的原则，控制开发强度，调整空间结构，促进生产空间集约高效、生活空间宜居适度、生态空间山清水秀，共筑山水林田湖草沙生命共同体。国家对产业结构与土地利用效益的目标要求与共生理论所导向的最高层次"对称互惠共生"不谋而合、一脉相承，加快产业结构调整，进一步促进土地利用效益提升；反过来，以土地利用效益为准绳，引导产业结构优化升级。因此，就研究目标而言，共生理论对产业结构优化与土地利用效益提升关系的应用具有较强的契合性和适用性。

四是研究过程的适用性。根据自身发展调整及政府政策导向，中国产业结构与土地利用效益之间关系可初步划分为三个阶段。①初始阶段。由于产业计划经济及缺乏土地市场运行机制，未考虑产业结构优化，为了达到用地某项效益而促使产业结构不尽合理，是典型的"寄生共生"关系形态。②发展阶段。随着改革开放及市场经济逐步发展，土地逐步参与生产要素配置，但仍以土地资源成本相对较低为代价，以保障产业结构调整的用地需要，特别是只注重经济效益而盲目扩大产业用地规模，导致单位土地利用效益水平低下，可谓"偏利共生"之典范。③调整阶段。由于人们及政府重视土地利用效益，特别是生态环境效益的重要支撑作用，以产业结构调整为切入口，加强了土地利用效益协调发展及综合水平提升，产业结构与土地利用效益关系趋向于良好平衡，但尚未达到最佳平衡点，"非对称互惠共生"将长期存在。共生理论所强调的"病态—常态"的演变过程，正好紧密契合中国产业结构与土地利用效益的关系发展历程，为此本书第7章理论推演和第8章实证案例均印证了中国产业结构优化与土地利用效益提升关系确实存在上述演变过程，这也倒推出共生理论适用于共生分析。

3.5 研究框架分析

3.5.1 逻辑架构

产业与土地共生发展适应时代的发展要求，本书旨在深入研究两者关系，改良产业结构与土地利用效益内在作用机制，更好地满足人们精神物质需求。换句话说，产业结构与土地利用效益相互作用关系的最终目标简单明了，就是实现产业结构合理和土地利用效益提升，即把两者改良为一对相互依存、相互促进的统一体，互为资源、互相服务、互为环境。共生理论正是研究复杂有机体之间信息传递、物质交流、能量传导以及共生模式的重要理论。为此，综合各学科领域的共生理论，从逻辑思辨层面考量，按照"理论引入—实践运用—理论提升"的研究思路，尝试性地对产业结构与土地利用效益相互作用研究的理论架构做一个初步建构（图 3 - 2）。

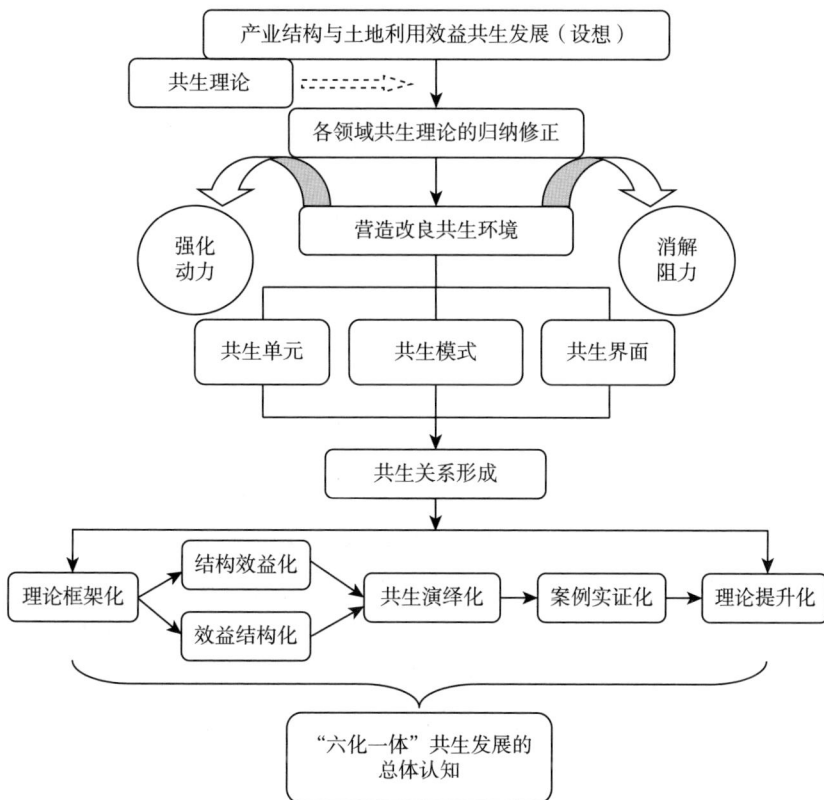

图 3 - 2　本书的总体逻辑架构

3.5.2　理论框架

作为一种科学方法论，共生理论为科学合理地梳理产业结构与土地利用效益关系的内在逻辑和规律提供了一种全新的视野和方法。产业结构是诸多产业种类在时空上的无形组合，土地利用效益是不同用地类型发挥出来的各类效益价值体现，两者逻辑关键点在于产业必须占用一定空间及数量的用地面积才能发展，土地资源只有介入了人类活动的各类产业才能产出效益。基于此，产业结构与土地利用效益的关系从本质上说是一种共生关系，两者在时空上的衔接协调为产业结构优化升级与土地利用效益提升提供健康保障及动力源泉。根据产业类型及土地利用方式的双重差异，产业结构与土地利用效益的双重发展演变所形成的共生关系分析框架属于一种潜在预设的研究范式，突出人类在利用土地资源生产生活过程中建立的多重要素叠加的有机整体的相互作用及微观基础，强调在宏观逻辑与微观群体行为之间的有机联系。

对此，基于实现产业结构与土地利用效益共生优化界面的总体目标，以单向、双向化综合梳理两者内在逻辑关系为中心，研究着眼点突出"三重关系"，其中第一关系、第二关系是单向性，在两种关系并存下推导形成具有双向性的共生关系（第三关系）。第一关系，产业结构对土地利用效益的作用路径。按照时间发展维度，分析产业结构演化阶段及其特征所在，对应分析产业发展不同阶段及不同时期下对土地利用效益的体现，以及对土地利用效益的贡献和作用机理。从两者强弱关系上看，是正向直接反应，作用力强、效力快，可谓之为结构效益化。第二关系，土地利用效益对产业结构的作用路径。秉持以人为本的思想，充分尊重人的利益诉求，研究土地利用效益的价值重构及评判标准，探究土地利用效益作用产业结构路径，可谓之为效益结构化。第三关系，产业结构与土地利用效益互动共生。基于两者相互作用路径机理分析，按照共生理论规律对两者关系进行目标定位，紧扣共生三要素，进一步梳理两者共生关联，分析共生优化路径导向。从两者地位平等关系上看，是相向对接反应，实现两者优化协调的理想作用过程，可谓之为共生演绎化。围绕产业结构与土地利用效益的三重关系，开展本书的理论探讨及实证研究，以照应并实现前文逻辑框架与技术路线，得到本书分析框架（图3-3）。

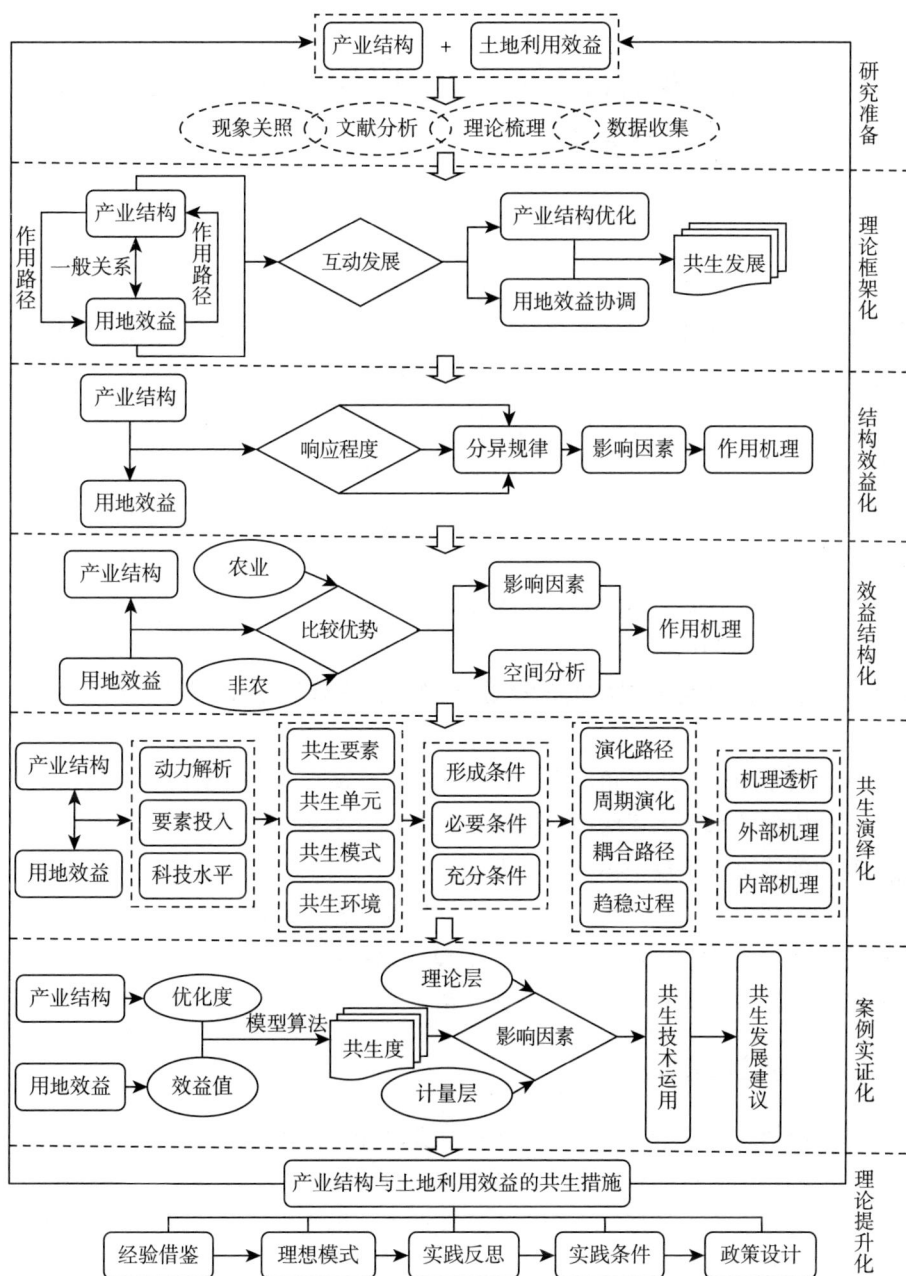

图 3-3　本书分析框架

第4章 产业结构与土地利用效益的理论基础分析 ////////////////////////////////

理论是指导实践的前提条件，一般关系是相互关系的研究基础。考虑到本书总体框架及缜密思路，首先，运用产业结构理论梳理产业结构形成及发展，阐释土地利用功能及对应效益，揭示产业结构与土地利用效益的普适关系；其次，在划分产业结构演变的基础上，分阶段阐述产业结构对土地利用效益的作用路径；然后，详细分析土地资源功能判识和土地利用效益价值重构，解析土地利用效益对产业结构作用路径；最后，在此基础上，围绕产业结构与土地利用效益的互动关系，确定互动子目标及总体目标，更加明确地表明本书理论总体框架及主旨，为后续章节实践研究论证奠定理论基础。

4.1 产业结构与土地利用效益一般关系分析：阐释铺垫

从空间布局及发生学角度来说，产业结构在某种程度上对应了一定土地利用及其产生效益水平，正所谓"资源趋向效益，效益吸引资源"，土地在不同产业间的配置服从于效率标准（王万茂，1997）。因此，产业结构与土地利用效益有着密切内在关联。基于研究总体框架及目标要求，运用产业结构理论梳理产业结构形成及发展，分用地类型阐释土地利用功能及效益。在此基础上，揭示产业结构与土地利用效益的普适关系。

4.1.1 产业结构形成及发展

从经济研究和经济管理领域视角，产业结构指国民社会经济各产业及其内部各部门的比例关系与相互关系，通常可划分为第一产业、第二产业、第三产业，其演变在宏观上直接表现为三次产业产值占国内生产总值的比重和劳动力在三次产业间的分布（杨万钟，1998）。社会经济发展与区域产业结构互相作用。合理优化的产业结构，能够促进社会经济协调发展；同时，保持健康有序的社会经济，对形成科学合理的区域产业结构具有重要推拉作用。可见，产业结构形成、发展与特定区域、特定时代背景的社会经济发展历程息息相关，其既是社会经济发展的产物，也影响着社会经济发展。研究表明，不同国家、地区和城市产业结构演变过程的驱动因素的种类及贡献大小千差万别，总结梳理诸多研究成果，大致有科技进步、消费需求、对外贸易、制度安排等因素（李培祥，2003）。正是由于影响产业结构的各类要素组合在时空上存在区域产业及时代烙印，决定了产业结构形成与发展存在区域差异性及特殊性。产业结构发展的目标在于优化升级，具体反映在各产业部门之间产值、就业人员、国民收入比例变动过程上，最终是为了达到产业结构合理化和高度化的有机统一。结合产业结构内涵阐释及影响因素考虑，可进行定性或定量表征，存在复杂系统结构的有序度及不确定性动态响应规律。英国经济学家克拉克及威廉·配第从区域劳动力视角透析三次产业转移规律，提出随着人均国民收入的提高，劳动力首先从第一产业向第二产业转移，当人均国民收入水平进一步提高后，劳动力便向第三产业转移。之后，总结诸多学者研究成果得出：产值结构方面，第一产业趋于下降，第二产业趋于上升，第三产业缓慢上升；就业结构方面，第一产业趋于下降，第二产业缓慢变动，第三产业则急剧增长（钱纳里，1989；亚当·斯密，1996）。

4.1.2 土地利用功能及效益

兼顾地理学与经济学角度，土地是地球陆地表面一定立体空间内各自然要素构成的自然地理综合体，同时夹杂人类活动对其的改造和利用，逐步形成一个自然—社会—经济综合体，具有自然生态与经济社会双重属性。结合土地资源及其开发特性，可归结为生物生产、生态景观、资源仓储及空间承载四大基本功能，对应到用地类型视角，农用地主要发挥土地生物生产与生态景观的自然功能，建设用地主要运用其资源仓储及空间承载功能。从土地开发利用功能趋向，立足于土地自然基本特征及人类社会经济需求倾向，可概括为一切土地资源开发、利用、整治、保护均是以满足人类生产、生活及生态需求为目标，分别表征对应的经济效益、社会效益及生态效益，体现存在于不同时代背景下的动态演变过程。正如已有研究总结的那样，土地利用是人类经济社会活动作用于资源和自然环境的综合反映（李秀彬，1996），是经济、社会、生态等子系统复合而成的生态经济系统持续运动过程（刘彦随，2011），与特定的经济和社会发展阶段相对应（龙花楼，2012）。由于同一地区不同时期或不同地区同一时期运用土地科技水平的差异，人类对土地资源利用能力及其需求存在个体及区域差异性，导致土地利用效益随着时空演变而动态调整。土地利用效益越高，说明满足人类需求程度越高，土地资源优化配置越合理，反之亦然。区域土地资源具有稀缺性和有限性，研究土地利用系统的结构合理、功能最佳、运行正常情况，目的在于充分合理利用有限的土地资源，提高其利用率和生产率，保证土地资源综合效益最大化，最终实现土地资源的持续利用（王万茂，2002）。

4.1.3 产业结构与土地利用效益的普适关系透析

人类为了生存发展和提升生活水平，进行一系列不同规模与类型的社会活动，专门生产和制造某种独立的产品，也就形成一个个相对独立又相互关联的产业部门，具有类型和规模上的产业结构；不同产业部门具有不同的类型特征及规模要求，占用区域规模及空间土地资源，形成特定的用地结构，由于生产的产品而表现为特定的土地利用效益。为此，以土地资源作为基础生产要素的各行各业活动，形成产业结构与土地利用效益两个表现主体，两者相互作用、相互影响，存在综合复杂的较强的内在作用机制。

（1）产业结构决定土地利用效益

人类活动以生产发展为主导中心，一切活动都是为了满足人类的生产生活需要。土地资源以开发利用为主要目的。产业发展以土地功能为依托，在土地资源稀缺供给和土地资源的多样性、适宜性的条件下，必须对土地资源进行优化配置，以达到产业用地规模及空间布局要求。基于土地用途的多样性及主导性，不同产业部门使用同一用地的产出效益是不一样的。形成及发展的区域产业结构，对应不同产业类型的规模及空间布局调整，决定了占地规模及开发类型，同时决定了土地资源开发利用的社会、经济、生态等效益。

（2）土地利用效益影响产业结构

不同产业类型通过占用一定规模及空间布局的土地资源，输出差异化的产品及服务价值，达到人类对土地资源利用效益诉求。为了追求效益或利益最大化的本质目标，政府要科学合理地规划产业用地空间布局，企业要结合个体市场利益偏好去选择合适产业进行投资发展，通过利益权衡及相互博弈而影响区域产业结构形成及调整。

4.2 产业结构对土地利用效益的作用路径：结构效益化

上文对产业结构形成的理论分析表明，产业结构具有动态演变及存在显著阶段特征。下文将产业结构划分为四个阶段，分不同产业结构阶段来详细阐述其对土地利用效益的作用路径，以期总体描述产业结构对土地利用效益的作用关系，为后续结构效益化实证章节提供理论分析基础。

4.2.1　产业结构演变阶段划分

各国社会经济发展的经验表明，产业结构伴随着社会经济及国民收入而相应变化，由低水平均衡向高水平均衡动态演化，具有鲜明的规律性。威廉·配第从不同国家人均国民收入视角解释产业结构差异，克拉克进一步从劳动力在三次产业转移视角阐释产业演变特征，整合形成配第-克拉克定律；库兹涅茨在配第-克拉克定律基础上，将国民收入和劳动力分别在三次产业变化中进行综合分析，深入产业内部，特别是第二产业细分门类研究，逐渐形成库兹涅茨定律。配第-克拉克定律和库兹涅茨定律成为产业结构演变的基础规律，一直得到延续发展。在此规律基础上，结合恩格尔定律决定需求（Timer C P，1983）和马斯洛（Maslow）的需求层次效应影响（Maslow AH，1943），研究得出，产业间需求收入弹性和比较劳动生产率的双重差异是劳动力和国民收入在三次产业间会出现顺次转移的直接原因，进一步解释了上述规律形成的内在机理。Haggett P（1975）依据劳动力所在比重变化将上述产业结构表述称为经济三角形（economic triangle），产业演变发展过程就是第一产业所在的象限转向第二产业所在的象限，一直转向至第三产业所在的象限，转移轨迹类似于弧形。根据配第-克拉克定律和库兹涅茨定律（西蒙·库兹涅茨，1999），如图 4-1 所示，产业结构大致分为农业化阶段、前工业化阶段、后工业化阶段、信息化阶段四个逐级增高阶段，每个阶段三次产业占比会发生相应变化（陈彦光，2010）。

4.2.2　不同阶段作用路径分析

（1）人地关系总体判识

劳动创造了人类，人类一切劳动都离不开作为劳动对象的自然生态环境。正如马克思所说："劳动首先是人和自然之间的过程，是人以自身的活动来引起、调整和控制人和自然之间的物质变换的过程。""一边是人及其劳动，另一边是自然及其物质。"人类生产活动与自然生态环境是密不可分的，人类社会经济的所有物质文明均是建立在这个基础之上。合理利用资源、保护生态环境及维系生态平衡是实现人地关系协调的核心要素，进一步协调资源可持续利用

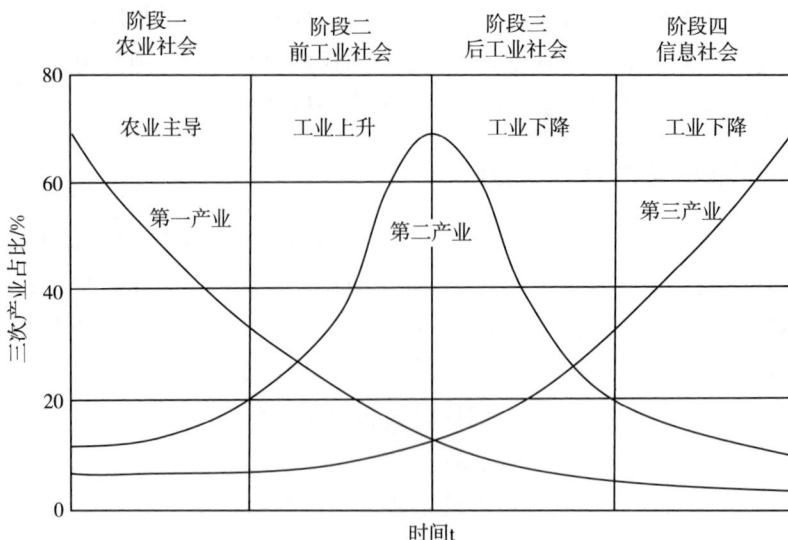

图 4-1 产业阶段划分

与社会经济持续发展，防止自然及人文环境遭到污染或破坏，改善人类社会的生存状态，实现天人和谐、共生共荣的理想境界。当人类向环境索取资源的速度超过了资源再生的速度或向环境排放的废弃物超过了环境的自净能力时，势必导致地球生态系统失调，使得自然环境和人文环境质量迅速下降，最终直接危及自然和人类的生存与发展（潘家华，2013）。产业发展带来的土地利用效益同样遵循上述规则，不能一味追求社会经济效益而盲目加大生态环境足迹及生态负担，导致生态环境效益降低甚至呈不可逆转趋势（周海林，2004）。土地利用效益提升到相应水平，则意味着一定土地资源结构及类型，也就是说在不同产业发展阶段下，土地利用社会经济效益规制于自然生态环境承载容量，也受制于生态环境效益（图 4-2）。

（2）具体作用路径描述

审视产业结构演变的农业化、前工业化、后工业化及信息化四个阶段，与人类社会经济及科技进步趋势相一致，产业结构演变史也是人类社会进步发展史。不同产业类型主体占用或消耗一定土地、劳动力、资本等要素投入生产，产出相应产品，满足人类精神及物质需求，对应用地要素形成不同产业结构下的土地利用效益。土地利用效益的评判标准是以人为中心，以人的需求或欲望为出发点，且随着人类社会进步及科技发展而不断调整，需有一定的土地利用效益与其相照应。

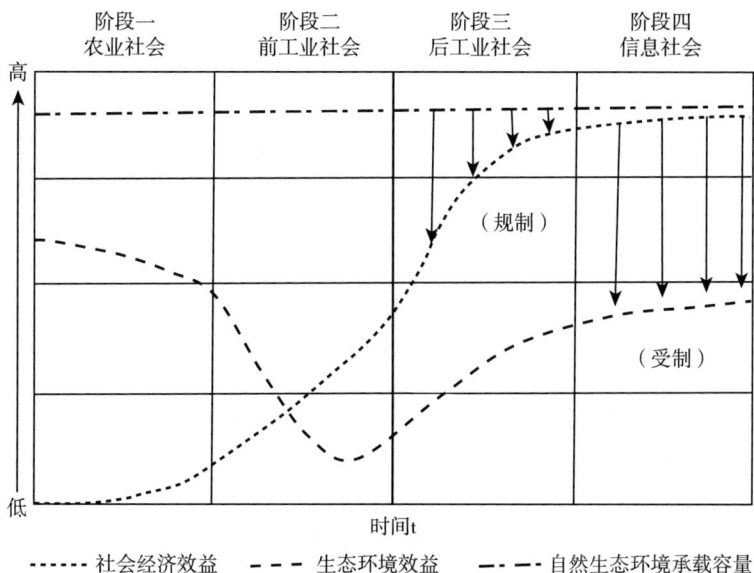

图4-2 不同产业结构阶段对土地利用效益程度及路径导向

从人类需求及社会技术进步的总体趋势看，紧扣产业需求弹性及比较劳动生产率，在良好的市场运行机制及政府宏观调控的双重引导下，在以人为本的理念下，土地利用效益总体趋势呈现逐步上升，且更加重视生态社会化、持续协调化。随着生产要素组合差异、市场环境、政府环境等影响制约，可能造成产业发展过程中效率低下、资源浪费，降低用地综合效益，形成产业发展占地所导致的不能满足人类需求的用地格局。

农业化阶段，主要是以农业为中心的第一产业，第二产业和第三产业占比较低、发展缓慢，劳动力、资本、土地集中于第一产业。由于第一产业比较劳动生产率普遍较低的现实情况，用地产出只能满足人类基本生产生活需求，处于马斯洛较低层次需求，导致产业用地的社会经济效益总体低下。由于第二、三产业占比较低及发展缓慢，对建设占地需求较少，形成区域农业及生态环境用地占比较高，土地资源开发强度较低，生态环境用地效益良好稳定。

前工业化阶段，第一产业占比开始下降，但是随着科技进步及生产效率提高，第一产业总量仍然处于提升阶段。第二产业由缓慢上升到快速上升并占用大量社会生产要素，第二产业的比较劳动生产率较高且科技含量较大，社会平均利润率大于第一产业，产出更多、更新、更实用的产品以满足人们需求。对应到土地利用效益上，社会经济效益持续提高，但第二产业发展造成自身及其配套基础设施的占地，导致大量农业与生态用地减少，并产生废弃物，若不能得到及时处理，势必降低整个区域生态环境效益。

后工业化阶段，第一产业及第二产业占比均下降，第三产业占比快速上升，遏制第二产业占地需求。第三产业占地较少，缓解区域生态环境占地压力，且第三产业比较劳动生产率较高，社会经济效益进一步提高。随着社会经济发展的反哺机制，以及人们生态环境保护意识的提高，生态环境将得到治理或改善，促进生态环境效益得到提高。

信息化阶段，第一产业和第二产业占比较低并最终渐趋稳定，但是其产出总量未必降低，第三产业高位饱和，产业发展结束大量占地建设而改向内部调整及挖潜。按照三次产业内在发展规律及其本身产业集聚效应，社会经济效益高位稳定，生态环境效益得到逐步改善并维持较高水平，区域整体土地利用效益调整到理想状态。

上述分析，仅是假设在市场运行及政府调控一般状态条件下，结合产业发展的不同阶段及产业本质特征，从一般普适角度分析产业结构对土地利用效益的作用路径，从理论高度描述产业结构效益化的概念模式分析。

4.3 土地利用效益对产业结构的作用路径：效益结构化

根据上文对用地功能及其效益分析，进一步阐释土地资源功能如何判识，以及土地利用效益价值重构，在此基础上解析土地利用效益对产业结构的作用路径，为后续效益结构化的实证章节提供理论分析基础。

4.3.1 土地资源的功能判识

面积的有限性、位置的相对固定性和一定时期内的质量相对稳定性，决定了土地资源的不可再生；可更新性、可培育性和自然属性表现出来的季节变化周期性，又决定了土地资源具有可再生资源属性。由此造就土地构成要素的多元性、土地利用类型的多样性、土地社会经济属性的复杂性，以及土地资源内部互动关系的动态性。从自然属性层面并以地表面积作为衡量，土地资源总量基本稳定、不可再生，但从资源开发利用体现的社会经济价值视角，资源蕴藏量是变化的，资源价值及类型也是变化的、可更新的。土地资源开发利用与保护整治必须建立在人类社会经济活动之中，叠加土地资源的使用功能之上的价值属性，发挥土地资源社会经济内在功能，满足人们生产、生活及生态的价值诉求。按照生态文明建设的外在表征与社会经济可持续发展的内在要求，在确保土地生态环境的稳定性的前提下，保持土地生产力的持续增长或稳定的可用状态，首要条件是保有基本生态维护要求的资源存量。区域土地资源的价值容量，既取决于区域资源特征和占用土地资源进行社会经济发展特征，也取决于区域内部土地资源类型结构及其用地功能。基于土地利用复合系统表现出来的整体功能及其作用体现，需要对土地资源功能进行重新分类，以区别于土地景观及原有用地类型（张凤荣，2000）。

　　立足土地本身内在功能体现而划分用地功能，因不同区域、不同功能定位及生态景观差异而有所区别。土地资源开发利用并不能一味按照市场经济运行规律而盲目地追求经济发展，要时刻顾及自然环境条件和土地资源潜力，特别是不能忽视生态环境功能价值所在。由于土地资源利用的多元综合及系统复杂性，土地资源功能可划分为社会、经济、生态、生产四类，但多数用地类型可以兼备多种功能及属性（表 4-1）。

表 4-1　土地资源功能分类系统结构

土地资源功能	用地类型
生态功能	生态林地、生态草地、湿地生态水域
社会功能	公共设施用地、公共建筑基础设施用地、机关办公用地
经济功能	商服用地、金融用地、工矿用地、仓储用地
生产功能	耕地、经济林地、园地、牧草地、养殖水面

4.3.2　土地利用效益的价值重构

　　不同类型土地资源有着不同的主导功能。通过生产活动能够反映资源配置和经济活动效果，可表明生产要素的产出实现程度，满足人们生存与发展的需求，可以采用效益加以衡量。土地利用效益高低可以评判土地利用水平高低，土地利用效益较高，说明土地配置较为合理，土地价值得到了较好实现，土地利用的水平也较高（傅玲，2005）。由于社会经济发展导致人口集聚、资源开发及生态环境等问题日益严峻，倒逼人类不得不对土地功效进行重新审视，重视土地各种功能，特别是将可持续发展理念摆在土地价值至高位置。可持续发展理念要求土地价值不仅取决于土地需求及其产品输出，更取决于土地资源对人类社会各项效用的满足。在此依据皮尔斯（Pearce）论点，使用价值、选择价值及存在价值这三种价值是组成土地价值理论的核心构件。依据边际效用价值论，土地价值强调土地对人类的功能效用，不拘囿于用地需求及产品所有。土地价值在整个用地价值体系结构中的复位及体现，既要决定于土地利用过程中的经济效用，也要保留及预存着土地利用的生态效用再现、景观功能的复苏、社会保障功能的健全，甚至代际公平的要求。人们日常生产生活过程中对土地的需求其实是由土地发挥出来的功能引起的，上述用地价值就是照应了土地自然生产力和社会经济承载力的综合功能及效用体现，土地功能需求的综合性、多元性逐渐受到重视。引用产业经济学理论，土地价值按照边际机会成本对应到土地各种功能效用的支付意愿，且随土地供需及土地稀缺程度的变化而变化。根据上述总结归整，从土地边际机会成本考量，成本构件涉及土地投入的财务成本、生产要素投入的利润，以及因利用土地资源而造成的对社会及外部环境的损坏，以此反映出土地稀缺变化的作用响应（章铮，1996）。得出如下公式：

土地价值＝边际机会成本＝边际生产成本＋边际使用者成本＋边际外部成本

即 $MOC＝MPC＋MUC＋MEC$。

4.3.3　土地利用效益对产业结构作用路径解析

基于土地利用类型的土地资源功能判识，不同用地资源具有主导性的土地利用效益，结合可持续发展理念、以人为本理念及人地关系协调理念，重构土地利用效益的价值所在，通过土地资源在各部门配置来实现区域土地利用效益最优化。人类社会发展的产业活动建立在占用一定土地资源基础之上，通过其产出来体现用地价值以满足人们需求，实现对土地利用效益的表达。为此，以满足人类发展需求为切入点，以土地价值为分析要素，秉持土地利用效益评判准绳，对现有产业结构及未来产业发展作用机理进行分析。结合不同类型土地利用效益诉求，探究不同用地结构而匹配到相应产业类型占地，可将土地利用效益作用于产业结构从抽象化概念描绘至具体化路径。为便于分析，假设土地利用效益进一步划分为社会经济效益与生态环境效益两大类型。土地利用效益对产业结构作用的基本路径，即土地利用效益决定用地类型下的用地结构，通过产业类型主体作用于产业结构。此路径以人的需求作为评判准绳，以土地资源价值取向为核心，以经济效益、社会效益、生态效益的统一来衡量产出效果。在可持续发展理念下，生态环境效益放在首位，最终确立社会效益、经济效益与生态环境效益协调发展的土地资源开发利用与保护新格局。

从生态环境效益维度，积极落实区域反规划思想，严格界定不能开发占用或者适度开发用地区域，科学划分区域土地资源开发利用程度，合理布局区域产业空间及不同产业类型部门占地规模，明确区域主导产业及其空间布局，预留区域未来产业布局空间。根据产业评价结果，选择合适产业布局区域，确保整个区域土地利用生态环境效益提升及产业用地合理需求。

从社会经济效益维度，在国土资源环境承载力及容量许可的条件下，结合区域资源禀赋、区位条件、产业发展基础，以及国际、国家、区域产业发展趋势和产业发展政策，以提升区域社会经济效益为中心，综合确定区域未来发展产业类型及其占地规模，进一步通过产业规划落实到区域空间格局。对应社会经济土地利用效益低下的产业结构，若不符合未来区域产业发展规划，要加大产业结构调整步伐，有计划、有步骤地积极退出；若符合未来区域产业发展趋势，要分析产业发展滞后短板，改善产业发展环境，加快向用地社会经济效益高的方向培育发展。对应土地利用效益较高的产业结构，若不符合未来区域产业发展趋势，要结合区域未来产业发展优势，循序渐进地淘汰现有产业，尽快发展未来能够弥补现有产业发展带来的社会经济效益的新兴产业，确保整个区域土地利用社会经济效益总体不降低、努力有提高的产业结构调整趋向；若符合未来区域产业发展趋势，要注重考虑产业发展生命周期，保持现有产业结构基本不变，做大做强现有产业，进一步发挥区域产业比较优势，并在用地上要积极保障，从根本上解决产业占地的"地根"限制。

就土地利用效益对产业结构的作用路径而言，一方面，从总体思路上分析，要秉持生态环境保护及生态环境效益优先考虑，千万不能为了社会经济效益提升而牺牲生态环境效益现值及潜力值，杜绝一味追求社会经济效益的现象，特别是不能为了大力发展重化工污染产业而盲目圈地，忽视循环经济产业培育及第三产业发展。另一方面，从措施路径上分析，土地利用效益对产业结构的影响效应不是一蹴而就的，在土地利用效益高低、产业类型差异的双重考虑下，结合不同区域产业发展实际情况，考虑不同产业用地效益比较优势，需要市场机制主导并有政府宏观调控配合，同时要在时间上、空间上有预留、有缓冲，不能由于盲目追求生态环境效益或者社会经济效益而对区域产业类型、占地规模及空间布局进行"淬火式"调整。否则的话，既不能促进区域产业结构升级及优化调整，又会制约区域用地整体效益提高。

4.4　产业结构与土地利用效益的互动发展：共生演绎化

围绕产业结构与土地利用效益的互动关系，分别理论阐释结构效益化与效益结构化的基础，引入前文描述的共生理论内涵要求，按照目标导向的研究策略，确定产业结构优化与土地利用效益协调作为两者互动的子目标，将总体目标定位于产业结构与土地利用效益共生发展，表明本书总体研究思路及主旨意义。

4.4.1　互动子目标一：产业结构优化

产业结构问题一直是产业经济学、空间地理学的长久不衰的永恒主题，主要是由于社会经济发展，需要产业结构不断调整和优化，以便更好地促进区域社会经济健康持续发展。产业结构与土地利用效益共生演绎的目标之一，就是在满足用地保障的前提下，促进社会经济发展，推进产业结构调整优化。学术界探究较早且权威的学者有周振华研究员（1992）、苏东水教授（2000），他们均认为产业结构优化是一个动态的发展过程，且包括产业结构的高度化和合理化两个层面。其研究成果具有深远理论指导及实践意义。关于产业结构的高度化和合理化的内涵界定及测度方法丰富多彩，总体来看，两者应该是相互依存、相互促进的连带关系，产业合理化是产业高度化的基础条件，产业高度化是产业合理化的趋势导向。也就是说，产业合理化是一个动态演变过程，不断向产业高度化迈进。产业结构优化的本质内涵是合理化和高度化的协调统一。产业结构优化升级是整合协调区域资源配置的有效途径，也是促进区域社会经济发展的关键环节，更是加快新常态下工业化、产业化、城镇化的战略举措。无论是借助市场机制还是采用政策干预，只要这种调整过程推动了产业结构趋于合理化，或更加适应经济的发展，那么这一调整过程就是产业结构优化过程（原毅军，2008）。具体而言，按照产业结构演变的一般内在规律及产业发展的本质要求，结合区域社会经济发展水平、自然资源禀赋及区位优势条件，整合区域涉及产业发展各类生产要素，特别是土地资源供给，促进区域各类产业的类型、规模、空间布局等方面占比调整及产业地位优化，达到各产业间相互协调且能够充分发挥资源优势的最佳均衡状态。简而言之，产业结构优化将导致使用最少人、财、物并达到获得最大效益的目的，即获得最大产出投入比。

形成或改变产业结构的影响因素很多。从整体上看，有区域发展水平、资源要素禀赋、政府部门政策法规、制度文化及风俗习惯等；从个体上看，有收入水平、消费习惯、科技进步、就业结构、外商投资等。产业结构调整优化就是要针对区域产业结构发展限制因素采取相应措施，适应或改变上述诸多限制因素，促进产业结构随着时代发展不断演变。产业结构与土地利用效益的共生协调推进，要以组成产业结构体系的产业为载体，以人的生产、生活及生态需要为判识准绳，经过市场化和政府干预，不断调整改变影响产业结构作用因子，但要以产业用地保障为前提条件，协调统筹产业结构合理化和高度化，促进国土资源环境有效利用及社会经济健康稳定发展。

4.4.2 互动子目标二：土地利用效益协调

众所周知，土地利用系统是包括自然系统、经济系统、社会系统及生态系统等子系统的复合系统，且随着人类开发利用土地资源的深入而变得更加复杂；若要保持土地利用系统健康稳定运行，必须考虑到各子系统之间的相互作用及协调好的互动关系。依据协同分析框架，系统结构有序机理的关键在于内部各组成子系统之间关联协调，这也是系统稳定持续发展的内在动因。基于此，土地利用及其效益系统均包括诸多细分的子系统，关键在于各个子系统之间作用耦合及协调一致。综合来说，土地利用所形成的效益就是对土地利用系统状况的综合体现，具体涉及经济、社会、生态、环境、人文、文化等诸多方面，归结起来就是实现综合效益最大化，以此决定土地利用各个子系统必须达到平衡有序、协调稳定。由于土地利用类型功能差异性的存在，促使土地利用效益紧密依赖于土地利用结构，从而将土地利用效益的平衡协调转嫁至用地结构层面，既要针对土地利用系统内部，更要包括土地利用系统外部各种用地环境，且应是时间和空间上的综合部署及最佳匹配。合理的土地利用结构可以产生结构效应，促使土地利用系统的功能增强与效率提高。

综观当前用地现象及学术成果，社会经济效益和生态环境效益之间存在相互作用，但由于一些地区过高追求社会经济效益而在无形中忽视生态环境保护，加大了两者协调耦合难度，也进一步说明促进两者协调发展的重要性及紧迫性。党的十八大报告提出了生态文明建设，预示着国家层面将经济社会与生态环境放在同等同权上。土地资源如何才能得到优化配置，如何才能提升土地利用综合效益及如何实现各个效益之间相互协调耦合，从而促进土地资源可持续利用，成为当前迫切而紧急的问题。依据土地的特性，利用科学技术和管理手段，对区域内一定数量的土地利用结构、方向，在时空尺度上，分层次进行安排、设计、组合和布局，以提高土地利用效率和土地产出率，维持土地利用的生态经济系统相对平衡，实现土地可持续利用。其中，时间、空间、用途、数量、效益是土地利用优化配置的五要素（王万茂，2002；严金明，2002）。同样，产业结构与土地利用效益的共生推进，要以追求不同类型的土地利用效益及协调好各类土地利用效益为导向，加强产业结构优化调整及产业用地空间规划布局，从产业占地类型、规模、时序等方面合理安排第一、二、三产业用地及生态保护用地，通过产业合理占地、用地形成合理有效的区域用地结构，构建土地利用效益在数量上提升、在质量上协调的有序模式。

4.4.3 互动总目标：产业结构与土地利用效益共生发展

通过对产业结构与土地利用效益的一般关系梳理，以及两者单向的相互作用路径，归纳出一个共识：既定区域产业发展水平及产业结构影响土地资源开发利用的结构、方式及空间布局，从而进一步决定了区域土地利用效益类型及其高低。产业结构调整及优化要有土地资源作为生产要素的支撑，具体体现在土地资源及其他资源在各产业、部门间的重新分配和组合必然改变区域土地利用结构，产业项目占地决定了用地产出效率及效益水平。同时，由于不同用地部门占地水平差异及部门技术水平进步，产业结构优化对区域土地利用结构产生相应压力或胁迫作用，但反过来也能促进区域用地结构优化、土地利用效益提升。

由于产业结构发展的内在一般规律，产业结构将会从农业占主导地位的"一、二、三"型调整为工业占主导地位的"二、三、一"型再调整为服务业占主导地位的"三、二、一"型，农业用地将逐步减少，工矿仓储用地、城镇用地及服务用地将逐步增加并进一步挤占农用地及生态环境用地，社会经济得到发展但生态环境问题将日益突出，导致社会经济效益与生态环境效益不协调。反之，产业结构优化升级过程将会淘汰占地面积大、低级的产业，更替为产出效率高、先进的产业，减少土地资源的绝对使用量进而提高单位土地利用效率，在保证生态环境效益不降低的前提下，达到提高用地社会经济效益的目标。众所周知，土地资源类型具备多元化特性，社会效益、经济效益及生态环境效益所对应的土地开发利用方式迥异，若经济效益明显较低的产业过多占用基础设施、生产条件及区位条件优越的土地，那将是对稀缺性土地资源的极大浪费，且不利于社会经济高效发展；若在效益较高的产业类型分配较少的土地资源，也不利于产业继续扩大生产，甚至会严重制约基础产业形成及发展，反之亦然。这就形成了土地利用效益对产业结构的循环反馈作用机制。

可以确定，产业结构与土地利用效益之间存在作用机制，产业结构优化与土地利用效益协调的两个互动子目标可能在产业发展与土地利用的具体实践过程中存在矛盾，需要通过市场运行及政府调控加以调整及解决，以构建产业结构得到优化、土地利用效益得到协调的"双赢"模式。引入借鉴共生理念及思路框架，从共生单元、共生模式、共生环境三要素切入，对产业发展与用地开发涉及各个方面进行科学治理。在此，可将人类主导的产业发展与土地利用统归于人地系统中，人地系统是地球表层上人类活动与地理环境相互作用形成的开放的复杂巨系统，在这个复杂巨系统中，人对自然由被动接受逐渐转变为主动改造。从古代的"天人合一"思想到近代的人地关系协调思想，再升华到现代的可持续发展理论，思维主线始终围绕人地和谐共生这一核心伸展（方创琳，2000），也与共生理论一脉相承。人地系统要求不断优化、维持良性循环，做到可持续发展。这就要求人们必须以科学的态度来进行人类系统与自然系统之间的物质、能量与信息交流，约束人自身的行为，避免非理性的资源掠夺性开发而带来生态环境恶化，防止人与自然关系失调而导致产业结构与土地利用效益失衡。本书正是针对实现产业结构与土地利用效益的双重目标而言的，以期在人地关系协调下的共生发展。

第5章　产业结构对土地利用效益的
作用机理分析　/////////////////////////////

美国雷利·巴洛维曾经提出"影响土地利用的三重框架"，认为人们对土地利用的行为发生在一个三重框架之内，自然生物因素、经济因素和政策制度因素一起制约着人们对土地的开发利用与保护（雷利·巴洛维，1989）。第4章理论解释及系统分析已经表明，在不同产业结构演变阶段，产业结构调整与土地利用之间存在作用响应关系，产业结构优化升级是土地利用效益提升的决定因素。基于此，本章按照以下思路展开：首先，回顾中国产业结构历史变迁过程，进行产业结构发展阶段划分、特征分析及问题剖析；其次，构建土地利用效益评价指标体系，运用测度模型测算中国土地利用效益，对评价结果进行全面揭示；再次，借鉴已有相关研究成果，构建产业结构对土地利用效益响应模型，计量化测定响应系数及其时序、空间情况；最后，从产业结构对土地利用效益响应系数的影响分析出发，探究产业结构对土地利用效益响应的具体影响因子及其作用态势。总结本章及前文研究成果，综合参考其他研究成果，从内在机理、外在驱动两个递进层次，系统阐释产业结构对土地利用效益的作用机理，实现结构效益化的研究过程，为后续产业结构优化与土地利用效益提升共生章节提供理论依据及技术支撑。

5.1　产业结构的阶段特征

经过40多年的改革开放，中国经济高速增长，产业结构发生了从量变到质变的显著更替。为了研究需要，试图结合第4章产业结构演变理论及现代产业结构分析的一般范式，对1978—2015年中国产业结构发展作一个总体考察及全面评价，进行产业结构的发展阶段划分、特征分析及问题剖析，为后续章节实证及对策建议提供参考支撑。

5.1.1　产业结构的发展阶段划分

改革开放以来，中国社会经济取得长足稳定、跨越式发展，GDP总值从

1978 年的不足 4 000 亿元猛增至 2015 年的超过 68 万亿元,产业结构相应发生持续演变并支撑适应社会经济发展内在需要。在此,基于三次产业产值占比及 GDP 总值走势的双重审视,结合其他相关学者研究成果(简新华,2011;李跃,2017)及本书阐释要求,将中国产业发展及结构形态划分为三个阶段。①原始阶段:1978—1990 年,低位徘徊态势。在此 13 年期间,第一产业产值占比整体呈现微度震荡起伏态势,从 1978 年的 27.69% 变化至 1990 年的 26.58%,最高值是在 1982 年的 32.79%,最低值出现于 1989 年的 24.61%;第二产业产值占比呈下降趋势,从 1978 年的 47.71% 下降至最低 1990 年的 41.04%,最高值在 1980 年的 48.06%;第三产业产值占比从 1978 年的 24.60% 增长至 1990 年的 32.38%,其中 1978—1983 年较为稳定且在 23%~24% 徘徊,1984—1990 年整体呈现明显上扬态势;GDP 总量相对较小,且变化幅度也较小。②起步阶段:1991—2005 年,中位过渡态势。在此 15 年的发展过程中,第一产业产值占比开始稳步下降,从 1991 年的 24.03% 持续下降至 2005 年的 11.64%;第二产业产值占比相对第一产业占比变化呈完全相反态势,呈现微度起伏但总体增长趋势明显,从 1991 年的 41.49% 增长到 2005 年的 47.02%;第三产业产值占比最低点在 1996 年的 33.57%,最高点在 2002 年的 42.25%,不过总体呈现增长态势;GDP 总量翻了将近 10 倍,增长幅度持续加大。③高速阶段:2006—2015 年,高位发展态势。在这个 10 年间,第一产业产值占比延续起步阶段势头一直持续走低,从 2006 年的 10.63% 降至 2015 年的 8.88%;2006 年是第二产业产值占比变化最明显的拐点所在,第二产业产值占比从 2006 年的 47.56% 持续降至 2015 年的 40.93%,2015 年的第二产业产值占比成为历史最低值;第三产业产值占比继续保持增长势头,从 2006 年的 41.81% 增长至 2015 年的 50.19%,2015 年的第三产业产值占比首次超过 GDP 总量一半且成为历史最高值;GDP 总量绝对值呈现膨胀式增长,从将近 22 万亿元增长到超过 68 万亿元,变化增长幅度非常明显。

从上述阶段分析,中国产业结构演变发展同样遵守产业发展的一般规律,就是产业重心从第一产业向第二产业发展偏移,并渐渐地往第三产业转移的动态过程。总体来看,虽将 1978—2015 年人为划分为三个阶段,但随着社会经济发展,完全印证产业发展的一般规律所在,中国产业结构从"二一三"模式转变为"二三一"模式,并在 2012 年变为"三二一"的产业发展模式。这是促进区域社会经济持续发展的有力保障,同样是产业结构调整与优化升级大势所在(图 5 - 1)。

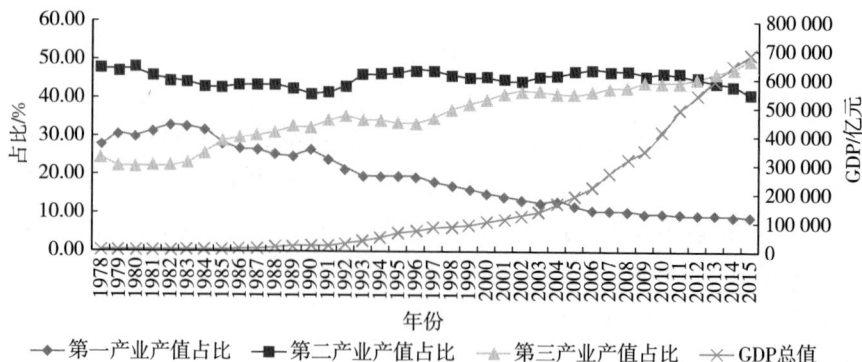

图 5-1　中国三次产业产值占比及总产值变化

5.1.2　产业结构的变动特征分析

针对当前产业结构研究较为成熟且成果较为丰富的现实情况，在此基于已有研究基础，采用 Moore 指数法分析中国产业结构特征变化。该方法最早由 Moore 于 1978 年提出，以向量空间夹角为基础来反映产业内部结构变动程度，测度结果与社会经济发展趋势相对应（Moore J H，1978）。其他学者也采用结构指数法研究产业结构演变（原毅军，2008；黄夏，2015），同样取得较为理想的效果。Moore 指数的计算公式如下：

$$M_t = \frac{\sum_{i=1}^{n} W_{i,t} \times W_{i,t+1}}{\sqrt{\sum_{i=1}^{n} W_{i,t}^2} \sqrt{\sum_{i=1}^{n} W_{i,t+1}^2}} \quad n=1,2,3 \quad (5-1)$$

其中，M_t 表示 Moore 结构变动值，$W_{i,t}$ 表示第 t 期第 i 产业产值占比，$W_{i,t+1}$ 表示为第 $t+1$ 期第 i 产业产值占比，定义不同时期产业产值向量之间变化的夹角为 N_t，那么 $N_t = \arccos M_t$。产值结构变化速率越大，N_t 夹角度数越大，反之亦然。在此，涉及中国产业系列数据，编辑公式并借助 Matlab 7.0 计算产业结构变动值，详见表 5-1。

表 5-1　中国产业结构变化（1978—2015 年）

年份	第一产业产值占比/%	第二产业产值占比/%	第三产业产值占比/%	M_t	N_t/度
1978	27.69	47.71	24.60	0.998 0	0.063 7
1979	30.70	46.96	22.34	0.999 7	0.024 8

（续）

年份	第一产业产值占比/%	第二产业产值占比/%	第三产业产值占比/%	M_t	N_t/度
1980	29.63	48.06	22.31	0.999 0	0.043 7
1981	31.32	45.97	22.71	0.999 5	0.033 0
1982	32.79	44.62	22.59	0.999 9	0.012 3
1983	32.57	44.23	23.20	0.998 9	0.047 2
1984	31.54	42.93	25.53	0.996 0	0.089 2
1985	27.93	42.72	29.35	0.999 6	0.026 9
1986	26.64	43.51	29.85	0.999 9	0.010 7
1987	26.32	43.32	30.36	0.999 7	0.023 7
1988	25.24	43.52	31.24	0.999 4	0.034 5
1989	24.61	42.50	32.89	0.999 1	0.041 9
1990	26.58	41.04	32.38	0.998 4	0.056 2
1991	24.03	41.49	34.48	0.998 5	0.054 6
1992	21.33	43.12	35.55	0.998 1	0.061 1
1993	19.31	46.18	34.51	1.000 0	0.003 7
1994	19.47	46.16	34.36	0.999 9	0.015 2
1995	19.60	46.75	33.65	1.000 0	0.007 1
1996	19.33	47.11	33.57	0.999 5	0.032 6
1997	17.90	47.10	35.00	0.999 2	0.041 2
1998	17.16	45.80	37.04	0.999 5	0.031 0
1999	16.06	45.36	38.57	0.999 6	0.028 5
2000	14.68	45.54	39.79	0.999 6	0.028 0
2001	13.98	44.79	41.22	0.999 8	0.019 9
2002	13.30	44.45	42.25	0.999 7	0.022 9
2003	12.35	45.62	42.03	0.999 9	0.016 3
2004	12.92	45.90	41.18	0.999 7	0.024 7
2005	11.64	47.02	41.33	0.999 8	0.017 6
2006	10.63	47.56	41.81	0.999 8	0.020 1
2007	10.28	46.86	42.86	1.000 0	0.001 3
2008	10.25	46.93	42.82	0.999 6	0.029 3
2009	9.79	45.88	44.33	1.000 0	0.009 4

（续）

年份	第一产业产值占比/%	第二产业产值占比/%	第三产业产值占比/%	M_t	N_t/度
2010	9.53	46.40	44.07	1.000 0	0.001 9
2011	9.43	46.40	44.16	0.999 7	0.024 8
2012	9.42	45.27	45.31	0.999 6	0.029 0
2013	9.30	44.01	46.70	0.999 7	0.022 5
2014	9.06	43.10	47.84	0.998 8	0.049 0
2015	8.88	40.93	50.19		

数据来源：根据《中国统计年鉴》的三次产业产值数据整理计算得到。

根据计算得到的中国产业结构变化 M_t 和 N_t，从表 5-1 和图 5-2 可以看出，1978—1992 年的 15 年间，产业结构变化频繁且相对幅度较大，只有在 1982 年、1986 年相对低谷，分别仅有 0.012 3 度、0.010 7 度，其他年份绝对变化值相对较大，15 年间平均达到 0.041 6 度，GDP 总量增长几乎陷入停滞。这进一步印证了中国改革开放初期，人力、物力、财力等生产要素变化及产业间流动较为频繁，计划经济导向的产业发展仍较为突出，且带来无规律、无方向的特征较为明显，提高市场化调控能力仍待进一步增强。从 20 世纪 90 年代至 2010 年，随着土地宏观调控及土地资源要素地位的加强，以及社会主义市场化运行机制的完善，产业涉及各种资源要素流动方向趋于一致及稳定，产业结构变化稳定有序、波动值较小，带来 GDP 大幅增长，推进社会经济高速跨越性发展。进入 2010 年以后，随着社会经济发展速度减缓及面临资源、环境、人口等产业关联要素承载容量压力，中国受到产业结构优化调整与升级改造的双重压力，产业结构变化 N_t 值呈现增大趋势。由此可见，产业结构变化稳定是社会经济持续发展的有利保障，社会经济发展滞后及增长速度放缓，亟待产

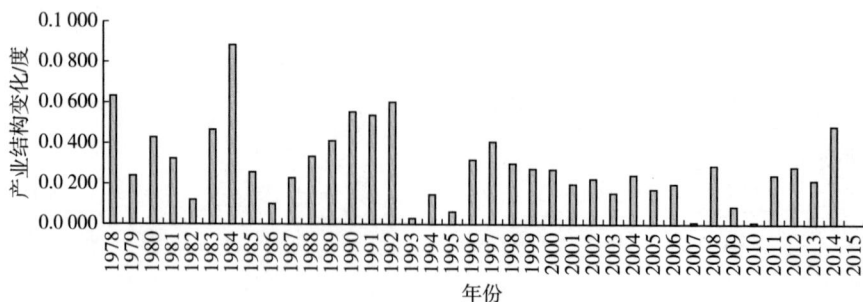

图 5-2 中国产业结构变化数值（1978—2015 年）

业结构发生实质性、跨越式的变化调整以进一步促进社会经济稳定持续，中国产业结构优化升级已到改革调整深水区。

5.1.3　产业结构的存在问题剖析

产业结构调整优化的目标在于合理化、高度化及两者之间的相互促进，从目前现象上看，仍存在合理化欠缺和高度化不高的现实情况；从上述中国产业结构阶段特征及产业结构变动特征分析，产业产出总量高度增长，产业结构发展趋势虽符合产业一般规律，但总量增速减缓、结构变化幅度增大，依靠劳动力、资源环境等优势条件的高速发展黄金阶段已成过去式，产业结构模式调整以适应世界产业及科学技术发展的大背景时代亟待启动。总体上看，中国产业结构依然比较落后，三次产业占比表现尤为突出，特别是第三产业占比还低于中等收入国家和工业发达国家平均水平（杨承训，2009），产业发展方式、比例、质量亟待通过产业结构加以优化升级。

（1）从产业结构上考虑，亟待调整优化

第一，第一产业是国家产业基础，但国家对农业投入水平相对不足，基础建设、农技研发及科技服务发展薄弱，农业产业规模化经营尚未形成，农业现代化水平较低，农业劳动生产率较低，需要重点配合国家做好"三块地"改革、特色小城镇建设，加快农村新型产业发展。第二，中国经济体量跃居世界第二，中国制造已走向全球，但工业现代化水平不高，工业附加值较低，部分行业还处在"微笑曲线"低端位置，高端、高附加值的新型产业竞争力不强。第三，虽第三产业占比已过半，但总体还是依靠第一、二产业的快速发展，与世界发达国家第三产业总量及占比相差甚远，且与 GDP 总量也不相匹配，现代高端服务业、新兴第三产业发展潜力巨大。

（2）从产业组织上考虑，亟待合理重塑

第一，中国产能过剩范围波及面比较大，涉及众多钢铁、焦炭、水泥、电子通信、纺织等传统支柱产业，也涵盖很多新兴行业（宗寒，2010）。产业结构内在的产能过剩越发突出，供给侧结构性改革涉及的去产能任务十分艰巨。第二，地区产业结构雷同，特别是长三角、珠三角、京津冀等重点经济发展区域，产业结构及主导产业差异化不明显，会进一步加剧产能过剩，造成投入产业生产的人力、财力和物力的极大浪费。第三，区域间产业发展集中度较低、分散程度较高，规模效应、协同效应不明显，大部分区域尚未形成具有主导和影响力的地区主打产业，行业整合度较低，难以有效配置资源，产业竞争力提升难度大。

（3）从产业生态上考虑，亟待环境改善

上文已部分阐述，中国前些年的产业发展模式，是依靠低劳动成本、低土地价格、低资源价格、低污染成本等一系列成本优势，导致经济增长过度依赖高资本投入、高物耗、高能耗。近些年，人们越加认识到产业发展过程不得不考虑到生态环境保护的重要性及紧迫性。虽然有研究观点认为产业经济发展与环境存在此消彼长、相互促进，以及先恶化再改善等论断，但是生态环境与产业发展的影响是双向的、互动的却是毋庸置疑的。针对中国工业化、城镇化带来的环境污染和生态破坏以及由此导致的生存条件恶化这一现实，政府部门及社会各界均希望能找到一种全新的产业模式，实现经济效益和环境效益的双赢（曾建民，2003）。

5.2 土地利用效益测度及时空差异透析

土地利用效益测度是分析产业结构对土地利用效益作用的关键环节，为此从社会经济和生态环境两维视角，构建适合中国国情的土地利用效益评价指标体系，综合采用熵权法和多因子综合加权分析法，测度中国土地利用效益，并对中国整体土地利用效益时序结果及分省份结果进行解析描述。其中，土地利用效益评价技术同样推广运用到第8章计量算法过程。

5.2.1 构建评价指标体系

构建评价指标体系是制定评价的基本准绳，是整个评价过程的关键环节所在。一个完善的评价指标体系必须具备解释功能、评价功能及预测预报功能。人类从满足自身需要角度，开发、利用及改造土地资源，按照需求差异化形成不同用地类型，包含自然—社会—生态各子系统，通过各子系统协同功能运行并形成一个巨大的复合系统。因此，土地利用效益评价涉及土地利用社会、经济、生态、环境诸方面，考虑影响区域土地利用产出效益的诸多要素来遴选评价指标，做到数量和质量均得到准确反映。

为客观、全面、科学地衡量土地利用效益，遵循系统性、科学性、代表性及数据资料可获性基本原则，结合中国历年经济社会发展和土地利用特征，综合考虑土地利用社会、经济和生态效益内在响应机理，综合参考其他研究成果（刘彦随，2013；张荣天，2014），分别从社会经济（SE）和生态环境（EE）

两维视角，构建土地利用效益评价目标层，涉及两个准则层13项具体评价指标。其中，社会经济效益准则层包括人均 GDP、地均 GDP、地均二三产业产值、地均财政收入、居民消费水平、居民人均可支配收入、非农人口比重七项具体指标，全部为正向功效；生态环境效益准则层包括森林覆盖率、建成区绿化覆盖率、地均工业废水排放量、地均工业固体废物排放量、工业固体废物综合利用率、生活垃圾无害化处理率六项具体指标，除了地均工业废水排放量、地均工业固体废物排放量两项指标为负项指标外，其他四项均为正向指标。所有指标测算公式以及指标对应数据单位详见表 5－2。

表 5－2　中国土地利用效益评价指标体系

目标层	准则层	指标层	指标测算公式	单位	功效
土地利用效益评价	社会经济（SE）	人均 GDP（SE_1）	区域总产值/区域总人口	万元/人	＋
		地均 GDP（SE_2）	区域总产值/区域总面积	万元/公顷	＋
		地均二三产业产值（SE_3）	区域第二、三产业产值之和/区域居民点及工矿地面积	万元/公顷	＋
		地均财政收入（SE_4）	财政支出总额/区域总面积	万元/公顷	＋
		居民消费水平（SE_5）	直接来源统计年鉴	元	＋
		居民人均可支配收入（SE_6）	直接来源统计年鉴	元	＋
		非农人口比重（SE_7）	区域非农人口/区域总人口	％	＋
	生态环境（EE）	森林覆盖率（EE_1）	林地面积/区域总面积	％	＋
		建成区绿化覆盖率（EE_2）	直接来源统计年鉴	％	＋
		地均工业废水排放量（EE_3）	区域工业废水排放总量/区域居民点及工矿用地面积	吨/公顷	－
		地均工业固体废物排放量（EE_4）	区域工业固体废物排放总量/区域居民点及工矿用地面积	吨/公顷	－
		工业固体废物综合利用率（EE_5）	区域工业固体废物综合利用量/区域工业固体废物产生量×100%	％	＋
		生活垃圾无害化处理率（EE_6）	直接来源统计年鉴	％	＋

5.2.2　建立测度模型算法

（1）熵权法

熵权法是指根据指标实际数据来确定指标权重的一种方法，具有操作性和客观性特点，能够体现数据本身信息，增强指标差异性及主导性，可全面反映信息属性。技术思路就是评价对象指标值相差越大越重要，权重相应就越大。其变异程度可直接对应确定指标权重。

①处理数据标准化。

$$正向指标：X'_{ij} = \frac{X_{ij} - \min\{X_j\}}{\max\{X_j\} - \min\{X_j\}}$$
$$负向指标：X''_{ij} = \frac{\max\{X_j\} - X_{ij}}{\max\{X_j\} - \min\{X_j\}}$$
$$(5 - 2)$$

②计算第 i 评价单元第 j 项指标值的占比。

$$Y_{ij} = \frac{X'_{ij}}{\sum\limits_{i=1}^{m} X'_{ij}} \quad (5 - 3)$$

③计算指标信息熵。

$$e_j = -k \sum_{i=1}^{m} (Y_{ij} \times \ln Y_{ij}) \quad (5 - 4)$$
$$k = 1/\ln m$$

④计算信息熵冗余度。

$$d_j = 1 - e_j \quad (5 - 5)$$

⑤计算指标权重。

$$w_j = \frac{d_j}{\sum\limits_{j=1}^{n} d_j} \quad (5 - 6)$$

式中，X_{ij} 表示第 i 个评价单元第 j 项评价指标的实际值，X'_{ij} 和 X''_{ij} 表示第 i 个评价单元第 j 项评价指标的标准化值，$\min\{X_j\}$ 和 $\max\{X_j\}$ 分别为所有评价单元中第 j 项评价指标的最小值和最大值，Y_{ij} 表示第 i 评价单元第 j 项指标值占比，e_j、d_j、w_j 分别表示第 j 项指标信息熵、冗余度、权重，m 为评价单元数，n 为指标数。

（2）多因子综合加权分析法

通过研究分析，采用目前较为常用的多因子综合加权分析法，可分别计算土地利用社会经济效益、生态环境效益及综合效益。

$$D_i = \sum_{j=1}^{n} w'_j \times w_j \times X'_{ij} \quad (i \text{ 为评价单元，} j \text{ 为指标数}) \quad (5 - 7)$$

式中，D_i 为第 i 个评价单元的效益评价值，w'_j 为第 j 项指标所对应准则层的指标权重，w_j 为第 j 项指标的权重，X'_{ij} 为第 i 个评价单元的第 j 项指标的标准化值。

5.2.3 数据来源与说明

土地利用效益评价指标体系涉及社会经济及生态环境领域，具体可划分为社会经济、土地利用及生态环境三个方面。其中，社会经济数据（产业发展涉及数据）来源于 1997—2016 年《中国统计年鉴》，以及部分年份的《中国人口统计年鉴》；土地利用数据来源于历年《中国国土资源统计年鉴》及全国部分年份土地利用变更调查汇总导出数据；生态环境数据来源于历年《中国环境统计年鉴》，辅以部分年份《中国林业统计年鉴》；仍有部分指标数据是通过多部门统计年鉴数据汇总计算得出。空间尺度包括全国和 31 个省（直辖市、自治区）（不包括港澳台）两个层次，其中全国整体评价单元是改革开放以来 1978—2015 年的 38 年时序数据阵列，31 个省（直辖市、自治区）是以 1996 年、2005 年、2015 年三个时间点所对应形成的三组面板数据。特别的，由于重庆市在 1997 年之前统计资料缺失，其分析时间尺度仅有 1997—2015 年，1996 年之前数据整体并入四川省统筹考虑。各时间点省级空间图件输出，通过 ArcGIS 属性关联现实空间分异化显示，实现空间数据可视化及结果属性差异化。

5.2.4 结果与分析

（1）指标权重确定

以 1978—2015 年的 38 年时序数据列作为熵权法分析数据源，为了解决指标单位不统一问题，采用最大—最小值标准化处理，并按照熵权法公式步骤，进一步计算得出土地利用效益评价各指标的信息熵 e_j、信息熵冗余度 d_j 及权重 w_j。其中，综合参考已有相关文献研究成果（刘彦随，2013；黄贤金，2005），针对社会经济、生态环境两个准则层权重，分别酌取 0.55、0.45（表 5-3）。

从各指标权重大小分析，针对社会经济效益，权重较大的依次为地均财政收入（SE_4）、地均 GDP（SE_2）、人均 GDP（SE_1），表明财政收入、GDP 产出是决定社会经济效益区域差异的主要因素；针对生态环境效益，权重较大的依次为地均工业废水排放量（EE_3）、生活垃圾无害化处理率（EE_6）、地均工业固体废物排放量（EE_4），表明城镇建设区域加大投资以减少工业废水及固体废弃物排放，以及提升生活垃圾处理能力是决定生态环境效益区域差异的主要因素。

表 5-3　中国土地利用效益评价指标权重

目标层	准则层	指标层	信息熵 e_j	冗余度 d_j	权重 w_j
土地利用效益评价	社会经济（SE）	人均 GDP（SE_1）	0.838 8	0.161 2	0.150 1
		地均 GDP（SE_2）	0.834 1	0.165 9	0.154 4
		地均二三产业产值（SE_3）	0.842 4	0.157 6	0.146 8
		地均财政收入（SE_4）	0.759 4	0.240 6	0.224 0
		居民消费水平（SE_5）	0.860 2	0.139 8	0.130 2
		居民人均可支配收入（SE_6）	0.864 2	0.135 8	0.126 5
		非农人口比重（SE_7）	0.927 0	0.073 0	0.068 0
	生态环境（EE）	森林覆盖率（EE_1）	0.965 4	0.034 6	0.070 5
		建成区绿化覆盖率（EE_2）	0.943 2	0.056 8	0.115 7
		地均工业废水排放量（EE_3）	0.873 3	0.126 7	0.257 9
		地均工业固体废物排放量（EE_4）	0.920 6	0.079 4	0.161 6
		工业固体废物综合利用率（EE_5）	0.924 6	0.075 4	0.153 4
		生活垃圾无害化处理率（EE_6）	0.881 6	0.118 4	0.241 0

（2）中国土地利用效益结果分析

综合运用最大—最小值标准化、熵权法及多因子综合加权分析法，计算得到中国自 1978 年改革开放以来至 2015 年的 38 年间土地利用效益值。从数值变化趋势来看，从 1978 年的 0.189 2 以来，呈现出逐年递增趋势且一直持续，直到 2015 年的 0.804 2 并达到历史最高值，说明中国土地利用产出的社会经济及生态环境的综合效益整体呈现较好趋势，但并不排除个别年份社会经济效益或生态环境效益下降，也不排除个别省份或地区综合效益减少。具体根据单项指标分析，土地利用综合效益值增加幅度逐渐减小时期，也是地均工业废水排放量（EE_3）、地均工业固体废物排放量（EE_4）逐年增加阶段，是拉低效益增长幅度的主要诱因；不过从 2010 年起上述两项指标增长逐渐收窄，表明国家重视对生态环境的投入及产业发展方式转变，且从工业固体废物综合利用率（EE_5）、生活垃圾无害化处理率（EE_6）两项正向指标的总体趋高可进一步印证。从图 5-3 和图 5-4 可见，中国土地利用效益数值折线虽一直持续上扬，但结合变化率及其对应的增长幅度大小，存在明显的三个拐点。一是从 1979 年的 14.32% 稳步下降至 1991 年的 4.40%，表明中国改革开放初期处于探索阶段，社会主义市场尚未建立及土地利用开发方向不稳定，导致土地利用效益增长缓慢；二是从 1992 年的 12.27％降至 2000 年的 0.83％，2000 年为增长率最低点，表明中国自 20 世纪 90 年代以来大力推进土地资源市场化运作，依托劳动力、资源及生态环境等低成本优势而实现效益增长拉升，但由于资源不可持续及环境承载容量有限，导致增长率持续走低；三是从 2000 年的 0.83％缓慢爬升至 2007 年的 9.56％，而后逆向降至 2015 年的 3.83％，表明受到土地利用效益提升瓶颈制约。综合上述分析结果，中国土地利用效益总体逐年增加，但近年增长持续疲软，已经历依托人力、资源及生态环境牺牲而促进土地利用效益提升阶段，需要从根本上改变土地开发利用方式、产业基础结构及土地科技投入，促进效益内部组织结构优化，综合协调社会经济效益和生态环境效益势在必行，以更高层次推进土地利用效益提升。

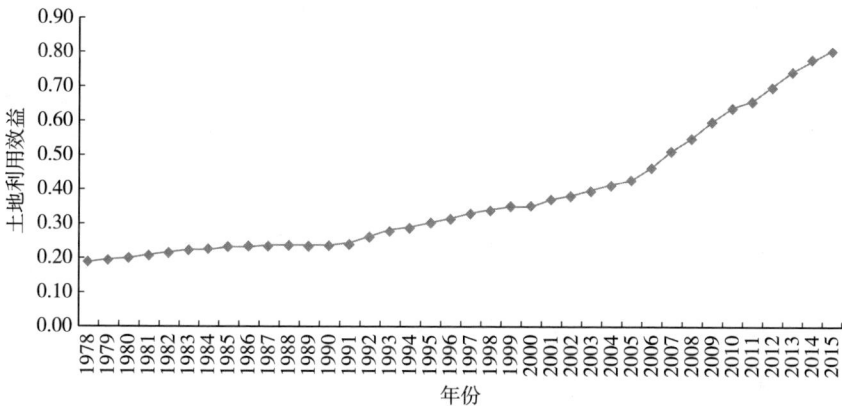

图 5 - 3　中国土地利用效益数值趋势

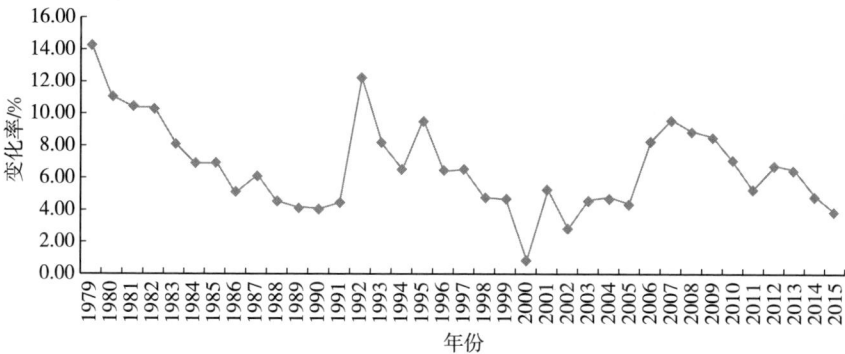

图 5 - 4　中国土地利用效益数值变化率

（3）中国分省份土地利用效益结果分析

由于中国自然地形地貌及社会经济发展区域差异很大，很有必要在空间尺度上转换至省级层次，加以空间差异化揭示。考虑到数据资料可获性及分析结果适用性，分省份土地利用效益测算采取 1996 年、2005 年、2015 年三个年份。其中，1996 年的最高值上海达到 0.562 9；较高的依次为北京、天津、浙江、广东，分别达到 0.517 0、0.499 3、0.441 3、0.440 3；最小值为山西，仅为 0.160 1；较小值依次为甘肃、陕西、贵州、江西，分别为 0.212 1、0.235 0、0.244 9、0.248 8。2005 年的最高值仍为上海，升至 0.778 7；较高的依次为北京、天津、广东、江苏、浙江；最小值仍为山西，仅为 0.241 3；较小值次序与 1996 年相比变化不大。2015 年的最高值还是上海，达到 0.817 1；较高的依次为北京、天津、江苏、浙江，分别达到 0.692 8、0.646 6、0.583 0、0.569 3；最小值为甘肃，仅为 0.238 0；较小值依次为青海、西藏、新疆、云南，分别为 0.264 1、0.282 0、0.335 0、0.341 4。从三个时间点分析，社会经济发展较快且基础较好的东部沿海省份普遍较高，中西部省份及资源禀赋型省份明显较低，与社会经济、城镇化及产业化发展水平耦合程度较高（表 5-4）。

表 5-4　中国分省份土地利用效益数值及其排名

省份	2015 年		2005 年		1996 年	
	效益值	排名	效益值	排名	效益值	排名
北京	0.692 8	2	0.766 2	2	0.517 0	2
天津	0.646 6	3	0.579 4	3	0.499 3	3
河北	0.391 1	20	0.303 2	27	0.262 1	25
山西	0.364 5	24	0.241 3	31	0.160 1	30
内蒙古	0.445 6	10	0.333 4	23	0.268 1	24
辽宁	0.439 6	12	0.363 2	14	0.303 3	18
吉林	0.382 7	22	0.357 6	16	0.307 8	16
黑龙江	0.357 0	25	0.380 8	11	0.319 5	14
上海	0.817 1	1	0.778 7	1	0.562 9	1
江苏	0.583 0	4	0.525 6	5	0.422 6	8
浙江	0.569 3	5	0.525 0	6	0.441 3	4
安徽	0.436 2	14	0.327 6	24	0.272 1	22

（续）

省份	2015 年		2005 年		1996 年	
	效益值	排名	效益值	排名	效益值	排名
福建	0.507 0	6	0.393 8	9	0.428 1	6
江西	0.412 5	17	0.297 9	28	0.248 8	26
山东	0.502 4	7	0.441 5	7	0.355 0	9
河南	0.406 0	18	0.350 3	18	0.290 0	20
湖北	0.419 0	16	0.378 9	12	0.329 7	13
湖南	0.437 4	13	0.352 5	17	0.297 2	19
广东	0.498 8	8	0.574 3	4	0.440 3	5
广西	0.401 3	19	0.309 2	25	0.342 5	11
海南	0.445 2	11	0.424 6	8	0.427 6	7
重庆	0.473 7	9	0.334 4	22	—	—
四川	0.383 2	21	0.346 5	19	0.268 6	23
贵州	0.354 0	26	0.338 7	20	0.244 9	27
云南	0.341 4	27	0.361 1	15	0.310 9	15
西藏	0.282 0	29	0.381 0	10	0.335 3	12
陕西	0.428 8	15	0.285 0	29	0.235 0	28
甘肃	0.238 0	31	0.258 1	30	0.212 1	29
青海	0.264 1	30	0.373 2	13	0.350 6	10
宁夏	0.380 5	23	0.306 2	26	0.274 2	21
新疆	0.335 0	28	0.338 3	21	0.304 5	17

5.3　产业结构变化的土地利用效益响应程度

前面章节已从理论高度阐释了产业结构对土地利用效益的作用所在及作用路径，为进一步定量化产业结构对土地利用效益的作用大小，在此借鉴引入响应程度测度模型，计算得到相应系数的总体趋势及分省份空间分异情况，并叠加区位条件、社会经济、自然禀赋等方面要素进行综合分析。

5.3.1　响应程度计算模型及分析方法

（1）响应程度测度模型

从前文理论解析及理论框架设计分析，产业结构与土地利用效益具有内在本质互动关联，具有较为复杂的相互作用机制，特别是就区域产业结构变化对土地利用效益响应程度进行计量化测定，实则较为困难，且直接相关研究成果较少。为了简便笼统而又具体地测定产业结构变化土地利用效益响应程度，在此借鉴其他相关领域研究方法及思路（刘艳军，2010），尝试引用"产业结构变化土地利用效益响应系数"。其中，按照产业结构演变一般规律，产业非农化是产业发展演变的总体趋势，能够表征产业发展高度化和合理化的基本面及统一面。基于此，产业结构变化土地利用效益响应系数计算公式如下：

$$R_t = \frac{LUE_t}{NAL_t} \qquad (5-8)$$

$$NAL_t = \frac{SI_t + TI_t}{TV_t} \qquad (5-9)$$

式中，R_t 是测度某省份或全国第 t 年度的产业结构变化土地利用效益响应系数，LUE_t 为第 t 年度土地利用效益值，NAL_t 为第 t 年度非农化水平，SI_t、TI_t、TV_t 分别为第 t 年度第二产业产值、第三产业产值、总产值。产业结构变化土地利用效益响应系数越大，表明产业结构对土地利用效益作用强度越大，产业结构不变或稍微变化即可实现土地利用与开发，产生更多效益，且随着系数变大，产生效益值变多，反之亦然。

以第二、三产业产值占比来反映产业结构，运用土地利用效益除以非农化水平所得商值，构建产业结构变化土地利用效益响应系数。假设科技水平、资本、劳动力等其他因素不变，对于某特定区域的特定时点，当土地利用效益与产业结构比值增大时，说明土地利用效益增速快于产业结构变化，反映产业结构适合该区域社会经济发展及土地利用要求，能够产生更多、更大效益值，甚至产业结构不变化或者微度变化都能带来土地利用效益值增长，单位产业结构变化带来更多产业土地利用效益。同样的，当土地利用效益与产业结构比值变小，说明产业结构变化不能带来更多土地利用效益，产业结构变化幅度大于土地利用效益变化程度，单位产业占地产出效益在下降，产业结构变化作用于土地利用效益处于弱势状态。简而言之，产业结构已经不适应产出更多土地利用效益，倒逼产业结构调整优化以便再次促进土地利用效益提升。

（2）省际分异比较指标法

①变异系数法。标准差和变异系数都是常用的描述数据离散程度的统计指

标，但变异系数能够消除平均值大小影响，更能够准确地反映系列数据离散情况。在此，运用变异系数法测算不同时期区域产业结构变化土地利用效益响应系数相对差异的整体趋势。计算公式如下：

$$V_t = \frac{\sqrt{\sum_{i=1}^{n}(R_{ti} - \overline{R}_t)^2 / N}}{\overline{R}_t} \tag{5-10}$$

$$\overline{R}_t = \sum_{i=1}^{n} R_{ti} / N \tag{5-11}$$

式中，R_{ti} 为第 t 时点第 i 省份产业结构变化土地利用效益响应系数，$\overline{R}_t$ 为第 t 时点产业结构变化土地利用效益响应系数的全国平均值，N 代表省份评价单元数。V_t 值越大，表明产业结构变化土地利用效益相对差异越大，表征离散程度越高；V_t 值越小，说明相对差异较小，数值分布越集中，表征离散程度越低。

②相对发展率。为了测度一段时间各评价单元产业结构变化土地利用效益响应系数变化程度的高低，引用反映变化差异程度的相对发展率（$Nich$），计量含义表示各省份在某一时期内产业结构变化土地利用效益响应系数的变化与同一时期内全国产业结构变化土地利用效益响应系数变化比值。计算公式如下：

$$Nich = \frac{R_{si} - R_{ti}}{R_s - R_t} \tag{5-12}$$

式中，R_{si}、R_{ti} 分别表示第 i 省份在时间 s 和时间 t 的产业结构变化土地利用效益响应系数，$\overline{R}_s$、$\overline{R}_t$ 分别表示全国在时间 s 和时间 t 的产业结构变化土地利用效益响应系数的平均水平。

③离差和比率。针对评价单元系数值来说，将各省份的各年份产业结构变化土地利用效益响应系数汇成面板数据，并计算与全国平均值的离差和比率，以此横向比对和判断区域产业结构变化土地利用效益响应强度的绝对差异和相对差异，按照空间属性关联模拟出系数空间状态及分异情况，离差（D_i）和比率（G_i）的计算公式如下：

$$D_i = R_{ti} - \overline{R}_t \tag{5-13}$$

$$G_i = \frac{R_{ti}}{\overline{R}_t} \tag{5-14}$$

式中，R_{ti} 为第 t 时间第 i 省份产业结构变化土地利用效益响应系数，$\overline{R}_t$ 表示全国在时间 t 产业结构变化土地利用效益响应系数的平均水平。D_i 值和 G_i 值越大，则表明各省份产业结构变化土地利用效益响应系数相对全国平均水平越大。

5.3.2 产业结构变化土地利用效益响应系数的总体趋势

（1）总体变化特征

从1978年改革开放以来，中国土地利用效益及非农化水平都有较大水平提高，总体呈现逐年增长态势，产业非农化升级进程中占用、使用土地资源基本表现为良性循环，产业结构基本能够促进土地利用效益水平发挥，综合表现为正向功效。1978—2015年，中国产业发展特征仍以工业化推进为主，产业结构变化土地利用效益响应系数呈现出逐年递增态势，由1978年的0.261 6增长至2015年的0.882 6，增长了将近3倍，说明中国土地利用效益对产业结构变化响应强度不断增大，产业结构总体上适应土地利用效益提升，能够促进土地利用效益潜力挖掘。

（2）阶段变化特征

由图5-5可见，中国产业结构变化土地利用效益响应系数总体增长，但也存在一定波动性，变化幅度大小波动明显，基本表现出阶段变化特征。其中，1991年、2002年可作为其幅度变化拐点，变化幅度分别仅为0.004 8、0.009 1，初步划分为以下三个阶段。①产业结构变化土地利用效益弱响应低增长阶段（1978—1991年）：由于中国当时刚刚推进改革开放，产业基础薄弱及产业体系尚未搭建，社会生产水平较低，传导响应至土地利用效益相对薄弱且增长缓慢，从1978年的0.261 6缓慢增长到1991年的0.317 6，产业结构发展对土地利用效益响应能力有限，只能缓慢促进土地利用效益提升，弱响应低增长特征明显。②产业结构变化土地利用效益中响应低增长阶段（1992—2002年）：中国经过较长时间改革探索，积极推进社会主义市场经济建设，大大激活土地作为生产要素的潜力及社会经济的发展活力，响应系数相对较高，从1992年的0.335 2到2002年的0.440 8，增长幅度仍为较小，其变化幅度仍为较低水平，中响应低增长特征毋庸置疑。③产业结构变化土地利用效益强响应高增长阶段（2003—2015年）：21世纪以来，中国产业结构经过改革开放以来的过渡探索及各项制度机制的完善，工业化、城镇化达到一定水平并处于快速发展阶段，工业体系基本建立健全，社会经济处于高速发展阶段，生态环境逐渐得到重视，响应系数从2003年的0.452 5到2015年的0.882 6，仅用12年就翻了将近一番，且响应系数维持较高水平并持续增长，呈现典型的强响应高增长特征。

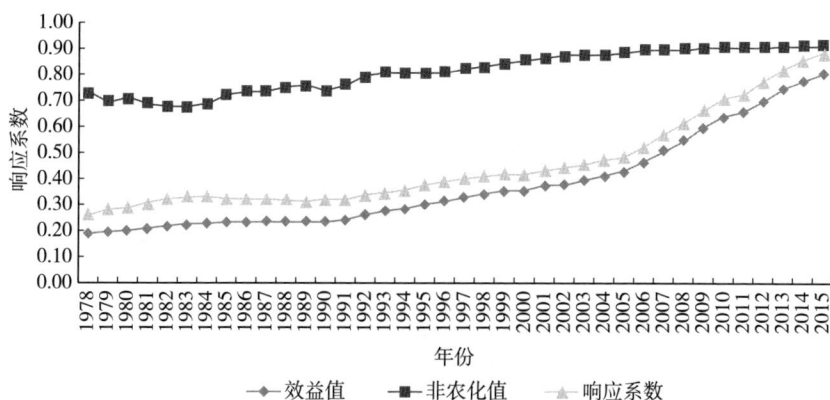

图 5-5 1978—2015 年中国产业结构变化土地利用效益响应系数

5.3.3 产业结构变化土地利用效益响应系数的空间分异

（1）差异总体变化趋势

结合数据资料收集及中国产业发展阶段特征，各省份产业结构变化土地利用效益响应系数测算仅选取 1996—2015 年的 1996 年、2005 年、2015 年，全国各省份平均值呈先急剧抬升后缓慢降低的总体态势，说明响应系数整体趋向增长，不过部分区域响应系数下降明显而拉低整体系数值。响应系数变异值呈先升后降波动起伏趋势，从 1996 年的 0.208 6 上升至 2005 年的 0.264 2，然后降至 2015 年的 0.231 6。这表明自 1996 年以来省级产业结构变化土地利用效益响应系数的相对变化强度起伏性扩大，也进一步说明各省份响应系数的空间差异性变化在拉大趋势，同时反映出响应系数具有较强的时间惯性。

从 1996 年、2005 年、2015 年三个时间点的平均值及变异系数分析，平均值从 2005 年的 0.459 3 升至 2015 年的 0.484 9，变化幅度不是很大，虽有部分省级单元响应系数值在降低，但总体趋势还是处于增长状态。这说明产业结构促进土地利用效益提升作用在增强，区域产业结构优化调整作用显现。综观三个阶段的变异系数，省级单元响应系数内部相对变化不大，只有微微降低，同样说明省级单元之间产业结构变化土地利用效益响应系数排序及变化程度相近，也就是高值仍较高、低值依较低（图 5-6）。

（2）差异现实静态格局

由图 5-7 可见，2015 年中国 31 个省份产业结构变化土地利用效益响应

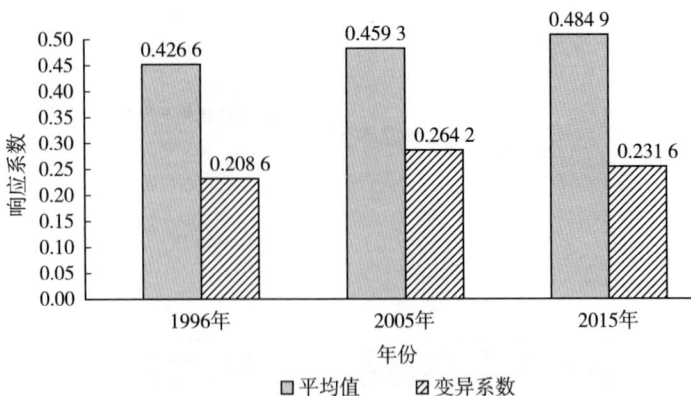

图 5 - 6　1996 年、2005 年、2015 年中国省级产业结构变化
土地利用效益响应系数离散程度

系数呈现出不均衡特征。从系数大小分布来看，系数大于 0.60 的省份只有上海、北京、天津、江苏，系数介于 0.50～0.60 的省份涵盖浙江、海南、福建、山东、广东、重庆；在 0.40～0.50 的有湖南、安徽、内蒙古、辽宁、广西、湖北、陕西、江西、河南等 17 个省份，是较为集中阈值区间；其他省份响应系数小于 0.30，系数的最小值为甘肃，仅为 0.276 9。这说明中国产业结构变化土地利用效益响应系数层次差异显著，且空间分异格局明显，呈现出从东往西逐级递减趋势，空间带状层级明显，响应强度相对较高区域主要集中东部沿海区域、环首都经济圈，中西部响应强度明显偏弱。

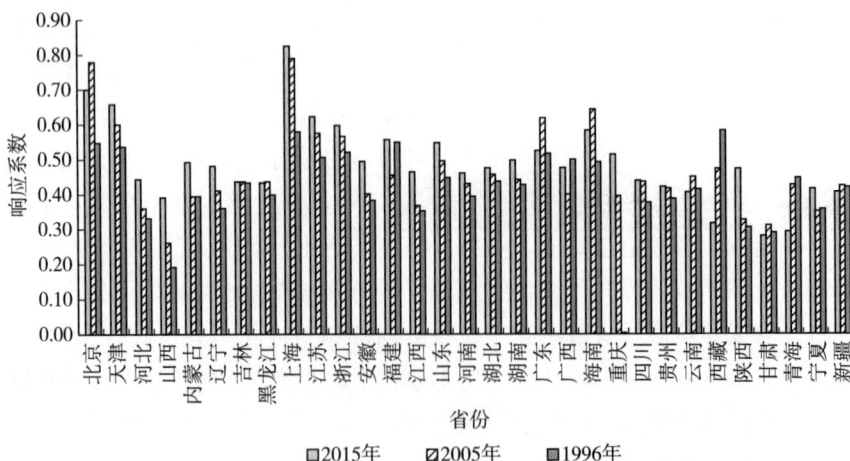

图 5 - 7　1996 年、2005 年、2015 年中国省级产业结构变化土地利用效益响应系数

（3）差异动态演变特征

①省际相对发展速度。如图 5-8 所示，1996—2015 年中国省级产业结构变化土地利用效益响应系数的相对发展率（Nich 值）范围介于-4.600 0～4.177 7，省级层面内部差异较大。上海、山西、陕西、北京、辽宁、天津 6 个省份的 Nich 值大于 2，紧随其后的河北、江西、安徽、山东、内蒙古、海南、浙江、湖南、河南、四川、宁夏 11 个省份的 Nich 值大于 1，内涵表明产业结构变化土地利用效益响应系数的增量大于全国平均增量；然而云南、甘肃、新疆、广西、青海、西藏 6 个省份的 Nich 值小于 0，以及湖北、黑龙江、贵州、广东、福建、吉林介于 0～1，低于全国增长的平均水平。总体而言，呈现"两极分化"的形态格局。

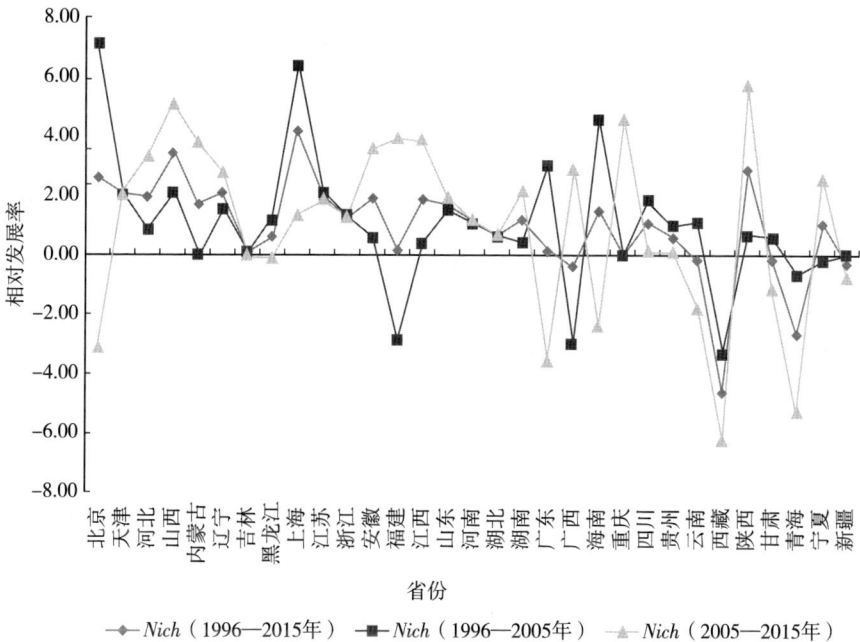

图 5-8　1996—2015 年中国省级产业结构变化土地利用效益响应系数的 Nich 值

②省际差异的全国比较。通过对比 1996—2015 年中国省级产业结构变化土地利用效益响应系数与全国平均水平的比值，可以得出离差（D_i）为正值且比率（G_i）大于 1 的省份有上海、北京、天津、江苏、浙江、海南、福建、山东、广东、重庆、湖南、安徽、内蒙古 13 个省份，其产业结构变化土地利用效益响应强度明显高于全国其他省份；相反，同期中西部以及东北地区省份的离差和比率大多呈负增长，与东部地区差距较大（表 5-5）。

表 5-5　1996 年、2005 年、2015 年中国省级产业结构变化
土地利用效益响应系数离差和比率

省份	2015 年		2005 年		1996 年	
	离差（D_i）	比率（G_i）	离差（D_i）	比率（G_i）	离差（D_i）	比率（G_i）
北京	0.212 1	1.437 4	0.317 9	1.692 2	0.118 6	1.277 9
天津	0.170 0	1.350 6	0.138 2	1.301 0	0.106 9	1.250 5
河北	−0.042 8	0.911 7	−0.103 0	0.775 6	−0.097 7	0.770 9
山西	−0.096 6	0.800 8	−0.201 8	0.560 6	−0.237 8	0.442 6
内蒙古	0.005 2	1.010 7	−0.066 5	0.855 3	−0.033 8	0.920 7
辽宁	−0.005 4	0.988 9	−0.051 1	0.888 7	−0.069 7	0.836 6
吉林	−0.053 2	0.890 3	−0.027 0	0.941 2	0.001 8	1.004 1
黑龙江	−0.052 4	0.891 9	−0.024 5	0.946 8	−0.030 2	0.929 2
上海	0.335 8	1.692 5	0.326 3	1.710 3	0.150 5	1.352 9
江苏	0.133 2	1.274 7	0.111 9	1.243 6	0.077 0	1.180 4
浙江	0.109 8	1.226 4	0.103 0	1.224 5	0.090 7	1.212 7
安徽	0.006 1	1.012 6	−0.059 9	0.869 5	−0.046 3	0.891 5
福建	0.067 1	1.138 4	−0.007 7	0.983 2	0.118 8	1.278 5
江西	−0.023 5	0.951 5	−0.096 3	0.790 4	−0.076 1	0.821 7
山东	0.060 6	1.125 0	0.034 6	1.075 3	0.017 9	1.042 0
河南	−0.026 8	0.944 7	−0.032 7	0.928 7	−0.034 4	0.919 3
湖北	−0.013 0	0.973 2	−0.005 1	0.989 0	0.007 9	1.018 5
湖南	0.009 5	1.019 6	−0.021 1	0.954 1	−0.002 1	0.995 0
广东	0.037 9	1.078 2	0.154 1	1.335 6	0.088 0	1.206 3
广西	−0.011 3	0.976 7	−0.060 9	0.867 3	0.070 0	1.164 1
海南	0.093 9	1.193 6	0.180 4	1.392 7	0.063 5	1.148 9
重庆	0.026 2	1.054 0	−0.065 5	0.857 4	—	—
四川	−0.048 3	0.900 4	−0.025 9	0.943 6	−0.054 1	0.873 1
贵州	−0.065 4	0.865 1	−0.043 1	0.906 2	−0.042 7	0.900 0
云南	−0.082 8	0.829 2	−0.011 9	0.974 1	−0.015 2	0.964 4
西藏	−0.173 1	0.643 0	0.011 8	1.025 7	0.153 4	1.359 5
陕西	−0.014 4	0.970 3	−0.135 3	0.705 4	−0.124 1	0.709 1
甘肃	−0.208 0	0.571 0	−0.152 3	0.668 3	−0.139 0	0.674 3

（续）

省份	2015 年		2005 年		1996 年	
	离差（D_i）	比率（G_i）	离差（D_i）	比率（G_i）	离差（D_i）	比率（G_i）
青海	−0.195 8	0.596 2	−0.035 1	0.923 6	0.019 6	1.046 0
宁夏	−0.070 6	0.854 4	−0.111 8	0.756 7	−0.073 3	0.828 3
新疆	−0.082 6	0.829 7	−0.038 7	0.915 8	−0.007 4	0.982 7

（4）差异变动区域类型

基于以上分析，1996—2015 年中国省级产业结构变化土地利用效益响应强度在静态和动态上均具有时空差异性。为了综合分析与评价各省份响应强度的空间差异类型，在此从动态演变视角，采用各省份产业结构变化土地利用效益响应系数、离差及比率三个自变量，以 31 个省份为基本单元，运用 SPSS 17.0 层次聚类分析方法，根据聚类树对应情况，将各省份划分为强响应型、较强响应型、中等响应型、弱响应型四种区域类型。从评价结果审视，各省份产业结构变化土地利用效益响应强度呈现明显"梯度差异"；从区域总体空间格局审视，东部地区产业结构变化土地利用效益响应强度明显高于其他地区，东北地区产业结构变化土地利用效益响应强度处于中等，中部地区和西部地区产业结构变化土地利用效益响应强度总体较弱（图 5 - 9、表 5 - 6）。

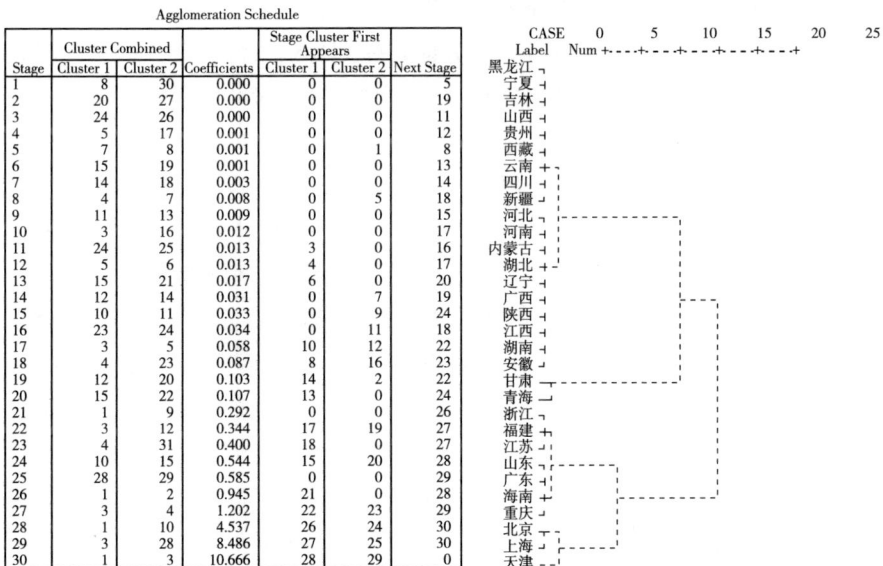

图 5 - 9　SPSS 聚类计划表及聚类重新标定距离

表5-6　中国省级产业结构变化土地利用效益响应强度类型划分

响应类型	涉及省份	单元个数
强响应型	北京、上海、天津	3
较强响应型	浙江、福建、江苏、山东、广东、海南、重庆	7
中等响应型	河北、河南、内蒙古、湖北、辽宁、广西、陕西、江西、湖南、安徽	10
弱响应型	黑龙江、宁夏、吉林、山西、贵州、西藏、云南、四川、新疆、甘肃、青海	11

5.4　产业结构变化土地利用效益响应影响因素分析

在已测度产业结构对土地利用效益的作用程度的基础上，接下来确定其作用程度的影响因素，以全面分析产业结构对土地利用效益的作用机理。在此，从产业发展、用地规模、区域投资、资源集聚、生态建设"五个指数"构建影响因素模型框架，分别判识单项指数作用关联，并通过逐步回归法得到各影响因素的综合比较结果，为梳理作用机理提供依据。

5.4.1　构建影响因素模型框架

产业结构与土地利用效益之间的相互作用受到诸多内外因素影响，产业结构变化土地利用效益响应程度是各种影响因素综合叠加的结果再现，来源于自然、社会、经济、文化、制度等诸多方面，受到自然条件、资源禀赋、产业基础、用地方式、社会制度、政府调控及区域政策等因素共同影响。为了进一步定量化、可测性描述诸因素在产业结构对土地利用效益的作用路径，总体可归纳为产业发展指数（ID）、用地规模指数（LS）、区域投资指数（RI）、资源集聚指数（RA）、生态建设指数（EC）"五个指数"的定量体系，一般可作为区域产业结构变化土地利用效益响应程度的重要因素，用函数描述为：

$$R = F(ID、LS、RI、RA、EC，X) \qquad (5-15)$$

式中，R表示产业结构变化土地利用效益响应系数值，ID、LS、RI、RA、EC分别表示产业发展指数、用地规模指数、区域投资指数、资源集聚指数、生态建设指数，X表示影响产业结构变化土地利用效益响应程度的其他因素（包括制度文化、自然条件、人文条件、风俗习惯等）。通过诸多变量相互作用及相互影响，促使不同区域、不同时序、不同阶段的产业结构变化土地利用效益响应程度存在空间差异及空间构化。

为了定量化分析各个指数对产业结构变化土地利用效益响应程度的作用关系，在此对以上"五个指数"定量化算法进行界定，具体公式如下：

$$ID = \sqrt{\frac{TV}{TP} \times \frac{TV}{TL}} \qquad (5-16)$$

$$LS = \sqrt{\frac{RIL}{TP} \times \frac{RIL}{TL}} \qquad (5-17)$$

$$RI = \sqrt{\frac{FI}{TP} \times \frac{FI}{TL}} \qquad (5-18)$$

$$RA = \sqrt{\frac{TV}{TL} \times \frac{TP}{TL}} \qquad (5-19)$$

$$EC = \sqrt[3]{BGC \times ISWU \times HTG} \qquad (5-20)$$

式中，TV 为区域总产值，TP 为区域总人口，TL 为区域总面积，RIL 为居民点及工矿用地面积，FI 为固定资产投资额，BGC、$ISWU$、HTG 分别为建成区绿化覆盖率、工业固体废物综合利用率、生活垃圾无害化处理率。根据上述公式计算得出中国 1978—2015 年及 2015 年分省份"五个指数"，详见表 5-7 和表 5-8。

表 5-7　中国 1978—2015 年影响产业结构变化土地利用效益响应系数指数数据

年份	产业发展指数（ID）	用地规模指数（LS）	区域投资指数（RI）	资源集聚指数（RA）	生态建设指数（EC）	年份	产业发展指数（ID）	用地规模指数（LS）	区域投资指数（RI）	资源集聚指数（RA）	生态建设指数（EC）
1978	0.038 5	0.200 1	6.361 5	1.969 8	11.015 5	1990	0.181 0	0.210 0	43.119 6	4.862 4	19.568 5
1979	0.042 6	0.201 0	7.636 5	2.093 4	11.693 8	1991	0.209 7	0.211 0	53.054 3	5.284 6	20.491 4
1980	0.047 4	0.202 0	9.173 4	2.227 4	12.346 9	1992	0.257 7	0.212 1	76.186 2	5.908 7	26.974 3
1981	0.050 6	0.202 9	9.805 7	2.326 4	12.933 5	1993	0.336 1	0.213 3	122.554 5	6.806 2	30.033 8
1982	0.054 7	0.203 6	12.455 1	2.446 4	13.886 4	1994	0.455 7	0.214 2	166.199 0	7.991 9	31.603 3
1983	0.060 8	0.204 5	14.381 2	2.606 8	14.497 8	1995	0.571 6	0.215 8	190.342 3	9.022 5	35.069 4
1984	0.073 1	0.205 5	18.312 3	2.884 9	14.817 8	1996	0.665 8	0.217 1	215.496 4	9.813 6	37.135 3
1985	0.090 7	0.206 3	25.228 8	3.248 5	16.058 2	1997	0.735 3	0.218 4	231.866 3	10.391 3	39.686 3
1986	0.102 6	0.207 0	30.717 4	3.496 1	16.367 0	1998	0.782 3	0.219 8	262.399 2	10.791 8	41.418 1
1987	0.119 4	0.207 7	37.015 9	3.818 4	17.726 2	1999	0.828 2	0.221 4	270.770 2	11.172 2	43.246 2
1988	0.147 8	0.208 4	45.077 5	4.297 3	18.224 4	2000	0.913 9	0.223 8	300.170 6	11.800 9	42.457 4
1989	0.166 0	0.209 1	42.401 6	4.606 0	18.844 6	2001	1.006 5	0.224 7	343.183 9	12.451 2	44.476 9

（续）

年份	产业发展指数（ID）	用地规模指数（LS）	区域投资指数（RI）	资源集聚指数（RA）	生态建设指数（EC）	年份	产业发展指数（ID）	用地规模指数（LS）	区域投资指数（RI）	资源集聚指数（RA）	生态建设指数（EC）
2002	1.101 4	0.226 0	405.656 2	13.088 6	44.063 7	2009	3.099 2	0.253 9	2 210.771 1	22.592 7	56.960 3
2003	1.239 8	0.227 6	526.267 9	13.949 2	44.554 1	2010	3.658 2	0.257 8	2 518.807 8	24.634 0	58.663 9
2004	1.455 8	0.230 3	667.493 7	15.182 4	45.352 8	2011	4.323 3	0.261 4	3 042.148 7	26.876 5	57.354 2
2005	1.680 1	0.232 2	844.272 2	16.382 0	45.823 6	2012	4.762 7	0.264 9	3 593.261 6	28.314 3	59.106 7
2006	1.963 0	0.234 6	1 058.954 7	17.777 8	48.197 1	2013	5.233 5	0.267 8	4 301.331 5	29.790 4	60.592 6
2007	2.411 1	0.236 6	1 338.989 9	19.779 4	51.609 2	2014	5.647 2	0.271 0	4 742.789 8	31.066 6	61.387 1
2008	2.843 6	0.238 4	1 619.989 2	21.562 2	54.542 6	2015	5.996 5	0.273 3	5 085.499 8	32.132 3	61.212 2

表 5-8　中国 2015 年分省份影响产业结构变化土地利用效益响应系数指数数据

省份	响应系数	产业发展指数（ID）	用地规模指数（LS）	区域投资指数（RI）	资源集聚指数（RA）	生态建设指数（EC）
北京	0.711 1	38.557 1	0.510 0	12.558 8	43.075 2	68.256 6
天津	0.662 6	38.511 4	0.766 4	27.553 1	42.433 4	69.287 8
河北	0.418 4	7.964 8	0.505 7	7.873 4	7.895 4	60.597 7
山西	0.359 6	5.325 6	0.369 1	5.873 2	4.365 2	59.997 5
内蒙古	0.427 2	3.328 1	0.249 9	2.559 0	0.584 9	56.115 9
辽宁	0.436 6	11.252 3	0.522 8	7.033 2	7.570 4	49.135 3
吉林	0.367 6	6.132 7	0.375 7	5.539 9	3.256 0	55.347 4
黑龙江	0.365 5	3.631 4	0.294 5	2.451 6	1.674 6	54.392 1
上海	0.750 6	56.311 3	0.615 1	14.241 2	94.530 9	71.802 0
江苏	0.597 6	24.029 5	0.646 5	15.850 5	22.155 3	74.182 3
浙江	0.588 3	17.746 6	0.413 2	11.307 5	14.623 1	72.604 9
安徽	0.482 0	7.497 1	0.557 8	8.310 3	8.296 8	71.767 6
福建	0.581 3	11.909 3	0.287 9	9.763 5	8.053 0	68.801 3
江西	0.471 2	6.055 8	0.348 1	6.299 3	5.235 6	61.961 0
山东	0.538 0	16.020 0	0.604 3	12.282 9	15.852 4	73.135 7
河南	0.410 3	9.336 2	0.560 0	9.001 4	11.313 4	65.549 3
湖北	0.429 4	8.960 7	0.395 8	8.054 0	7.074 9	61.496 6
湖南	0.467 5	7.622 8	0.350 1	6.606 3	6.608 5	63.856 7

（续）

省份	响应系数	产业发展指数 （ID）	用地规模指数 （LS）	区域投资指数 （RI）	资源集聚指数 （RA）	生态建设指数 （EC）
广东	0.540 8	16.483 0	0.369 3	6.871 0	15.630 1	70.137 0
广西	0.451 1	4.974 4	0.267 5	4.807 3	3.778 0	61.569 0
海南	0.548 9	6.519 8	0.455 2	6.080 7	5.194 4	62.054 2
重庆	0.519 1	9.975 5	0.355 6	9.112 9	8.367 8	69.834 7
四川	0.394 5	4.767 5	0.245 0	4.049 3	3.244 2	55.122 7
贵州	0.383 5	4.214 4	0.218 5	4.388 1	3.456 0	58.935 4
云南	0.376 0	3.191 9	0.196 5	3.165 7	2.096 0	55.534 6
西藏	0.385 1	0.534 1	0.050 8	0.663 2	0.049 3	65.243 4
陕西	0.450 7	6.450 6	0.286 2	6.651 2	4.018 2	63.842 5
甘肃	0.174 3	2.094 0	0.239 2	2.703 0	1.039 7	46.800 5
青海	0.230 2	1.182 1	0.112 4	1.567 5	0.166 9	50.219 5
宁夏	0.365 2	4.941 3	0.454 3	5.951 6	2.683 4	59.598 2
新疆	0.329 8	1.487 3	0.190 8	1.725 7	0.281 7	55.679 8

5.4.2　单项指数作用关联判识

（1）产业发展指数

人类一切生产建设及社会活动，都可归入产业发展过程。产业发展是社会经济发展的源动力，不断推进土地开发利用的深度、广度及土地利用效益。为了定量化分析其对产业结构变化土地利用效益响应程度的计量关系，综合选取人均 GDP 和地均 GDP 两项指标，以反映区域产业发展程度。计算中国产业发展指数，并与中国 1978—2015 年产业结构变化土地利用效益响应系数进行相关分析，结果表明两者存在显著正相关关系，R^2 达到 0.942 3，可通过显著性检验。这说明产业发展对中国产业结构变化土地利用效益响应系数的增长具有显著促进作用，产业发展水平及产值越高，特别是单位人均产值和地均产值越大，产业结构变化土地利用效益响应系数就会越高，响应系数就越大，也反映出产业结构演变过程中产业发展水平及产值对土地利用效益响应起着主导作用（图 5-10）。

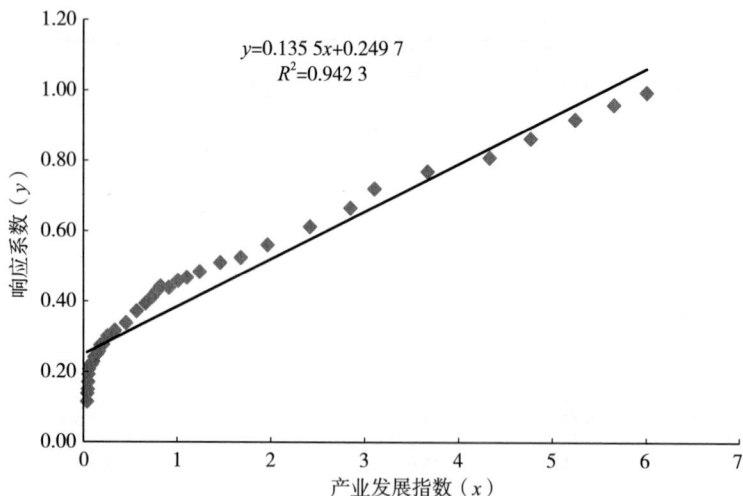

图 5-10　产业发展指数与产业结构变化土地利用效益响应系数相关度分析

从 2015 年各省份产业发展指数现状数值分析情况来看，上海最高，达到 56.311 3，较高值的省份依次有北京、天津、江苏、浙江、广东、山东、福建、辽宁；最低值的省份为西藏，仅为 0.534 1；较低值的省份依次有青海、新疆、甘肃、云南、内蒙古、黑龙江。由此可见，东部及南部沿海地区产业发展及社会经济水平普遍较高而导致产业发展指数相应较高，西部地区社会经济发展水平较低而导致产业发展指数相应较低；产业发展指数前 10 位的省份中有 9 个省份的响应系数也进入前 10 位，且排名大致相同；产业发展指数后 10 位的省份中有 8 个省份的响应系数也落入后 10 位。这进一步说明产业发展指数与区域产业结构变化土地利用效益响应系数空间格局差异基本一致，有力地说明了产业发展指数是各省份产业结构变化土地利用效益响应程度的主要影响因素之一。

（2）用地规模指数

区域社会经济发展及市场化资源配置，离不开工业化、城镇化、产业化的推进与协同发展，更离不开区域建设用地扩展及非农化过程，以保障承载社会经济及人类文明建设的用地需求。在此，侧重考虑建设用地范畴内的人均居民点及工矿用地，以及两者合计占比两项指标，表征用地规模指数。通过公式计算及相关度分析，1978—2015 年中国用地规模指数与产业结构变化土地利用效益响应系数为极强相关，R^2 高达 0.987，直观说明用地规模指数与产业结构变化土地利用效益响应系数变化基本一致（图 5-11）。

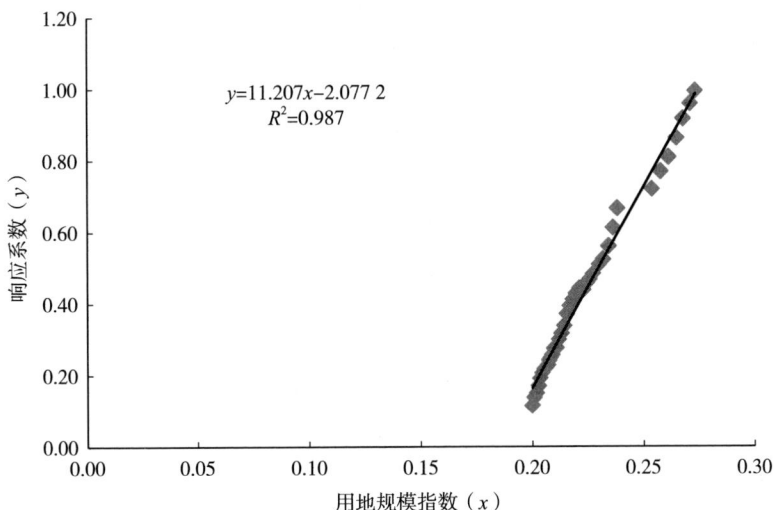

图 5 - 11　用地规模指数与产业结构变化土地利用效益响应系数相关度分析

从 2015 年各省份用地规模指数现状数值分析情况来看，天津最高，达到 0.766 4；较高值的省份依次有江苏、上海、山东、河南、安徽、辽宁、北京；最低值的省份为西藏，仅为 0.050 8；较低值的省份有青海、新疆、云南、贵州、甘肃。由此可见，东部沿海及中部地区用地规模指数相对较高，西部省份用地规模指数相对较小，用地规模指数前 10 位的省份中有 6 个省份的响应系数也为前 10 位，用地规模指数后 10 位的省份中同样有 6 个省份的落入后 10 位。这基本说明用地规模指数与区域产业结构变化土地利用效益响应系数之间存在一致关联性，证明用地规模指数是各省份产业结构变化土地利用效益响应系数或程度的主要影响因素之一。

（3）区域投资指数

投资是中国改革开放以来推进中国社会经济及产业发展的重要动力，包括政府投资、企业投资及外资注入，有力提供了产业发展及用地开发资金支持。在此，为了进一步表征区域投资指数，综合采用人均固定资产投资和地均固定资产投资两项指标，通过公式计算及相关度分析，1978—2015 年中国区域投资指数与产业结构变化土地利用效益响应系数相关度较高，R^2 达到 0.863 3。从 2015 年各省份区域投资指数现状数值分析情况来看，天津最高，达到 27.553 1，是第二位江苏区域投资指数的近 2 倍；较高的省份依次有上海、北京、山东、浙江、福建、重庆、河南、安徽；西藏最低，仅为 0.663 2；较低的省份依次有青海、新疆、黑龙江、内蒙古、甘肃、云南、四川。由此可见，沿江省份及中部重点发展省份区域投资指数较高，西部及偏远地区区域投资指数仍较低。从区域投资指数与区域产业结构变化土地利用效益响应系数排名大致可见，基本上情况一致，结合中国及各省份数据分析，区域投资指数确实为产业结构变化土地利用效益响应系数变化的重要影响因素之一（图 5-12）。

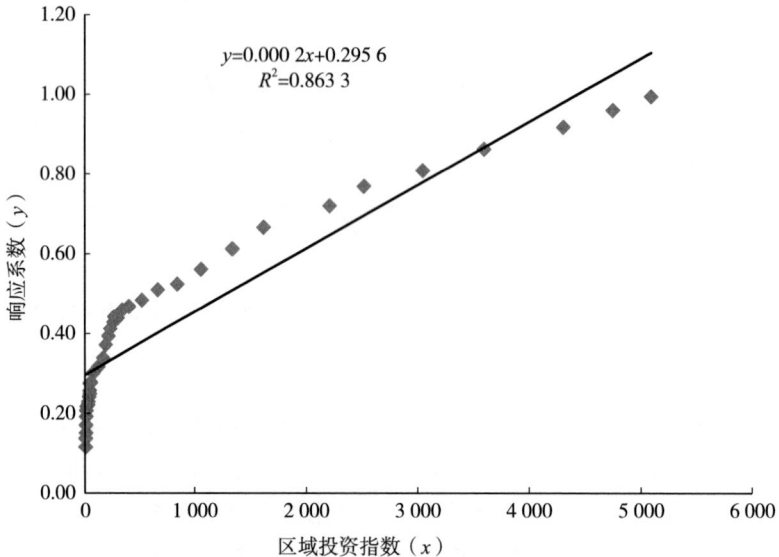

图 5-12　区域投资指数与产业结构变化土地利用效益响应系数相关度分析

（4）资源集聚指数

社会化大生产过程其实是各种生产资源要素在时空上的组合及配置，资源集聚程度可以基本反映区域生产活动规模程度及效益程度。在此，为了进一步表征资源集聚指数，综合采用地均 GDP 和人口密度两项指标，通过公式计算及相关度分析，1978—2015 年中国资源集聚指数与产业结构变化土地利用效益响应系数相关度非常高，R^2 达到 0.992 8。为进一步印证资源集聚因素作用于响应系数变化，从各省份 2015 年资源集聚指数现状数值分析情况来看，上海最高，达到 94.530 9，比第二位北京资源集聚指数的 2 倍还多；较高的省份依次有天津、江苏、山东、广东、浙江、河南、重庆、安徽；西藏最低，仅为 0.049 3；较低的省份依次有青海、新疆、内蒙古、甘肃、黑龙江、云南。由此可见，沿江省份及中部重点发展省份资源集聚指数较高，西部及偏远地区省份资源集聚指数较低。从资源集聚指数与区域产业结构变化土地利用效益响应系数排名大致可见，基本上情况一致，结合中国及各省份数据分析，资源集聚指数确实为产业结构变化土地利用效益响应系数变化的重要影响因素之一（图 5-13）。

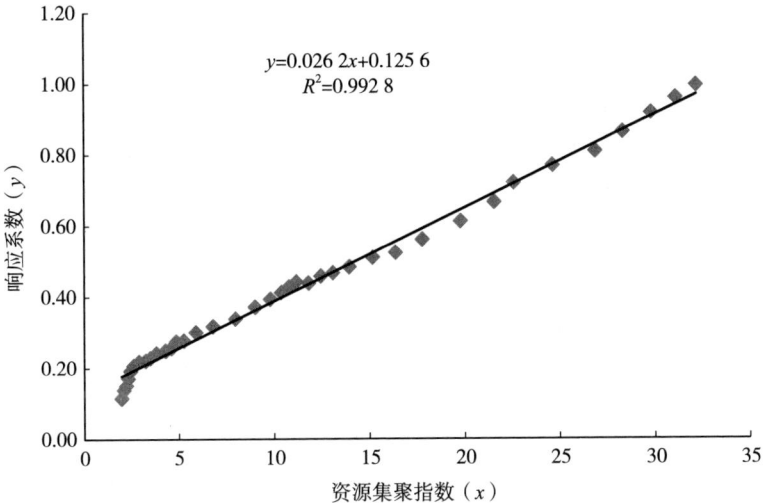

$$y=0.026\,2x+0.125\,6$$
$$R^2=0.992\,8$$

图 5-13 资源集聚指数与产业结构变化土地利用效益响应系数相关度分析

（5）生态建设指数

生态建设能够直接促进区域土地生态环境效益提升，也可以通过改善区域生态环境而促进区域投资环境改善、生产效率提高及生活适宜，进一步促进区域社会经济效益提升，在产业结构调整的同时带动整个区域土地利用效益提高。在此，为了进一步表征生态建设指数，综合采用建成区绿化覆盖率、工业固体废物综合利用率、生活垃圾无害化处理率三项指标，通过公式计算及相关度分析，1978—2015 年中国生态建设指数与产业结构变化土地利用效益响应系数相关度非常高，R^2 达到 0.903 1。为进一步印证生态建设因素作用于响应系数变化，从各省份 2015 年生态建设指数现状数值分析情况来看，江苏最高，达到 74.182 3；较高的省份依次有山东、浙江、上海、安徽、广东、重庆、天津、福建、北京；甘肃最低，仅为 46.800 5；较低的省份依次有辽宁、青海、黑龙江、四川、吉林、云南、新疆。由此可见，沿江省份及中部重点发展省份生态建设指数较高，西部及偏远地区省份生态建设指数仍较低。从生态建设指数与区域产业结构变化土地利用效益响应系数排名大致可见，基本上情况一致，结合中国及各省份数据分析，生态建设指数确实为产业结构变化土地利用效益响应系数变化的重要影响因素之一（图 5 - 14）。

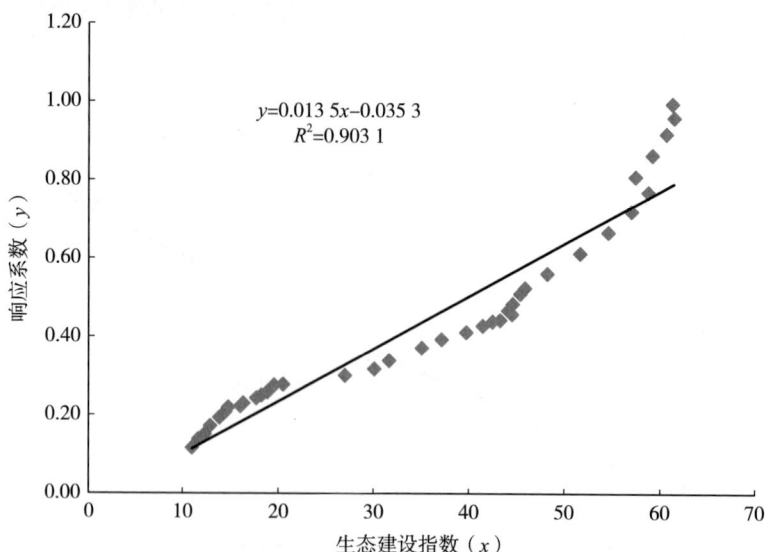

图 5 - 14　生态建设指数与产业结构变化土地利用效益响应系数相关度分析

5.4.3　响应强度动态综合比较

（1）模型构建与分析步骤

通过对涉及影响产业结构变化土地利用效益响应系数的"五个指数"的相关分析，发现响应系数与各个指数之间均存在高度相关性，以中国时序数据得到计量统计并运用 2015 年分省份数据得到印证，研究结论具有较强的理论及实践意义。其实，区域产业结构变化土地利用效益响应系数的影响因素是多方面、多领域的综合作用系统，具有多元化和复杂性的特征。为了进一步定量化确定以上"五个指数"对中国各省份产业结构变化土地利用效益响应程度差异及其变化的影响程度，以中国 31 个省份（1996 年 30 个省份，将重庆并入四川整体考虑）为空间评价属性单元，分别对 1996 年、2005 年和 2015 年三个典型阶段建立计量模型。在此，选择产业结构变化土地利用效益响应系数（Y）作为因变量，综合反映产业结构变化土地利用效益响应程度。选择产业发展指数（X_{ID}）、用地规模指数（X_{LS}）、区域投资指数（X_{RI}）、资源集聚指数（X_{RA}）、生态建设指数（X_{EC}）为解释变量，构建产业发展、用地规模、区域投资、资源集聚、生态建设五个维度视角，建立多元回归方程为：

$$Y=b_0+b_1X_{ID}+b_2X_{LS}+b_3X_{RI}+b_4X_{RA}+b_5X_{EC}+\varepsilon \quad (5-21)$$

式中，Y 为根据自变量 X 计算出的估计值，b_0 为常数项，b_1、b_2、b_3、b_4、b_5 为 Y 对应于 X_{ID}、X_{LS}、X_{RI}、X_{RA}、X_{EC} 的偏回归系数，ε 为随机扰动项。为避免解释变量之间的共线性问题，应用 SPSS 软件进行多元逐步回归分析（stepwise），得出模型中的各解释变量参数，形成最优的回归分析模型。

其中"*Use probability of F*"选项，提供设置显著性 F 检验的概率。如果一个变量的 F 检验概率小于或等于进入"*Entry*"栏里设置的值，那么这个变量将被选入回归方程中；当回归方程中变量的 F 值检验概率大于剔除"*Removal*"栏里设置的值，则该变量将从回归方程中被剔除。由此可见，在设置 F 检验概率时，应使进入值小于剔除值。通过多次尝试实验使用显著性 F 检验的概率，最终在确定进入"*Entry*"栏里设置为"0.05"，在剔除"*Removal*"栏里设置为"0.10"（剔除的概率值应比进入的值大）。通过 SPSS 线性回归分析，1996 年、2005 年和 2015 年三个阶段的回归模型的 F 值均在 0.000 1 的水平上具有显著性，决定系数 R^2 均大于 0.80，说明模型均具有统计意义。将"非标准化回归系数"栏目中的"B"列数据代入多元回归模型方程，形成三个阶段的回归模型方程（表 5-9、表 5-10、表 5-11）。

表 5-9　1996 年、2005 年、2015 年回归分析的模型统计量

Model Summary[c]（1996 年）

模型	R	R Square	Adjusted R Square	Std. Error of the Estimate
1	0.712[a]	0.507	0.490	0.076 266 732 62
2	0.837[b]	0.701	0.679	0.060 530 424 68

a. Predictors：(Constant)，XEC

b. Predictors：(Constant)，XEC，XRI

c. Dependent Variable：Y

Model Summary[d]（2005 年）

模型	R	R Square	Adjusted R Square	Std. Error of the Estimate
1	0.764[a]	0.584	0.570	0.094 244 896 82
2	0.905[b]	0.819	0.806	0.063 226 523 59
3	0.925[c]	0.855	0.839	0.057 687 765 34

a. Predictors：(Constant)，XEC

b. Predictors：(Constant)，XEC，XID

c. Predictors：(Constant)，XEC，XID，XRI

d. Dependent Variable：Y

Model Summary^c （2015 年）

模型	R	R Square	Adjusted R Square	Std. Error of the Estimate
1	0. 840^a	0. 705	0. 695	0. 069 912 904 85
2	0. 926^b	0. 857	0. 847	0. 049 504 437 52

a. Predictors：（Constant），XID

b. Predictors：（Constant），XID，XEC

c. Dependent Variable：Y

表 5 - 10　1996 年、2005 年、2015 年回归分析的方差分析

ANOVA^c （1996 年）

	模型	Sum of Squares	df	Mean Square	F	Sig.
1	Regression	0. 168	1	0. 168	28. 825	0. 000^a
	Residual	0. 163	28	0. 006		
	Total	0. 331	29			
2	Regression	0. 232	2	0. 116	31. 606	0. 000^b
	Residual	0. 099	27	0. 004		
	Total	0. 331	29			

a. Predictors：（Constant），XEC

b. Predictors：（Constant），XEC，XRI

c. Dependent Variable：Y

ANOVA^d （2005 年）

	模型	Sum of Squares	df	Mean Square	F	Sig.
1	Regression	0. 362	1	0. 362	40. 706	0. 000^a
	Residual	0. 258	29	0. 009		
	Total	0. 619	30			
2	Regression	0. 507	2	0. 254	63. 438	0. 000^b
	Residual	0. 112	28	0. 004		
	Total	0. 619	30			
3	Regression	0. 529	3	0. 176	53. 015	0. 000^c
	Residual	0. 090	27	0. 003		
	Total	0. 619	30			

a. Predictors：（Constant），XEC

b. Predictors：（Constant），XEC，XID

c. Predictors：（Constant），XEC，XID，XRI

d. Dependent Variable：Y

ANOVA^c（2015 年）

	模型	Sum of Squares	df	Mean Square	F	Sig.
	Regression	0.339	1	0.339	69.391	0.000^a
1	Residual	0.142	29	0.005		
	Total	0.481	30			
	Regression	0.412	2	0.206	84.118	0.000^b
2	Residual	0.069	28	0.002		
	Total	0.481	30			

a. Predictors：(Constant)，XID

b. Predictors：(Constant)，XID，XEC

c. Dependent Variable：Y

表 5-11　1996 年、2005 年、2015 年回归分析的回归方程系数

Coefficients^a（1996 年）

	模型	Unstandardized Coefficients			t	Sig.
		B	Std. Error	Beta		
1	(Constant)	0.147	0.046		3.214	0.003
	XEC	0.006	0.001	0.712	5.369	0.000
2	(Constant)	0.145	0.036		3.994	0.000
	XEC	0.005	0.001	0.646	6.066	0.000
	XRI	0.044	0.011	0.445	4.177	0.000

a. Dependent Variable：Y

Coefficients^a（2005 年）

	模型	Unstandardized Coefficients			t	Sig.
		B	Std. Error	Beta		
1	(Constant)	0.176	0.056		3.116	0.004
	XEC	0.007	0.001	0.764	6.380	0.000
2	(Constant)	0.219	0.038		5.695	0.000
	XEC	0.005	0.001	0.546	6.190	0.000
	XID	0.016	0.003	0.532	6.036	0.000
3	(Constant)	0.309	0.050		6.240	0.000
	XEC	0.006	0.001	0.633	7.253	0.000
	XID	0.051	0.014	1.709	3.683	0.001
	XRI	−0.141	0.055	−1.230	−2.576	0.016

a. Dependent Variable：Y

Coefficients^a（2015 年）

模型		Unstandardized Coefficients		Standardized Coefficients	t	Sig.
		B	Std. Error	Beta		
1	(Constant)	0.364	0.017		21.431	0.000
	XID	0.008	0.001	0.840	8.330	0.000
2	(Constant)	−0.109	0.087		−1.251	0.221
	XID	0.006	0.001	0.560	6.377	0.000
	XEC	0.008	0.001	0.480	5.463	0.000

a. Dependent Variable：Y

（2）逐步回归分析结果

以下三个阶段回归分析结果表征，生态建设指数（X_{EC}）是唯一的一个在 1996 年、2005 年、2015 年三个阶段模型均出现显著性的指数，并且变量的 Beta 系数较大，分别为 0.646、0.633、0.480，其中 1996 年、2005 年的 Beta 系数名列第一，2015 年的 Beta 系数稍降至第二，让位于产业发展指数，总体上表明 1996 年以来生态建设指数是影响中国产业结构变化土地利用效益响应程度最为持久的重要因素（表 5-12）。

表 5-12　中国产业结构变化土地利用效益响应系数差异指数回归结果

年份	模型	F 值	R^2
1996	$Y_{1996}=0.144\ 5+0.005\ 3X_{EC}+0.043\ 9X_{RI}$ (0.646) (0.445)	31.606	0.701
2005	$Y_{2005}=0.309\ 2+0.006\ 0X_{EC}+0.050\ 7X_{ID}-0.140\ 7X_{RI}$ (0.633) (1.709) (−1.230)	53.015	0.855
2015	$Y_{2015}=-0.109\ 3+0.005\ 7X_{ID}+0.008\ 1X_{EC}$ (0.560) (0.480)	84.118	0.857

1996 年阶段，区域投资指数（X_{RI}）与生态建设指数（X_{EC}）同样表现出较高显著性，变量的 Beta 系数分别达到 0.646、0.445。这说明在中国社会经济及产业发展初期阶段，投资项目是推进社会经济发展，以及提升区域产业结构变化土地利用效益响应程度的重要动力来源。

2005 年阶段，生态建设指数（X_{EC}）、产业发展指数（X_{ID}）、区域投资指数（X_{RI}）三项指标均显著，Beta 系数分别为 0.633、1.709、−1.230。在

1996 年阶段区域投资指数（X_{RI}）的 Beta 系数为正值，而 2005 年却为负值，表明在社会经济发展初期及社会经济快速发展阶段，区域投资指数对区域产业结构变化土地利用效益响应系数的作用功效影响很敏感，只有在适当的时期及适度的投资才能有效提升产业结构变化土地利用效益响应系数。产业发展指数（X_{ID}）的 Beta 系数最高，达到 1.709，超过生态建设指数（X_{EC}）的 Beta 系数，产业发展指数（X_{ID}）显著性非常大，表明 2005 年前后阶段产业发展水平及产业发展程度是推进区域产业结构变化土地利用效益响应系数提升的主导因素。

2015 年阶段，产业发展指数（X_{ID}）、生态建设指数（X_{EC}）显著性强，Beta 系数分别为 0.560、0.480，产业发展指数（X_{ID}）稍微高于生态建设指数（X_{EC}），表明中国社会经济、产业发展及用地开发进入中后期成熟阶段，区域产业结构变化土地利用效益响应系数主要取决于产业发展及生态建设。通过产业结构优化调整提升用地产出和集约化，以及强化生态环境投入建设是两个重要保障。可见，中国社会经济进入工业化后期，需要进一步从产业结构调整及生态环境保护两个方面，综合提高产业结构变化土地利用效益响应程度。

5.5　产业结构对土地利用效益的作用机理

本书第 3 章已从理论高度概述性阐释不同产业结构演变阶段对应土地利用效益的作用路径，在此基础上，结合本章的中国实践案例形成研究成果，提炼形成并系统梳理产业结构对土地利用效益的作用机理，以便为产业结构优化与土地利用效益提升共生提供理论支撑及实践参考。具体而言，以普适性角度分析产业结构对土地利用效益的内在机理，结合本章成果落实性分析产业结构对土地利用效益的外在驱动，系统全面地阐释产业结构对土地利用效益的作用机理。在此，说明一点，外在驱动分析基于本书实践成果，仅适用本书案例。

5.5.1　内在机理

人类的一切活动均可归入相应产业发展，推动产业结构优化是国家及区域处于不同社会经济阶段下的永恒主题。土地资源是支撑产业发展及社会经济活动的基础资源及空间载体，终将落实到占用一定土地资源及其空间区位，各个产业发展不能离开土地资源而独立存在。因此，区域产业结构优化升级必然影响到区域土地资源利用方式、类型、规模及其空间布局，即所谓影响到用地数量及空间格局的用地结构层面，并在此基础上促进区域产业用地经济效益、生态环境效益及社会效益的提高。

总体上分析，产业结构优化升级的最大特征在于对传统产业的升级改造或直接退出，突出体现在资本技术单位投入、高新技术战略产业及第三产业快速发展。传统产业对自然资源、人力资源、传统运输方式等的依赖性较强。现代产业关键取决于科技、信息、管理及文化等层面，能够相互促进形成现代化产业组织或产业体系，此种产业结构强调集约利用资源、减少环境污染、提升单位产出、降低单位损耗的生产方式，在追求经济效益提升的同时能够兼顾社会效益及生态效益的提升，从而实现土地资源可持续利用及综合效益最大化。

从影响用地数量层面考虑，产业结构优化升级能够促进企业内部占地比例优化及用地节约集约，在行业之间能够加大对传统采掘、钢铁、建材、煤炭等技术落后、占地规模大行业的淘汰步伐，直接降低土地资源粗放利用产业占比，推进工矿企业规模及占比相对压缩，科研、高产值技术部门用地将增加，逐步改变区域土地利用数量结构，同时能够实现单位土地产值提升及用地集约高效。从影响用地布局层面考虑，产业结构优化升级从根本上改变传统产业对原材料、运输及消费市场等因素的依赖性，且不具有区位竞争优势而往往选择城乡接合部或郊区产业集聚；产业结构优化带来的高新技术产业及高端服务产业则具有科技水平高、资源能耗低、设备集成度高等特点，具备区位选择优势而集中于城市区域以便获得更高产品价值，也是遵循阿隆索地租模型理论框架，只是产业更进一步细分而已，以此逐步由产业布局带来用地结构更趋向合理化。

产业结构优化升级将带来区域用地结构趋向合理优化，也进一步影响到产业用地投入产出。在此特从三大类产业透析，某一特定区域的第二、三产业在单位投资强度上一般明显要高于第一产业，第二产业的单位投资强度一般也小于第三产业。总而言之，产业结构优化调整一般是带来土地投资强度的同步化提升，产业用地建筑密度、使用密度及容积率上升，进而提高用地经济效益。非农化进程中促使农业用地逐步向工业用地、第三产业及商服用地转换，这个过程同样是产业结构非农化及高级化的过程，以此促进整个区域土地资源得到更为高效的开发利用，特别是促进土地经济效益提升。与此同时，产业结构优化升级伴随着新型技术不断融入产业发展及创新驱动，现代化的产业结构体系涉及高科技、高利润、低能耗、低污染等因势利导条件。一方面，提高用地开发规模及强度，提高单位经济产出，降低单位用地能耗及环境污染，提升产业用地生态环境价值及促进人与自然和谐共处；另一方面，促进经济效益及生态效益的提升，有助于提升整个社会福利水平、居民收入水平及对工作生活环境的满意程度，促进社会全面进步及和谐发展，无形中提高用地社会价值及效益属性。

5.5.2 外在驱动

理清产业结构对土地利用效益的内在作用机理，结合本章研究成果进一步具体梳理其外在驱动机制。通过实践测度，产业结构对土地利用效益的响应程度（系数）随着产业结构演变阶段而异，存在区域差异性，时空两者兼有差异进一步说明响应程度是由产业结构发展决定的。产业结构对土地利用效益响应程度的影响因素，从理论假设上能够较好地阐释产业结构对土地利用效益的外在驱动影响。下面从响应程度动态综合比较结果分析。第一，生态建设是唯一贯穿于不同产业结构发展阶段的重要正向影响因素，说明社会经济及产业发展不管处于哪个阶段，始终要将土地生态环境建设放在至关重要及优化保障的地位。生态环境建设若良好，则产业结构对土地利用效益具有提升作用，反之亦然。第二，区域投资在产业结构发展初期有正向促进作用，在产业发展中期则有负向制约作用，说明区域投资在产业结构对土地利用效益作用过程中扮演"双刃剑"角色。特别说明一点，区域投资一定要注重投资规模、时序及考虑区域发展差异，才能促进产业结构提升土地利用效益。一旦产业结构发展在临界程度，区域投资更要谨慎考虑，否则现有产业结构促进土地利用效益提升的作用就不会显著，甚至会起到阻碍作用。这一点对上述内在机理进行了很好的具体实践补充说明。第三，在产业结构发展中高级阶段，产业发展因素对土地利用效益逐渐起到正向促进作用。从本章产业发展指数综合反映地均产值和人均产值的内涵界定上分析，产业结构处于发展阶段，以经济建设为中心，优化配置各项生产要素资源，全力保障经济社会建设的用地需求，但要从总量上控制产业用地开发规模，保障产业用地集约高效。这一点正好照应上述内在机理所涉及部分（图 5 - 15）。

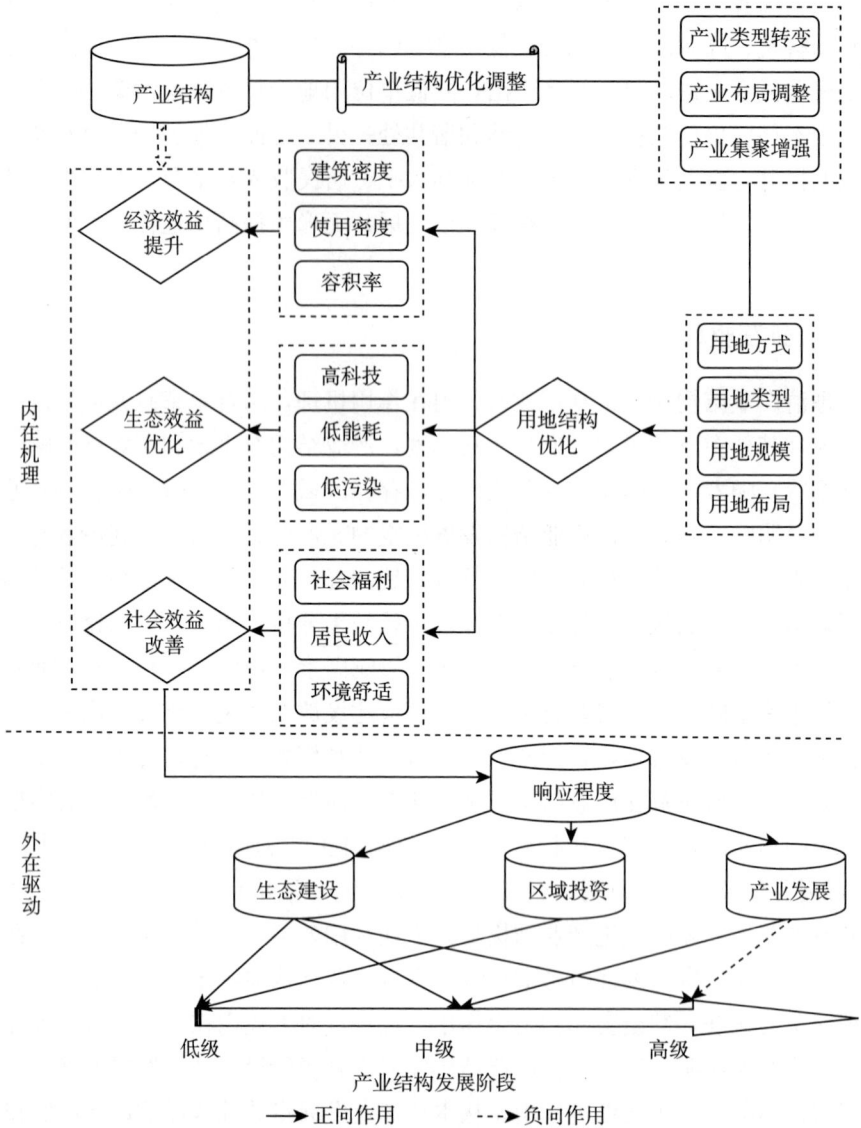

图 5-15　产业结构对土地利用效益的作用机理

第6章　土地利用效益对产业结构的作用机理分析 /////////////////////////////////

本书核心是在分析产业结构优化与土地利用效益提升之间单向关系的基础上，印证两者之间双向互动关系并引入共生理论加以理论提升。以阐释两者之间关系为主轴，第5章结合中国实际具体阐释产业结构变化对土地利用效益的影响，说明产业结构变化调整对土地利用效益的显著作用及诸多影响因素。本章分析土地利用效益对产业结构调整的反作用关系，重点借鉴比较优势内涵，结合中国省级数据测度中国产业用地效益及其比较优势程度，以及借助空间分析提出产业结构调整及战略布局建议，进一步探究土地利用效益对产业结构调整的路径及影响因素，详细说明土地利用效益影响作用于产业结构调整。

6.1　基础背景及思路辨析

人类的土地利用过程形成了产业发展，且随着用地方式、类型及规模变化而产生了产业用地现象，在此进一步理清本章技术思路。

6.1.1　产业发展与用地现象关照

通过梳理产业、用地及两者之间的现象，根据现象加以反思，表明本章的研究目的及任务要求。

（1）现象梳理

土地资源具有空间载体功能，为产业发展提供客观物质基础和承载空间，是工业化、城镇化进程的重要生产要素之一，表现最为明显的就是土地非农化加快而导致土地利用结构及方式改变。土地资源开发利用与产业结构之间经过长期演化，形成相互影响、相互作用、相互制约的普适关系。中国社会经济快速发展导致产业结构过热，高投资、高能耗、低附加值逐步固化将进一步加剧"泡沫"经济，部分省份表现尤为突出。以项目建设为支撑的经济快速增长必然加剧土地资源非农化，一旦产业发展及产出效率走低，由于城镇工矿过多占地而导致土地边际产出持续降低，制约土地利用社会经济效益，破坏土地利用生态环境系统及其效益体现。2015 年，冶金、化工、纺织等行业全年固定资产投资增长 40% 以上，但一些地方土地粗放浪费现象严重，批而未供和闲置土地大量存在。截至 2014 年 9 月 30 日，国土资源部数据显示，近五年内全国批而未供用地 1 300.99 万亩*，闲置土地 105.27 万亩，相当于现有城镇工矿用地总量的 7.85%。区域产业结构不合理，将不可避免地导致区域生产要素配置失调，产业用地闲置浪费及低效利用将并存，进一步导致土地利用效益持续低下；反过来，在市场化运行体系下，企业出于"经济人"理性考虑而追求效益最大化目标，将从土地利用经济效益低的产业类型向效益高的产业类型转移投资，长期来看会导致产业结构不断调整变化，但针对生态环境效益只能依靠政府引导及加以调控，否则可能导致局部区域公地悲剧。

（2）现象反思

从经济学一般原理来看，经济增长既表现为总量扩张，也表现为内部结构的不断调整。中国经济发展迅速，人均收入显著提升，整个国民经济急需从主要依靠要素投入量扩大向主要依靠要素效率提升的竞争优势转变（任保平，2013）。近年来，受到国际市场需求及国内经济转型波动影响，区域经济分化进一步加剧，东部地区经济占比再度上升、中部地区占比持平、西部地区占比略有下滑、东北地区占比明显下降，资源型、重工业省份受到去产能的冲击明显。经济增速缓慢的区域集中表现出产业结构单一、国有企业占主导、市场高度垄断等基本特征。共建"一带一路"倡议、长江经济带发展战略等为各省份产业发展转型提供新契机。按照土地资源供给侧结构性改革要求，瞄准存量土地去产能，力争盘活低效、闲置存量土地，重点采取多种方式盘活部分效益低下的工业用地，积极淘汰、升级低效产业项目，推动产业转型升级，逐步提高土地投资强度和产出效益。

6.1.2 研究思路及技术路径

政府部门宏观调控及市场要素运行流动，均要遵循公开、公平、公正的基本原则，既要充分发挥政府职能职责，也要符合市场经济运行的本质规律，更要结合区域产业发展的优势所在，配合市场运行而合理做好土地利用与管理。基于此，一方面，如何通过土地利用效益政策引导土地资源在不同产业部门之

---

* 亩为非法定计量单位，1 亩＝1/15 公顷。——编者注

间优化配置，提高区域土地利用效益，促进产业结构优化和升级；另一方面，如何依据土地利用效益并成为宏观调控产业结构的手段，引导区域产业结构调整。以上两方面是本章的关键技术所在。目前仍处于初步探索阶段，没有直接的技术思路及经验可循可鉴。"资源趋向效益，效益吸引资源。"在市场经济条件下，土地在不同产业间的配置服从于效率标准，由于中国区域差异显著而自行形成各自的区域优势。因此，只要不同地区、不同产业用地效益存在差异，就存在着比较优势，就有产业结构优化和土地利用效益提升的内在动力。基于此，分别构建农业用地效益、非农用地效益的评价指标体系，客观评价中国产业用地效益，引入产业用地效益比较优势模型，测算产业用地效益比较优势度，运用专业软件实现探索性空间分析，以此为实践案例，探究土地利用效益对产业结构的作用机理。

6.2 比较优势理论回顾与适用性

通过描述经典理论，进行思想演变及对比分析，实现对比较优势理论的追溯。基于此，针对土地利用效益对产业结构的作用路径，分析理论适用基础条件，并以农业效益与非农效益为比较优势对象，从假设案例对本章研究对象作进一步理论推演，印证比较优势理论能够运用并阐释土地利用效益对产业结构的作用关系。

6.2.1 比较优势理论追溯

比较优势（comparative advantage）思想最早可追溯至亚当·斯密的《国富论》，但公认创始人乃李嘉图，1817 年其在《政治经济学及赋税原理》中详细阐述了比较优势思想。经过多位主流经济学者的深化，并以个人偏好、科学技术、要素禀赋为一般均衡框架，比较优势思想涉及要素密集度（factor intensity）和要素丰裕度（factor abundance）两个基本概念，以及 Heckscher - Ohlin（H - O）定理、要素价格均等化（FPE）、Stolper - Samuelson（SS）定理、Rybczynski 定理四个基本定理，迅速成为新古典经济学的重要分析工具及范式。进入 20 世纪上半叶，比较优势理论发展迎来重大转折，要素禀赋理论的 H - O 定理逐渐成为主流，核心思想认为：各国或地区生产要素相对稀缺差异是产生比较成本差异的必要条件，也是形成比较优势的内在决定。当科技和偏好给定的条件下，贸易参与国的进出口商品的要素密集度会与各国的要素丰裕度一致（鞠建东，2004）。

之后，比较优势理论向两个方向发展：一是沿用 H－O 定理假设，以规模效益不变为前提，秉持要素禀赋理论，不断引入人力资本、土地资源等更多要素；二是放弃 H-O 定理部分假设，批评传统外生比较优势理论，进一步拓展至专业化、技术差异比较优势，同样得到实证支持并逐渐成为比较优势理论的新主流。但各学派达成一致共识，就是：不同商品生产都有最佳的生产要素比例，不同国家或地区拥有不同生产要素及其占比，若能够利用其丰富的生产要素生产商品并加以出口，换取进口需要利用其比较稀缺的生产要素才能生产的商品，这样必然会为整个国家或地区带来比较利益。因此，一定要加强扶持利用比较充裕的生产要素产业，淘汰利用比较稀缺要素或生产劳动力、技术水平低下的产业，以此形成的区域产业结构将会具有较强优势及较长生命周期。

6.2.2 比较优势理论适用性分析

（1）理论适用基础条件

自然及社会环境中涉及一切资源可持续利用的先决条件就是土地资源的可持续利用，也是社会经济发展的关键基础（毕宝德，2001）。区域土地利用差异化及形成主要受自然地理因素影响，但也与社会经济紧密关联（姜志德，2004）。如何合理配置土地资源、实现土地集约利用、提高土地利用效益，是缓解土地供求矛盾的重要途径（史进，2013）。土地资源是产业发展的载体，保障产业项目用地指标及空间布局，关键是在产业类型、产业部门之间合理优化配置土地资源，从而实现土地利用综合产出最大化。一个经济体的产业结构内生决定于该时点上劳动力、资本和自然资源的相对丰裕程度（林毅夫，2010）。中国部分省份土地利用社会经济效益较高但生态环境效益却较低，或者一味发展社会经济效益而导致生态环境恶化，土地利用效益整体协调度较差（仇娟东，2012）。上述现象的原因在于政府部门没有充分考虑区域社会经济基础及自然区位的非均衡性，即没有按照效益比较优势原则合理配置土地资源。探索土地利用效益空间分异及优势度，有利于从宏观整体战略高度统筹区域土地利用部署，充分发挥各区域土地利用效益比较优势，为制定土地利用计划及政策、实行区域差异化发展提供基础依据。比较优势是区域分工和区际贸易的基础，各地区应大力发展具有比较优势的产业，放弃没有比较优势的产业，从而提高资源配置的效益（姜开宏，2004）。中国地域广阔，自然资源、地理区位、发展水平及生态环境禀赋等存在明显差异，需要按照区域间产业用地效益比较优势，合理安排产业项目用地，从而实现整个区域土地利用优化配置，达到产业用地效益福利最大化。

（2）理论假设案例推演

关于比较优势理论运用到生产布局及资源配置的研究较为成熟，有定性分析（王建国，2002；国家计委投资研究所，2001），也有定量化测度区域各领域比较优势的研究（范斐，2012；顾湘，2009），均具有一定理论指导及实践运用意义。在产业用地效益上，若按照区域之间的土地利用效益的比较优势配置土地资源，效益值将会如何产生呢？假设存在均质性土地资源的两个区域（M 和 N），且只有两个产业部门，即农业部门和非农业部门，农业部门经营农业用地、产出农业用地效益（AB），非农业部门经营第二、三产业占地并产出非农用地效益（NAB），同样假设除土地资源外其他生产成本均相同。M 和 N 两个区域均有 100 公顷土地资源，两个区域效益生产的土地消耗如表 6-1 所示。

表 6-1　不同区域的部门生产效益的土地成本

产品（效益）	区域 M	区域 N
1 单位 AB	3 公顷	5 公顷
1 单位 NAB	2 公顷	4 公顷

从表 6-1 可以直接看出，生产 1 单位的 AB 或 NAB，区域 M 都比区域 N 消耗的土地少，说明区域 M 在农业生产和非农业生产上均高于区域 N。也就是说，区域 M 的土地利用产出效益的效率明显高于区域 N，具有明显绝对优势。若没有按照比较优势配置土地资源，区域 M 和区域 N 的生产可能性曲线如图 6-1 所示。

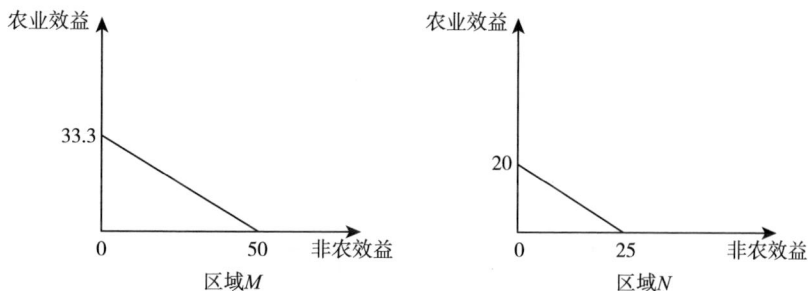

图 6-1　不同区域土地生产可能性曲线

区域 M 和区域 N 农业效益和非农效益的交换比例分别为 1/3∶1/2（2∶3）和 1/5∶1/4（4∶5）。区域 M 和区域 N 在农业效益生产上的土地成本之比是 3∶5，在非农效益生产上的土地成本之比是 2∶4（1∶2）。根据比较优势分析，区域 M 在非农效益的生产上具有比较优势，区域 N 在农业效益的生产上具有比较优势。假设区域 M 专业生产非农效益并按照区域 N 的交换比例获取农业效益，同样区域 N 专门生产农业效益并按照区域 M 的交换比例获取非农效益。区域 M 专门用 100 公顷生产的 50 单位非农效益换取区域 N 生产的农业效益为：50×4/5＝40。区域 N 专门用 100 公顷生产的 20 单位农业效益换取区域 M 生产的非农效益为：20×3/2＝30。由此，专门优势化生产促使生产可能性边缘外移，但从实际层面考虑农业与非农业的产业用地之间不能完全转换，经过相互换取促使区域 M 和区域 N 的农业效益和非农效益的地均产值之比介于（5∶4）～（3∶2），即 1.25～1.5，土地利用总福利趋向最大化（图 6-2）。

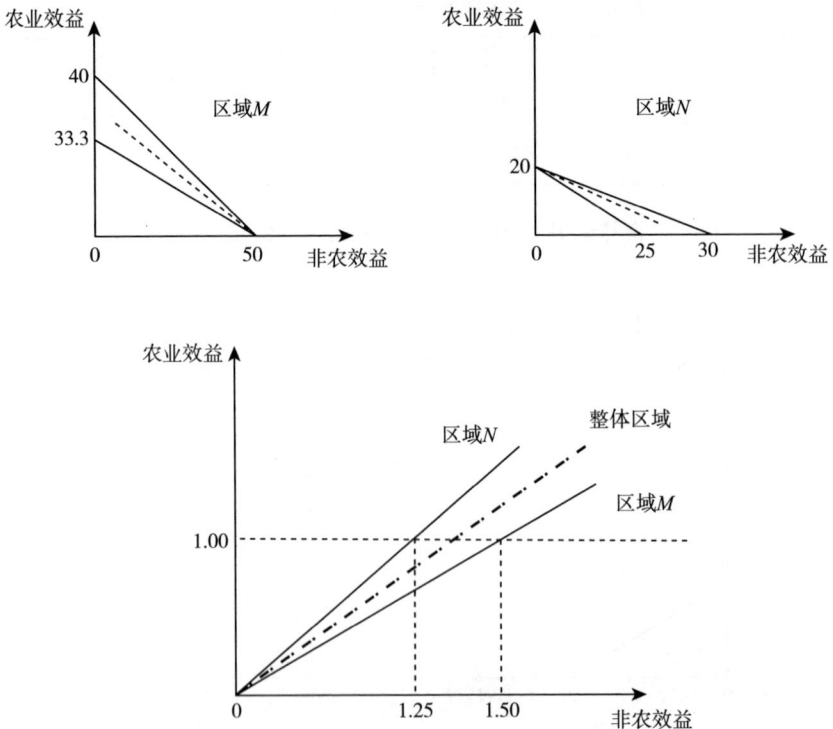

图 6-2 利用比较优势下的不同地区生产可能性曲线

通过以上图形推理及梳理分析结果判识，表明区域之间土地资源优化配置可以借助土地资源效益比较优势，促进区域土地资源开发利用能够带来整体福利最大化。经过资源在土地利用效益最大的区域流动而达到有限条件下的土地资源空间配置效率最大化，进一步实现区域用地资源整体开发效益最优方案。但是，土地资源空间位置固定性所限，可以通过产业布局最优化利用所在区域土地资源，实现产业用地布局体现区域土地资源优势，同时可获得产业集聚外部规模效应。

6.3 基于产业分类的土地利用效益测度分析

为了测度产业用地效益，首先说明及界定产业用地分类体系，差异化构建产业用地指标体系，综合运用熵权法和 TOPSIS 模型，测度农业用地效益和非农用地效益并对结果进行分析。

6.3.1 产业用地分类体系

为更好地将土地利用效益评价成果运用到产业结构优化调整，很有必要分产业类型对土地利用效益进行测度，关键在于产业用地的科学合理分类。目前，结合中国土地利用分类体系，国内学者关于产业用地分类的研究不多，尚未形成统一完整的产业用地分类标准。诸多研究只是出于研究需要进行自我界定，还未上升到国家及地方标准范畴。从研究层面考量，有学者依据土地利用反映产业结构属性视角，提出土地利用产业结构分类体系，分类层次多、类型全（刘平辉，2003），但难以与现有国土变更调查相对接转换，数据只能依托遥感解译及人工判识；张颖（2005）在其博士论文《经济增长中土地利用结构研究》中也详细提出了类似的产业用地分类，较好服务于区域经济增长与土地利用结构研究。还有学者结合海南实际情况，剔除水域等用地类型，提出基于产业的土地利用分类系统（但承龙，2010），该分类简单概括，且与现今沿用的国土变更调查数据相对应。在此，结合已有研究案例，参照波兰学者Kostrowicki 的分类，在 GB/T 21010—2007《土地利用现状分类》基础上进行归整分类，且为切合本章实际需要，将区域土地类型划分为农业用地、非农用地及其他备用地，以农业用地、非农用地作为土地利用效益评价对象（表 6 - 2）。

表6-2 基于产业发展的土地利用分类体系

一级分类	农业用地	非农用地	其他备用地
二级分类	耕地（01） 园地（02） 林地（03） 草地（04） 农村道路（104） 设施农用地（122） 农村居民点（203）	交通运输用地（10）［扣除农村道路（104）］ 城市（201） 建制镇（202） 其他独立建设用地（204） 盐田（205） 特殊用地（206）	其他未纳入农业用地、非农用地的用地类型

6.3.2 指标体系构建及权重确定

人类为了满足自身开发、利用及改造土地资源的需要，形成区域差异化土地利用方式及类型，逐渐培育出一个复杂的人造自然—社会—生态系统。在此，从生产活动类型视角，侧重产业类型差异，构建适合评价农业用地效益和非农用地效益的差别化指标体系，实现评价结果更加符合产业发展支撑需要。为客观、全面、科学地衡量产业用地效益，遵循系统性、科学性、代表性及可操作性基本原则，结合中国社会经济发展、土地利用特征及产业发展情况，按照发生学原理，秉持产业发展带来占地效益的内在发生机理，分别构建农业用地效益和非农用地效益的评价指标体系。其中，农业用地效益评价指标重点从农业产值及农民收入消费考虑，涉及地均第一产业产值、地均农业总产值、农村居民人均可支配收入、农村居民人均消费支出四项指标；非农用地效益评价指标重点从非农产业产值、城镇居民收入消费、财政收入及绿化建设考虑，涉及地均二三产业产值、地均工业总产值、非农化水平、就业人员平均工资、城镇居民人均消费支出、地均地方财政收入、建成区绿化覆盖率七项指标（表6-3）。

表6-3 中国产业用地效益评价指标体系及权重

总目标层	子目标层	指标层	信息熵 e_j	冗余度 d_j	权重 w_j
产业用地效益评价（IB）	农业用地效益评价（$IB_农$）	地均第一产业产值（$IB_{农1}$）	0.912 9	0.087 1	0.252 9
		地均农业总产值（$IB_{农2}$）	0.912 0	0.088 0	0.255 4
		农村居民人均可支配收入（$IB_{农3}$）	0.915 1	0.084 9	0.246 3
		农村居民人均消费支出（$IB_{农4}$）	0.915 5	0.084 5	0.245 4

（续）

总目标层	子目标层	指标层	信息熵 e_j	冗余度 d_j	权重 w_j
产业用地效益评价（IB）	非农用地效益评价（$IB_{非农}$）	地均二三产业产值（$IB_{非农1}$）	0.919 2	0.080 8	0.148 9
		地均工业总产值（$IB_{非农2}$）	0.944 3	0.055 7	0.102 6
		非农化水平（$IB_{非农3}$）	0.969 7	0.030 3	0.055 7
		就业人员平均工资（$IB_{非农4}$）	0.895 3	0.104 7	0.192 9
		城镇居民人均消费支出（$IB_{非农5}$）	0.875 4	0.124 6	0.229 6
		地均地方财政收入（$IB_{非农6}$）	0.882 1	0.117 9	0.217 2
		建成区绿化覆盖率（$IB_{非农7}$）	0.971 2	0.028 8	0.053 1

评价时点为 2015 年，研究涉及社会经济和土地利用两个方面数据资料。社会经济数据来源于 2016 年《中国统计年鉴》《中国工业统计年鉴》，土地利用数据来源于全国 2015 年度土地利用变更调查汇总数据。产业用地效益评价指标体系中涉及地均指标含义均对应于前文已确定的产业用地分类体系中涉及的农业用地和非农用地汇总数据。

6.3.3 测度模型及运算方法

TOPSIS 是系统工程中有限方案多属性决策分析的一种常用的科学决策技术，通过计算备选方案与理想解、负理想解的相对距离来进行排序优选。理想解是方案集中虚拟的最佳方案，负理想解是虚拟的最差方案，既靠近理想解又远离负理想解的方案就是整个方案集中的最佳方案。该方法已广泛运用于管理学（梁昌勇，2012）、地理学（杜挺，2014）、社会学（南锐，2017）等学科领域，均取得较好研究效果。在此，可将 TOPSIS 法运用到中国产业用地效益评价，指标权重确定仍采用熵权法，以此对传统 TOPSIS 法进行改进，确保评价结果科学客观。熵权法是根据数据本身信息确定指标权重的一种方法，不仅能排除主观性，还能增强指标差异性及主导性，不失为确定中国产业用地效益评价指标权重的理想方法。以全国 31 个省份的 2015 年农业用地效益和非农用地效益的评价指标对应数据面板，运用熵权法公式，计算确定中国产业用地效益评价指标权重。由于第 4 章已详细阐述熵权法，在此不再赘述。现重点阐述 TOPSIS 模型算法，具体步骤如下。

①数据标准化。采用极值标准化法对评价指标数据进行标准化处理，确定评价指标实际值在该指标权重中所处位置，可以直接利用熵权法确定标准化

结果。

②确定指标权重，构建加权的决策矩阵。通过熵权法确定指标权重向量 w_j，加权规范化决策矩阵 $X=(X'_{ij})m\times n$。将矩阵的每一行与其相应的权重相乘得到：

$$X=\begin{bmatrix} X_{11} & X_{12} & \cdots & X_{1n} \\ X_{21} & X_{22} & \cdots & X_{2n} \\ \vdots & \vdots & \vdots & \vdots \\ X_{m1} & X_{m2} & \cdots & X_{mn} \end{bmatrix} = \begin{bmatrix} r_{11}\cdot w_1 & r_{12}\cdot w_1 & \cdots & r_{1n}\cdot w_1 \\ r_{21}\cdot w_2 & r_{22}\cdot w_2 & \cdots & r_{2n}\cdot w_2 \\ \vdots & \vdots & \vdots & \vdots \\ r_{m1}\cdot w_m & r_{m2}\cdot w_m & \cdots & r_{mn}\cdot w_m \end{bmatrix}$$

$$(6-1)$$

③确定正、负理想解。X^+ 表示最偏好的方案（正理想解），X^- 表示最不偏好的方案（负理想解），则有：

$$X^+=\{\max_{1\leqslant i\leqslant m} v_{ij} \mid i=1, 2, \cdots, m\}=\{X_1^+, X_2^+, \cdots, X_m^+\}$$
$$X^-=\{\min_{1\leqslant i\leqslant m} v_{ij} \mid i=1, 2, \cdots, m\}=\{X_1^-, X_2^-, \cdots, X_m^-\}$$

$$(6-2)$$

④计算距离。分别计算每个评价单元评价向量到正理想解的距离 D^+ 和到负理想解的距离 D^-。

$$D_i^+=\sqrt{\sum_{i=1}^m (X_{ij}-X_i^+)^2}$$
$$D_i^-=\sqrt{\sum_{i=1}^m (X_{ij}-X_i^-)^2} \qquad (6-3)$$

X_{ij} 为第 i 评价单元第 j 项指标的加权规范化值，X_i^+、X_i^- 分别为第 i 评价单元在评价单元系统中的最偏好值和最不偏好值。

⑤计算评价对象与最优方案的贴近度 C_i。

$$C_i=\frac{D_i^-}{D_i^-+D_i^+} \qquad (6-4)$$

式中，C_i 越大，表明第 i 评价单元产业用地效益越接近最优水平。贴近度 C_i 的值介于 $0\sim1$。当 $C_i=1$ 时，产业用地效益水平最高，土地利用处于最优状态；当 $C_i=0$ 时，产业用地无效益，土地利用处于高度无序混乱状态。

评价时点为 2015 年，研究涉及社会经济和土地利用两个方面数据资料。社会经济数据来源于 2016 年《中国统计年鉴》《中国工业统计年鉴》，土地利用数据来源于全国 2015 年度土地利用变更调查汇总数据。产业用地效益评价指标体系中涉及地均指标含义均对应于前文已确定的产业用地分类体系中涉及的农业用地和非农用地汇总数据。

6.3.4　农业用地效益测度结果

农业用地是服务于农业生产的土地资源，包括耕地、园地、林地、牧草地及其他农用地。农业用地效益评价通过土地自然要素相互作用而表现综合特征评价，揭示土地生物生产力的高低，满足人类生活需求。结合农业用地效益测度结果，中国农业用地效益值变化幅度较大，效益值范围在 0.067 1~0.884 9，区域之间差异显著。其主要原因在于中国地域辽阔，气候、自然资源区域差异明显，受农业生产自然禀赋、农产品消费拉动、农业生产要素投入等因素影响，加之不同区域作用程度具有区域差异。其中，江苏、山东、上海、天津、河南、浙江、海南属于较高级别，效益值分别达到 0.884 9、0.639 6、0.621 8、0.529 6、0.477 7、0.443 0、0.423 5，受益于区位条件及独特农业资源优势，特别是城市需求拉动农业精细化耕作，不断提高农业生产投入，提升农业用地效益；较低区域有青海、西藏、新疆、甘肃，效益值均未达到 0.100 0，表明上述区域受农业生产条件限制，农业粗放经营程度较大，农业生产效益较低，预留农业用地效益提升潜力空间。

6.3.5　非农用地效益测度结果

非农用地主要针对城镇工矿用地及基础设施用地，利用土地承载能力或建筑空间，为第二、三产业发展提供支撑。结合中国非农用地效益测度结果，上海最大，达到 0.973 4，最小的甘肃仅为 0.069 4，可见中国非农用地效益区域差异悬殊；较高区域集中于上海、北京、天津、广东、浙江、江苏、重庆、福建、湖南、湖北、山东等沿海、沿江的社会经济及产业发展水平良好区域，较低区域主要集中在甘肃、新疆、西藏、青海、黑龙江、宁夏等偏远地区。从中国非农用地效益值空间分布状态看，较高区域仍具有区位条件优势，在工业化、城镇化的"双轮"驱动下，集中分布于长三角城市群、珠三角城市群、京津冀地区、武汉城市圈及长株潭城市群，区域二三产业产值、城镇人口、就业及财政收入大力增长，不断形成产业及人口的"双集聚"效应，促使非农用地效益明显高于其他区域（表 6-4）。

表6-4　中国省级农业用地效益和非农用地效益测度值

评价单元	农业用地效益			非农用地效益		
	D_i^+	D_i^-	C_i	D_i^+	D_i^-	C_i
北京	0.146 8	0.085 6	0.368 3	0.025 2	0.120 5	0.827 0
天津	0.097 0	0.109 2	0.529 6	0.073 0	0.070 2	0.490 2
河北	0.124 7	0.078 9	0.387 5	0.124 8	0.021 5	0.147 0
山西	0.173 1	0.027 6	0.137 5	0.121 9	0.020 5	0.144 0
内蒙古	0.185 6	0.027 8	0.130 3	0.123 8	0.021 6	0.148 6
辽宁	0.130 8	0.070 4	0.349 9	0.119 7	0.028 4	0.191 8
吉林	0.166 7	0.034 3	0.170 6	0.121 8	0.024 5	0.167 5
黑龙江	0.174 6	0.028 2	0.139 1	0.131 8	0.011 9	0.082 8
上海	0.079 5	0.130 7	0.621 8	0.003 8	0.139 3	0.973 4
江苏	0.025 1	0.193 0	0.884 9	0.086 8	0.060 8	0.411 9
浙江	0.120 6	0.095 9	0.443 0	0.085 9	0.061 3	0.416 4
安徽	0.135 8	0.066 5	0.328 7	0.119 9	0.023 7	0.165 0
福建	0.132 9	0.068 8	0.341 1	0.094 2	0.057 0	0.377 0
江西	0.159 0	0.041 5	0.207 0	0.117 6	0.026 0	0.181 1
山东	0.074 1	0.131 5	0.639 6	0.110 0	0.036 8	0.250 7
河南	0.107 8	0.098 6	0.477 7	0.117 9	0.030 6	0.206 1
湖北	0.135 0	0.065 5	0.326 7	0.108 2	0.037 2	0.255 8
湖南	0.129 0	0.072 1	0.358 5	0.107 7	0.040 7	0.274 3
广东	0.126 0	0.074 7	0.372 2	0.081 1	0.064 8	0.444 1
广西	0.160 9	0.039 8	0.198 3	0.120 5	0.023 8	0.165 0
海南	0.117 2	0.086 1	0.423 5	0.124 3	0.017 5	0.123 4
重庆	0.150 7	0.049 9	0.248 8	0.089 0	0.054 9	0.381 5
四川	0.169 0	0.032 6	0.161 7	0.110 6	0.033 8	0.234 1
贵州	0.167 6	0.033 8	0.167 8	0.108 3	0.034 2	0.240 0
云南	0.180 0	0.020 5	0.102 2	0.117 7	0.023 5	0.166 4
西藏	0.198 9	0.014 6	0.068 4	0.127 3	0.010 2	0.074 2
陕西	0.172 8	0.027 5	0.137 3	0.111 4	0.032 7	0.226 9
甘肃	0.185 8	0.015 2	0.075 6	0.131 4	0.009 8	0.069 4
青海	0.194 5	0.014 0	0.067 1	0.135 3	0.011 4	0.077 7
宁夏	0.177 4	0.024 1	0.119 6	0.127 1	0.016 4	0.114 3
新疆	0.187 6	0.014 8	0.073 1	0.133 8	0.010 5	0.072 8

6.4　土地利用效益比较优势度结果分析

前文引入及分析了比较优势理论，下面构建产业用地效益比较优势模型，根据测算得出的农业用地效益和非农用地效益，计算中国产业用地效益比较优势度，为探究土地利用效益对产业结构调整影响分析提供支撑。

6.4.1　产业用地效益比较优势模型构建

根据比较优势理论适用假设分析，按照农业部门与非农业部门的产业类型划分，分别对应农业用地效益（AB）和非农用地效益（NAB），拟将上文测度结果直接运用到产业用地效益比较优势模型，这与李嘉图应用劳动生产率来衡量比较优势的思路基本一致（斯蒂格利茨，2000）。为此，汇总整理 2015 年中国 31 个省份农业用地效益（AB）和非农用地效益（NAB），根据两者之间的比值计算得出各省份产业用地比较优势值，具体公式如下：

$$AB_{农i} = \frac{AB_i}{NAB_i} \tag{6-5}$$

$$NAB_{非农i} = \frac{NAB_i}{AB_i} \tag{6-6}$$

式中，$AB_{农i}$ 为第 i 省份农业用地效益相对于非农用地效益的比较优势值，$NAB_{非农i}$ 为第 i 省份非农用地效益相对于农业用地效益的比较优势值，AB_i 和 NAB_i 分别表示第 i 省份农业用地效益值和非农用地效益值。从式 6-5 和 6-6 可得：

$$AB_{农i} \times NAB_{非农i} = 1 \tag{6-7}$$

$AB_{农i}$ 与 $NAB_{非农i}$ 互为倒数，组成标准反比例函数，$AB_{农i}$ 值越大，$NAB_{非农i}$ 值就越小，反之亦然（图 6-3）。

6.4.2　土地利用效益比较优势度量结果

从农业用地效益比较优势值分析，海南数值达到 3.431 7，是唯一在 3.0 以上的省份；河北、山东、河南、江苏分别为 2.637 0、2.551 4、2.318 3、2.148 2，均超过 2.0；安徽、辽宁、黑龙江、湖南、湖北也相对较高，处于农业用地效益比较优势值前列。这表明农业用地效益比较优

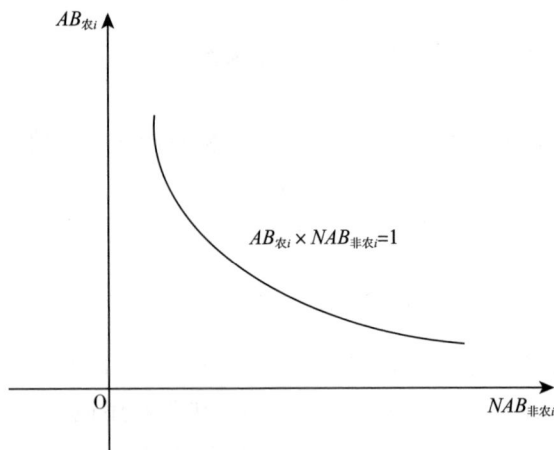

图 6-3 产业用地效益比较优势度的反函数

势高值仍集中分布于凭借农业资源禀赋优势区域，如黄河中下游平原区、长江中下游平原区及中部农业主导优势区域，诸多区域一直是中国粮食生产集中区域及输出主要区域。北京最低，仅为 0.445 4；陕西、云南、上海、重庆、四川、贵州分别为 0.605 0、0.614 3、0.638 8、0.652 0、0.690 8、0.699 3，均未超过 0.7，相对较低。这表明城市群、大都市区等周边区域非农用地效益极高而拉低农业用地效益比较优势值，且集中分布于云贵高原、西北地区等农业水热气候条件较差区域，农业生产效益水平普遍较低。

从非农用地效益比较优势值分析，北京最高，达到 2.245 4，是唯一超过 2.0 且具有绝对优势的省份；陕西、云南、上海、重庆依次较高，分别达到 1.652 8、1.627 8、1.565 6、1.533 7；四川、贵州、广东、青海、内蒙古、福建、西藏、山西相对也较高，均超过 1.0；其他省份均未超过 1.0。非农用地效益比较优势高值区分布在全国大都市区域、中西部及西南部偏远地区，这些区域农业生产效益较低，从而凸显发展非农生产优势。海南最低，仅为 0.291 4；河北、山东、河南、江苏、安徽、辽宁、黑龙江均未超过 0.6，湖南、湖北、广西、江西、甘肃数值较低。其原因在于农业用地效益较高而拉低非农用地效益比较优势值，通过产业结构调整及优化升级，提高非农生产效益及产品服务竞争力，提高单位 GDP 产出及加大产业发展的公共基础设施配套建设，进一步健全产业结构体系及优势主导产业（表 6-5）。

表 6-5　中国省级产业用地效益比较优势值

区域	农业用地效益比较优势值（AB农i）		非农用地效益比较优势值（NAB非农i）	
	数值	排名	数值	排名
北京	0.445 4	31	2.245 4	1
天津	1.080 3	14	0.925 7	18
河北	2.637 0	2	0.379 2	30
山西	0.955 3	19	1.046 8	13
内蒙古	0.876 9	22	1.140 4	10
辽宁	1.824 7	7	0.548 0	25
吉林	1.019 0	17	0.981 3	15
黑龙江	1.679 2	8	0.595 5	24
上海	0.638 8	28	1.565 6	4
江苏	2.148 2	5	0.465 5	27
浙江	1.063 7	15	0.940 1	17
安徽	1.991 7	6	0.502 1	26
福建	0.904 8	21	1.105 2	11
江西	1.143 2	12	0.874 8	20
山东	2.551 4	3	0.391 9	29
河南	2.318 3	4	0.431 3	28
湖北	1.276 9	10	0.783 2	22
湖南	1.307 3	9	0.765 0	23
广东	0.838 0	24	1.193 3	8
广西	1.201 5	11	0.832 3	21
海南	3.431 7	1	0.291 4	31
重庆	0.652 0	27	1.533 7	5
四川	0.690 8	26	1.447 5	6
贵州	0.699 3	25	1.430 1	7
云南	0.614 3	29	1.627 8	3
西藏	0.921 8	20	1.084 8	12
陕西	0.605 0	30	1.652 8	2
甘肃	1.089 6	13	0.917 8	19
青海	0.864 1	23	1.157 3	9
宁夏	1.046 5	16	0.955 5	16
新疆	1.004 9	18	0.995 1	14

6.4.3 土地利用效益比较优势空间分析

"地理学第一定律"认为：空间事物之间是普遍联系的，且空间上接近的事物联系更紧密（Sang－Ⅱ L，2001）。基本所有空间事物都具有空间依赖或空间关联性特征，产业发展及其占地具有涓滴效益、回波效应及外部效应，带来土地利用效益比较优势也存在空间关联及集聚态势。"近朱者赤，近墨者黑"即是形象比喻。ESDA（exploratory spatial data analysis，探索性空间数据分析）集成了诸多空间分析方法及技术手段，并以地理空间关联性测度为核心环节，通过空间单元作为事物并在空间分布格局上加以描述、可视化及空间测算，强调数据资料空间关联及空间异质性，实现揭示事物空间关联及分布模式的目标（马荣华，2007）。有关 ESDA 方法探索应用，国外一直走在前沿且深入研究较早，应用范围也相当广泛（Anselin L，1995；Rey S，2004）；国内借鉴引入较迟但运用推广较快，诸多学者已在城镇扩展（马晓冬，2008）、经济地理（陈斐，2002）、人口流动（吕安民，2002）等领域深入运用。在借鉴已有研究成果基础上，运用 GIS 技术的 ESDA 地统计分析功能，以中国 31 个省份农业用地和非农用地的效益比较优势值为实证，采用全局 Moran's I 指数、Moran 散点图及局部 LISA 等表征方法，综合全局和局部两个层面揭示中国产业用地效益比较优势探索性空间格局特征。由于 ESDA 的全局空间自相关、局部空间自相关及空间权重矩阵公式可参考上述引文，在此不再赘述。

（1）ESDA 分析结果

①全局空间自相关。其相关程度主要体现在落入第一象限（高—高集聚区）和第三象限（低—低集聚区）的空间单元数量占比，就中国产业用地效益比较优势的空间散点图进行分析。从总体上看，农业用地效益和非农用地效益的全局散点单元位于第一象限、第三象限的集中程度并不显著，表明中国产业用地效益比较优势度仍未形成集中或集聚发展的热点态势，农业资源集中优势条件及非农开发辐射外溢效益、规模集聚效益并未充分发挥；从两者比较上看，相对于非农用地效益，农业用地效益的比较优势全局相关程度更高，表现在落入第一象限、第三象限的单元占比更大，最为直接的就是农业用地效益 Moran's I 指数 0.158 3 大于非农用地效益指数 0.089 9，也间接说明农业用地效益仍得益于农业生产自然资源禀赋，非农用地生产在区域集聚联动发展仍未显现，没有完全形成竞相合作的区域联动发展机制，区域开发建设整体效益没有充分体现出来（图 6-4）。

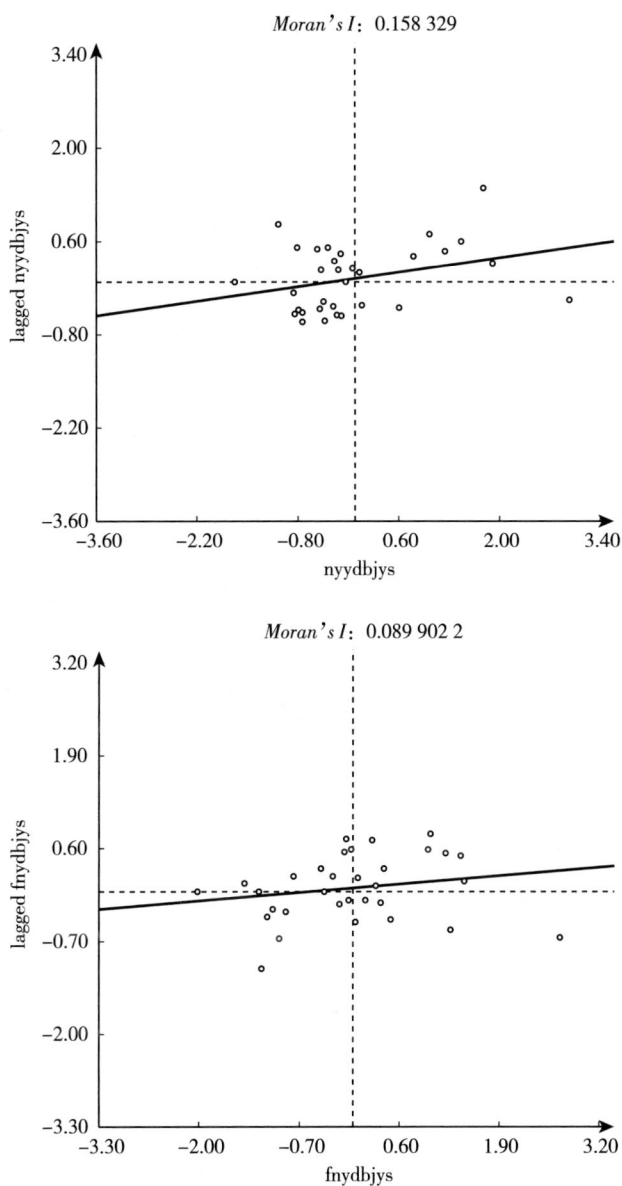

图 6 - 4　中国产业用地效益比较优势全局空间自相关 Moran 散点图

为了进一步验证分析结果，经过 999permuta - tions 的检验假设（表 6 - 6），确实只有农业用地效益 p - $value$ 值相对较低，但仍未达到 0.001 0 检验标准，以此进一步验证了数据准确性、结果可靠性。

表6-6 中国产业用地效益比较优势全局空间自相关随机序列假设检验结果

类型	Moran's I	E[I]	mean	sd	z - value	p - value
农业用地效益	0.158 3	−0.032 3	−0.035 9	0.103 4	1.879 4	0.033 0
非农用地效益	0.089 9	−0.032 3	−0.033 0	0.108 2	1.135 8	0.126 0

②局部空间自相关。全局空间自相关 Moran's I 指数是一个区域整体度量指标，仅反映区域及周边之间空间关联的平均程度。为了全面反映区域空间差异变化趋势，还需要采用局部自相关分析方法进行分析（Getis A，1992）。将农业用地效益比较优势和非农用地效益比较优势作为变量值，分别经过 Geo - da095i 软件的局部空间自相关分析处理，得到系列 LISA 显著性地图。从局部空间自相关 LISA 图得出，农业用地效益比较优势度高—高集聚区位于河北、山东、江苏、安徽、河南等江淮平原及华北平原区，而低—低集聚区位于陕西、重庆、四川、贵州、云南等汉中及西南云贵高原地区；非农用地效益比较优势集聚特征与农业用地效益比较优势集聚特征基本相反，也印证了前文理论阐述的两者反比例关系。从表6-6可见，两者全局空间自相关 Moran's I 指数大于0，表明均具有一定空间自相关程度；但 p - value 值均未通过 0.001 0 检验标准，也说明中国产业用地效益比较优势度空间自相关程度不高。局部空间自相关得到两者在局部区域存在密集而明显的高—高集聚区或低—低集聚区，可进一步得到局部空间自相关是全局空间自相关的补充和完善。

（2）产业空间布局建议

根据中国产业用地效益比较优势影响因素、农业用地和非农用地的效益比较优势度空间分析结果，战略性规划布局中国产业空间。遵循经济发展原则，以资源禀赋为基础促进土地利用效益比较优势度发挥。应因地制宜考虑各区域自然资源及社会经济发展基础，中西部地区可依托资源优势布局矿产资源及旅游资源等特色产业，并通过产业政策鼓励东部非农用地效益比较优势度较低的省份的优势产业向中西部非农用地效益比较优势度高的集中区域转移，实现产业优势互补，促进东部、中部、西部地区以效益为中心的产业协调布局发展。产业集聚是中国产业专业化水平提高及产业规模扩大必经过程，但通过全局相关性分析可知，其土地利用效益比较优势度集聚程度并不明显，既不利于中国农业发展及非农推进的协调发展，也不利于发挥各区域禀赋优势与市场潜力。为此，一方面，应积极推进东部地区产业结构优先优化升级并带动中西部产业合作，发挥沿海及东部省份增长极作用，也应该加强耕地保护及农业投入，确保江苏、山东、河北传统农业用地效益比较优势度较高；另一方面，中西部地区应根据区域特色优势推进产业类型选择及产业空间布局，特别是西南地区的非农用地效益比较优势度集中区域，优化产业发展基础环境，培育形成产业集聚的新增长极，但要注重区域生态环境保护及整治。

6.5 土地利用效益对产业结构调整的路径及影响因子分析

6.5.1 土地利用效益对产业结构调整的路径分析

土地是产业发展的客观物质基础和载体，也是工业化推进、城镇化过程中活跃的重要生产要素之一。土地利用与产业发展之间形成相互影响、相互制约的关系，从而使得土地利用的不同类型和效益产出水平对产业发展及其结构形成产生重大影响。其中，土地利用效益产出是土地开发利用及其所占产业发展的最终目标取向，实现整个区域土地利用效益最大化是区域产业结构趋向合理优化的重要表征。然而，土地利用产出效益水平需要通过市场运行及政府调控政策体现，进一步作用于产业结构调整具体影响路径，从而实现土地利用效益对产业结构优化调整的反馈作用。

（1）土地利用效益对产业结构调整的参与主体分析

土地资源开发利用涉及的资源禀赋、区位条件、特色资源、发展基础等各项要素均能够对土地利用效益水平产生影响，可进一步归整为生产成本和交易费用两个领域视角，其中生产成本优势涉及要素投入规模、科技水平等内生条件而直接影响，交易费用优势则体现到市场运行、规章制度及运费流通等外在因素而间接影响。在土地利用效益产出水平及其对产业结构调整过程中的参与主体，一般包括：市场运行主体的产业企业，谓之"无形的手"；宏观调控主体的政府部门，谓之"有形的手"。

①土地占用及开发利用行为主体的用地企业。企业是产业演变发展过程中最为积极、最为敏感的行为主体，所有一切生产活动均是由企业承担并体现优势所在。根据微观经济学和区域经济学相关理论，企业在产业发展及结构形成中的主体作用是通过企业在发展中对生产成本最小化、交易费用最小化的追求来实现的（王欣亮，2015）。一是追求生产成本最小化。根据边际成本理论，企业生产成本呈现 U 形包络线，小于临界产量，随着产量提高带来规模效益

而促使平均成本降低；一旦大于临界产量，随着产量增加反而导致平均成本提高，规模不经济现象发生。企业在生产抉择过程中，由于不想出现规模不经济现象而不愿意扩大产业规模，对区域产量占比产生影响。二是追求交易费用最小化。一方面，企业生产经营受到区域制度及政府在用地、税收、基础设施、排污标准等方面政策的影响，若达不到交易费用最小化的理想目标，可能逐步退出原有生产区域及转移产业，并对原有产业结构产生直接影响。另一方面，由于企业成本优势必须通过市场体现并由交易费用衡量，所以企业非常关注市场规模、运输条件、产业链等区域原有产业结构体系，新企业加入与否均影响到区域产业结构演变。

②土地利用与管理部门主导下的政府宏观调控。企业与政府具有不同的价值追求及目标取向，政府很有必要参与市场资源优化配置，防止市场缺位并对市场失灵进行弥补，保证社会体系健康稳定发展。第一，政府对市场加强引导规范，防止市场外部性、公共产品非排他性等市场失灵情况的发生；第二，政府加大落后地区基础设施建设及政府重大项目建设扶持力度，经济发达地区转变传统发展方式及推进产业转移，促进区域社会经济整体协调发展；第三，政府加强宏观调控和科学规划，避免生产资源的错配和浪费，防止市场运行的盲目性和滞后性，特别是防止"诸侯经济"及重复建设。政府应以提升土地资源配置效率及效益产出为目标，加强产业规划引导、政策法规出台及市场环境营造，充分发挥政府部门作用。

（2）土地利用效益对产业结构调整的作用过程分析

上述涉及个体行为的企业和代表国家的政府，基于各自利益诉求而共同博弈作用于区域产业发展及产业结构形成，在此进一步具体梳理土地利用效益对产业结构调整的作用过程。第一，科学合理的产业结构是综合考虑区域各项资源优势及约束条件，最终追求土地利用可持续及土地利用效益提升的目标所在。土地资源开发利用的内在本质要求就是统筹考虑区域生产要素及辅助要素禀赋，从区域客观条件出发，涉及区域自身发展特点及区域产业基础水平、科技创新、资金投资及资源禀赋等约束条件。有什么样的区域优势条件，就应该有什么样的产业结构与之对应，而产出具有区域侧重的土地利用效益类型及水平高度。第二，区域土地利用功能及产出效益水平为区域产业结构更新换代及优化升级提供保障及指明方向。区域人为改造及自然变迁也呈现变化状态，导致土地资源功能发生变化，带来功能价值及产出效益发生变化。企业主体和政府部门也要具有未来发展视角，企业主体要及时调整产业投资类型、规模及分布，政府部门要提前完善区域产业规划、产业政策，进而科学、准确地引导形成未来区域产业结构。第三，土地利用效益水平，特别是经济效益主要通过市场化运行体现出来，完善产业用地市场体系是促进土地利用效益对产业结构调整发挥作用的根本保障。不可否认，市场机制是资源配置的一个行之有效的基本路径。区域土地资源开发及保护价值、产出效益均是通过市场化运行机制加以体现。政府部门应加强市场化建设，企业个体要在遵守市场规则及要求的前提下开展产业投入、运行及调整。第四，充分发挥区域土地利用效益的比较优势，对不同区域之间产业发展及结构体系进行合理规划调整，避免产业雷同化、趋同化而造成重复建设浪费。中国地域差异明显及社会经济发展不平衡并存，区域比较优势明显，但是政府部门与企业个体的目标取向、价值诉求落实到同一个区域上存在差异化，产业趋同化、产业过剩现象时有发生。因此，需要从源头选择体现出区域特色优势产业及符合潜在比较优势的产业，放弃或淘汰本区域产业效率在全国没有竞争力的产业，通过土地利用效益的相互比较优势而作用于产业结构调整。

6.5.2　土地利用效益对产业结构调整的影响模型构建

土地利用是人类为了社会经济目的，通过各种使用活动对土地进行长期或周期性经营。土地利用变化是地球表层系统最突出的景观标志，体现到用地类型方式、数量规模、结构比例及空间布局上，可分为自然驱动与人文驱动（范树平，2017）。同样的，产业用地效益比较优势是自然和人文各项因素的合力结果。前者包括地理区位、地形地貌、气候、水文及形成独特土壤而对地表的改造过程；后者主要包括人类主动改造自然形成社会体系，以产业新陈代谢与土地转变为特征，正如 Tumer 进一步将其分为人口与收入的变化、技术的变化、政治和经济制度的变化、文化的变化等（Tumer，1990）。自然驱动是内在基础条件，作用时间长、效力慢；人文驱动则是外在诱发条件，作用时间短、效力快。从中国产业结构及土地利用变化特征分析，长期来看变化趋势稳定，只是改革开放以来特别是进入 21 世纪后，由于工业化、城镇化的"双轮驱动"带来产业结构及土地利用剧烈变化，导致产业用地效益的规模、组成及空间分布发生很大变化，表明人文驱动因素占据主导地位。根据比较优势理论基础及模型算法，农业用地效益比较优势度和非农用地效益比较优势度呈现反比例函数，具有相同或相近影响因素且作用机制相似，比较优势程度直接取决于产业用地效益值及其对应测算指标。在此，将农业用地效益评价、非农用地效益评价涉及的十一项指标作为自变量，运用主成分分析法，挖掘分析影响产业用地效益比较优势的人文驱动因子。

主成分分析（principal component analysis）是一种基于降维思想的多元统计方法，用较少的综合变量来替代原来较多的变量，使这几个综合变量尽可能多地反映原来变量的信息，且彼此之间互不相关。在实际研究中，很多变量在不同程度上反映研究对象的某些信息。为了全面分析问题，往往需要分析数量庞大的变量。假设有 m 个样本，每个样本有 p 个变量，构成一个 $m \times p$ 阶的矩阵 X。当 p 很大时，研究问题会随着变量个数的增多而大大增加分析计算的难度和复杂性。

主成分分析法的模型：假设 X_1、X_2、X_3、……、X_p 为原始变量经过标准化处理后的指标，F_1、F_2、F_3、……、$F_m (m \leqslant p)$ 为新变量指标，有

$$\begin{cases} F_1 = a_{11}X_1 + a_{21}X_2 + \cdots + a_{p1} \\ F_2 = a_{12}X_1 + a_{22}X_2 + \cdots + a_{p2} \\ \qquad\cdots\cdots \\ F_m = a_{1m}X_1 + a_{2m}X_2 + \cdots + a_{pm} \end{cases} \qquad (6-8)$$

且满足：$a_{1j}^2 + a_{2j}^2 + \cdots + a_{pj}^2 = 1 \ (j=1, 2, \cdots, m)$

$$cov(F_i, F_j) = \lambda_i \delta_{ij}, \ \delta_{ij} = \begin{cases} 0 & i \neq j \\ 1 & i = j \end{cases} \qquad (6-9)$$

式中，λ_1，λ_2，$\cdots$，λ_p 为 X 的协方差特征值，$(a_{1i}, a_{2i}, \cdots, a_{pi})$ $(i=1, 2, \cdots, m)$ 为 X 的协方差阵的特征值所对应的特征向量。

第一步：原始数据标准化。用 z-score 算法对数据进行标准化，令 $z_{ij} = \dfrac{\overline{x_{ij}} - \overline{x_j}}{\overline{s_j}}$，其中 $\overline{x}_j = \dfrac{1}{n} \sum_{i=1}^{n} x_{ij}$。

第二步：求指标数据的相关系数矩阵。$R = \begin{cases} r_{11} & r_{12} & \cdots & r_{1p} \\ r_{21} & r_{22} & \cdots & r_{2p} \\ \vdots & \vdots & & \vdots \\ r_{p1} & r_{p2} & \cdots & r_{pp} \end{cases}$，其中 y_{ij}

为指标 x_i 和 x_j 的相关系数。

第三步：计算特征值与特征向量。求出特征值，并按照大小顺序排列 λ_1，λ_2，$\cdots$，λ_p，求出对应特征值 $a_i (i=1, 2, \cdots, p)$。

第四步：计算主成分的方差贡献率及累计方差贡献率。

$$方差贡献率 = \frac{\lambda_i}{\sum\limits_{k=1}^{p}\lambda_k}\ (i=1,\ 2,\ \cdots,\ p),\ 累计方差贡献率 = \frac{\sum\limits_{k=1}^{i}\lambda_i}{\sum\limits_{k=1}^{p}\lambda_k}\ (i=1,$$

$2,\ \cdots,\ p)$。

一般取累计方差贡献率 $85\% \sim 95\%$ 的特征值 $\lambda_1 \geqslant \lambda_2 \geqslant \cdots \geqslant \lambda_m \geqslant 0$，对应第一、二、……、$m$（$m \leqslant p$）个主成分。

第五步：计算主成分载荷量 $l_{ij} = \rho(z_i,\ x_j) = \sqrt{\lambda_i}a_{ij}$（$i=1,\ 2,\ \cdots,\ p$；$j=1,\ 2,\ \cdots,\ p$）。

第六步：通过计算，可求出各主成分。

6.5.3　土地利用效益对产业结构调整的影响因子提取

采用经常使用的数理统计软件工具 SPSS 17.0，测定得出特征值及各个主成分贡献率及累计贡献率。为了便于分析结果的解释说明，因子载荷矩阵采用最大方差旋转法进行旋转，可将载荷矩阵因子平方值朝着 1 和 0 两个方向分化，这样更能突出因子重要性。提取特征根 $total$ 大于 1 的主成分有三个，可确定第一主成分方差占所有主成分方差的 64.512%，第二主成分方差占比为 15.467%，第一、二主成分方差的累计贡献率达到 79.979%，基本达到主成分分析要求的 80% 标准水平，故只需提取第一主成分及第二主成分，即可充分反映中国产业用地效益比较优势主要驱动因素。

①第一主成分的贡献率为 64.512%，与地均地方财政收入（$IB_{非农6}$）、城镇居民人均消费支出（$IB_{非农5}$）、就业人员平均工资（$IB_{非农4}$）、农村居民人均可支配收入（$IB_{农3}$）、农村居民人均消费支出（$IB_{农4}$）有较大的正相关，较好地集中反映了与政府财政收入、城乡居民收入及居民消费紧密相关。

②第二主成分的贡献率为 15.467%，与地均第一产业产值（$IB_{农1}$）、地均农业总产值（$IB_{农2}$）、地均工业总产值（$IB_{非农2}$）有较大的正相关，同样也较好地集中反映了与地均工农业产值紧密相关（表 6-7、表 6-8）。

借助产业用地效益比较优势度的主成分分析结果，反映财政收入、城乡居民收入及居民消费是土地利用效益对产业结构变化调整作用过程的决定因素。在此应该从产业用地效益协调及提升的视角考虑，特别是增加地方财政收入、城乡居民收入以及拉动城乡居民消费水平，也可以说集中表现在政府增收、居民增收及进一步刺激消费需求层面上，不断增加产业用地效益对区域产业结构的调整引导作用，加快产业结构转型及优化升级步伐。地均第一产业产值、地均农业总产值、地均工业总产值也是影响产业用地效益对产业结构调整的主要因子，三者集中表征了地均工农业产值，也就是说要加大第一、二产业的产值密度来提升土地利用效益对产业结构优化调整力度，延伸含义在于加大第一、二产业的用地节约集约及产出效率水平而倒逼区域产业结构体系调整及结构优化，也说明第一、二产业是产业结构调整的关键产业类型。

表 6-7　总体变量解释

变量	初始特征根			载荷平方和			旋转平方和		
	总值	方差/%	累积/%	总值	方差/%	累积/%	总值	方差/%	累积/%
地均第一产业产值（$IB_{农1}$）	7.096	64.512	64.512	7.096	64.512	64.512	5.470	49.724	49.724
地均农业总产值（$IB_{农2}$）	1.701	15.467	79.979	1.701	15.467	79.979	3.328	30.255	79.979
农村居民人均可支配收入（$IB_{农3}$）	0.840	7.639	87.618						
农村居民人均消费支出（$IB_{农4}$）	0.612	5.565	93.183						
地均二三产业产值（$IB_{非农1}$）	0.414	3.760	96.943						
地均工业总产值（$IB_{非农2}$）	0.160	1.452	98.395						
非农化水平（$IB_{非农3}$）	0.077	0.702	99.097						
就业人员平均工资（$IB_{非农4}$）	0.055	0.500	99.597						
城镇居民人均消费支出（$IB_{非农5}$）	0.033	0.296	99.893						
地均地方财政收入（$IB_{非农6}$）	0.012	0.106	99.999						
建成区绿化覆盖率（$IB_{非农7}$）	0.000	0.001	100.000						

表 6-8　旋转分量矩阵

变量值	分量	
	第一主成分	第二主成分
地均地方财政收入（$IB_{非农6}$）	0.922	0.197
城镇居民人均消费支出（$IB_{非农5}$）	0.881	0.363
就业人员平均工资（$IB_{非农4}$）	0.871	−0.166
农村居民人均可支配收入（$IB_{农3}$）	0.846	0.431

（续）

变量值	分量	
	第一主成分	第二主成分
农村居民人均消费支出（$IB_{农4}$）	0.823	0.440
非农化水平（$IB_{非农3}$）	0.809	0.356
地均二三产业产值（$IB_{非农1}$）	0.802	0.473
建成区绿化覆盖率（$IB_{非农7}$）	0.409	0.298
地均第一产业产值（$IB_{农1}$）	0.162	0.946
地均农业总产值（$IB_{农2}$）	0.156	0.945
地均工业总产值（$IB_{非农2}$）	0.420	0.724

第7章 产业结构优化与土地利用效益提升的共生关系模型构建 /////////////////////

共生关系作为本书的理论核心，研究形式主要为理论逻辑阐释及公式推演。通过理论分析，探讨产业结构优化与土地利用效益提升作为产业发展与土地利用的目标，理应具有很强的共生动力来源。系统梳理了产业与土地的共生单元、共生模式、共生环境三个基本要素，验证推导了两者共生的必要条件及充分条件，为后续共生测度技术计量与政策设计提供基础支撑。拟结合复杂适应系统 CAS 理论及全生命周期理论，综合考虑产业与土地共生的内在本质要求，构建共生周期演化的"双螺旋"的逐级递进"耦合—趋稳—突变—耦合"过程。重点针对耦合过程及趋稳过程进行逻辑推导，拟分别模拟共生耦合过程的动态演化路径及"惠及系数"（共生度）的演化路径，为实现理想共生关系目标提供政策设计的理论路径分析。

7.1 产业结构优化与土地利用效益提升的共生动力解析

从理论阐释与实践印证，产业结构变化与土地利用效益之间存在相互影响的关系，两者的共生目标就是促进产业结构优化与土地利用效益提升，也说明了目标导向下的共生动力来源所在。

7.1.1 内生动力

产业发展和土地利用均是由于人类生产、生活的发展而产生的，两者相互依存、相互制约，进一步划分为自然规律内在制约与人本要求内在驱动，产业结构优化与土地利用效益提升的共生推进是事物发展的必然趋势。

从自然规律内在制约考虑，产业结构由诸多单个类型产业主体组成，每个产业主体及投资倾向均是凭借区域自然条件及区位优势。只有企业充分利用其自然条件及发挥区位优势，产品才能在市场上具有竞争力，产业才能发展壮大，占用单位土地的土地利用效益才能实现最大化。区域存在的一定自然区位条件及资源禀赋匹配区域一定的产业结构，两者之间的协调耦合程度决定了土地利用效益发挥程度，区域产业结构、自然区位禀赋、土地利用效益相互关联，产业结构、土地利用效益及其相互关系均受到自然规律内在制约，只有认识、掌握及遵循自然规律才能实现产业结构优化、土地利用效益提升的双重目标及其协调共生，否则会阻碍甚至摧毁人类创建的产业结构体系与土地利用功能价值。

从人本要求的内在驱动考虑，人类经历了从依附于自然的被动接受到积极改造自然的主动作为的漫长过程，人类日益增长的物质及精神需要，直接导致人类开发利用土地资源的规模、用途及类型方式日趋变化，无意识形成某区域对应产业发展阶段及土地利用效益水平。若两者共生协调度较低，则人类将从主动改变产业发展方式或土地开发利用形式转向促进两者共生协调，以满足人类生存及发展需要。

7.1.2　外生动力

外生动力包括市场运行机制规律的外在调节和政府宏观调控管理的外在导向，两者共同作用于产业结构优化与土地利用效益提升的共生目标取向。

①市场运行机制规律的外在调节。产业发展、土地利用及保护都是在一定时空上由于市场运行、支配及交易而形成的，人类占用及使用土地资源均是为了满足生产、生活及生态保育需要，人类发展形成的产业结构均是整合产业发展的各项生产资源要素以实现资源优化配置，主要是无形的市场各项规律在起调控作用。市场规律是各项产品达到使用价值最大化，整合起来即是土地利用效益达到帕累托最优化。市场要求土地利用效益提升，必然促进区域产业结构优化升级，实现产业结构与土地利用效益在市场运行规律之间达成一致共识、协调共生。

②政府宏观调控管理的外在导向。1987 年在东京召开的世界环境与发展委员会第八次会议最为重要的成果就是通过了《我们共同的未来》这一报告并将持续发展作为基本纲领，依据详细基础数据资料阐述了当今世界环境与发展之间的问题，提出了具体解决方案及现实行动建议。此种鲜明的创新观点，将以前单纯环境保护过渡至环境保护与人类社会发展凝合在一起，实现人类历史上第一次环境与发展共生思想的重要飞跃。此后各国政府非常重视将可持续发展理念融入生产发展实践，明确只凭市场调节"这只无形的手"是不够的，必须加强政府管理"这只有形的手"，实现土地资源可持续

发展及社会经济、生态环境效益协调推进。通过颁布法律法规、行政命令及规划管控，多措并举，引导产业结构演变，促进人与自然和谐发展，在人地关系协调理念下完全驾驭产业结构优化与土地利用效益提升的共生目标趋向。

7.2　产业结构优化与土地利用效益提升的共生要素阐释

依据共生理论，构成共生的三个基本要素分别是共生单元、共生模式及共生环境（袁纯清，1998；洪黎民，1996）。共生单元作为共生体形成的基本物质条件，是共生体或共生单元的能量产生及交流的基本单位。共生模式是指共生单元之间相互作用的表现形式，既反映共生单元之间的作用方式，又体现共生单元之间的作用强度（袁纯清，1998）。共生环境是共生单元在一定外界环境条件下形成、发展及变化，涉及共生单元外界的一切因素（袁纯清，1998）。共生三要素之间的关系一般较为固定，共生单元是基础，共生模式是关键，共生环境是外界条件。共生环境既反映了三者的相互作用，也反映了共生关系的动态变化及内在规律特征，可以说共生关系下的三要素基本符合上述特征（袁纯清，1998）。在此强调一点，共生界面的存在是共生三要素相互作用的媒介或者载体，具体承担着共生单元之间的物质、能量及信息交流，也是要素能够形成共生关系的基本条件，集中反映了共生单元相互作用机理，凸显共生模式的内在驱动（图 7-1）。

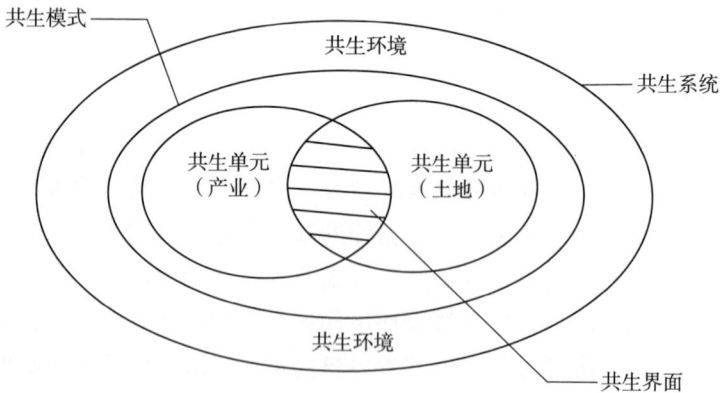

图 7-1　产业与土地共生系统

7.2.1　共生单元

确定共生单元，是构成共生关系的基本前提条件。立足系统论观点，产业与土地均是在生存世界环境的开放系统之中，与外界环境不断进行着物质、能量、信息交换。其中，产业结构是指各产业类型的某项本质特征或者产出属性，用地结构是指一个国家、地区或生产单位区域范围内的土地资源在开发利用过程中所表征的各种用地之间的比例关系或组成。按照共生单元描述性划分（袁纯清，2008），产业与土地作为一组共生单元存在，产业结构与用地结构可分别代表产业与土地的主质参量，而共生单元的主质参量——共生在很大程度上表征共生单元共生情况（刘浩，2010）。

根据共生理论的一般原理，质参量与象参量的相互作用是共生单元存在和发展的基本动力，也是共生关系形成和发展的内在依据和基本条件，正好对证产业与土地内部系统性和复杂性。IS 表示产业，则其质参量集 $IS=$（Z_{IS1}，Z_{IS2}，Z_{IS3}，$\cdots$，Z_{ISm}），其中，Z_{IS1}，Z_{IS2}，Z_{IS3}，$\cdots$，Z_{ISm} 表示产业的一系列质参量。总结相关研究成果（张文，2009；陈彦光，2010），产业质参量是形成及改变产业类型、结构形态及产品输出等的基本活动要素，包括心理需求（Z_{IS1}）、支付能力（Z_{IS2}）、市场配置（Z_{IS3}）、政府调控（Z_{IS4}）、区域基础（Z_{IS5}）、产业结构（Z_{IS6}）。其相互组合及参与过程反映了物质和能量在产业类型单元的流动和转化，为产业和其他共生单元的物质和能量提供了兼容可能性。LE 表示土地，则其质参量集 $LE=$（Z_{LE1}，Z_{LE2}，Z_{LE3}，$\cdots$，Z_{LEn}），其中，Z_{LE1}，Z_{LE2}，Z_{LE3}，$\cdots$，Z_{LEn} 表示土地一系列质参量。土地质参量也可以从影响、制约、表征土地资源开发利用与产出成效的一系列活动基本要素考虑（刘彦随，2011；史进，2013），包括效益诉求（Z_{LE1}）、要素组合（Z_{LE2}）、市场配置（Z_{LE3}）、政府调控（Z_{LE4}）、资源禀赋（Z_{LE5}）、用地结构（Z_{LE6}）。通过市场配置和政府调控形成一定状态下的要素组合，实现土地资源开发利用福利最大化。共生单元的共生关系及模式变化取决于各自主质参量特征变化（袁纯清，2008），产业、土地作为一组具体共生单元，产业结构（Z_{IS6}）与用地结构（Z_{LE6}）分别作为主质参量，其产业结构优化与土地利用效益提升可作为产业结构（Z_{IS6}）与用地结构（Z_{LE6}）最为重要的表征值，也是产业与土地作为共生单元的共生目标取向。分析产业结构调整与土地利用效益增减程度之间作用，并以此数值测定产业、土地共生度及共生关系，能够较为全面地反映产业与土地这两个具体共生单元之间的共生情况，呼应前文基于共生理论分析范式的研究逻辑架构，也照应了本书的核心主旨。

7.2.2 共生模式

共生模式决定共生单元合作的深度、广度和合作形式，也影响到共生能量的生成与分配。产业与土地的共生模式可划分为矩阵（4×4），共计16种模式（表7-1）。

表7-1 共生模式（M）的可能组合

模式（M）	点共生（d）	间歇共生（j）	连续共生（n）	一体化共生（y）
寄生（j）	M_{jd}	M_{jj}	M_{jn}	M_{jy}
偏利共生（p）	M_{pd}	M_{pj}	M_{pn}	M_{py}
非对称互惠共生（f）	M_{fd}	M_{fj}	M_{fn}	M_{fy}
对称互惠共生（d）	M_{dd}	M_{dj}	M_{dn}	M_{dy}

按照自然历史演化规律，资源先于产业而生（蒂坦伯格，2016）。第一阶段，产业发展之雏形，依托资源禀赋而寄生（j）于土地资源；第二阶段，产业发展之初体，充分利用资源而偏利共生（p）于土地资源；第三阶段，产业发展之成熟，主动利用资源而非对称互惠共生（f）于土地资源；第四阶段，产业发展之优化，协调利用资源而对称互惠共生（d）于土地资源。对应到矩阵模式，上述四个阶段较为合理的模式呈现对角线，分别为 M_{jd}、M_{pj}、M_{fn}、M_{dy}。为便于定量描述，引用共生度、关联度概念深入阐释产业与土地共生单元之间的物质、信息和能量关系。

（1）共生度

共生度可界定为两个共生单元或共生系统之间质参量变化的关联度，反映两个单元质参量能量相互影响的程度。假设产业（X）与土地（Y）组成共生单元，分别有质参量 Z_{ISm}、Z_{LEn}，产业（X）与土地（Y）共生度 δ_{mn} 为：

$$\delta_{mn} = \frac{\mathrm{d}Z_{ISm}/Z_{ISm}}{\mathrm{d}Z_{LEn}/Z_{LEn}} \qquad (7-1)$$

其中，$\mathrm{d}Z_n \neq 0$，δ_{mn} 表示以质参量描述共生单元 X 和 Y 的共生度，含义是产业单元 X 的质参量 Z_{ISm} 变化率所引起或对应的土地单元 Y 的质参量 Z_{LEn} 变化率；反之，δ_{nm} 亦然，不再赘述。

以下是 δ_{mn} 和 δ_{nm} 组合所对应的共生模式关系（表7-2），形成 3×3 矩阵模式。进一步分析，若 $\delta_{mn} = \delta_{nm} > 0$，两者处于正向对称共生状态；若 $\delta_{mn} \neq$

$\delta_{nm}>0$，两者处于正向非对称共生状态；若 $\delta_{mn}=\delta_{nm}<0$，两者处于反向对称共生状态；若 $\delta_{mn}\ne\delta_{nm}<0$，两者处于反向非对称共生状态；若 $\delta_{mn}=0$，$\delta_{nm}=0$，两者处于非共生状态，不存在共生关系。

表 7 - 2 主质参量共生度与共生模式关系

项目	$\delta_{mn}>0$	$\delta_{mn}=0$	$\delta_{mn}<0$
$\delta_{nm}>0$	正向共生	正向偏利共生（偏土地）	寄生（寄产业）
$\delta_{nm}=0$	正向偏利共生（偏产业）	非共生	反向偏利共生（偏产业）
$\delta_{nm}<0$	寄生（寄土地）	反向偏利共生（偏土地）	反向共生

（2）关联度

关联度可界定为异类共生单元之间的关系。若用质参量来描述，假设产业（X）与土地（Y）组成共生单元，分别有质参量 Z_{ISm}、Z_{LEn}，产业（X）与土地（Y）关联度 ξ_{mn} 为：

$$\xi_{mn}=\frac{Z_{ISm}}{Z_{LEn}}=\frac{f(Z_{LEn})}{Z_{LEn}} \qquad (7-2)$$
$$Z_{ISm}=f(Z_{LEn})$$

其中，$Z_{LEn}\ne0$，$|\xi_{mn}|$ 值越大，表示产业（X）与土地（Y）的关联性越高。

产业与土地内部及相互之间会产生物质流、人流、技术流等物质能量交换，共生模式的理想状态应该为互惠共生，δ_{mn}、δ_{m} 均大于 0，$|\xi_{mn}|$ 值较大，两者质参量相互促进、共同推进，联系紧密、稳定性高。从共生模式来看，产业与土地从共生关系中生成新的能量和发展动力，分配获得新能量并得到新发展，促进作为主质参量的产业结构优化和土地利用效益提升，共生关系得以长期有效维持。

7.2.3 共生环境

通过共生环境实现产业发展与土地利用之间能量、物质和信息的交换，决定两者相互关系及共生模式。产业与土地的理想状态是一种互惠型正向影响，正向共生环境对产业结构优化与土地利用效益提升起着正向的推动作用。诸多共生环境决定了能量和物质在共生单元之间传递的速率和效率，结合产业与土地的质参数，共生环境包括时代环境（TE）、政策环境（PE）、市场环境（ME）、空间环境（SE）。时代环境（TE）是从时间序列考虑，基于人类对社会产品的心理需求及土地资源开发利用效益诉求的双重作用，在不同时代环境条件下存在显著差异，不仅包括社会经济发展水平对应的产业发展阶段，而且包括生产技术条件，以及能够影响的政治制度、文化制度、宗教、民俗等诸多时代环境，对产业结构优化程度与土地利用效益提升幅度起到决定作用。政策环境（PE）是指从国家层面为实现产业结构优化和土地利用效益提升的双重目标而制定的各种政策制度，进一步可划分为产业结构导向型政策、土地利用效益导向型政策和中间过程媒介导向型政策，一般涉及税收优惠、财政补贴及资金支持等各种具体政策。市场环境（ME）针对产业类型相互转化、土地资源涉及诸多生产要素，处于市场运行调节过程之中，从影响市场运行的多元化考虑，产业发展及土地利用的市场环境涵盖政治、法律、经济、技术、社会文化、自然地理等基本环境条件，均对应于政策环境，共同构成产业发展与土地利用的主要共生环境。空间环境（SE）强调空间形态要素格局度、丰度及积聚度，对产业集聚及占地效益的作用尤为明显。从共生单元的质参数考虑，相当于产业发展的区域基础与土地资源禀赋之和，但空间环境涉及范围更广，影响不同产业类型空间布局及数量规模、土地资源的空间容量及空间潜力，产业布局空间及用地规划作用尤为重要（苏东水，2015）。

不同共生单元通过共生环境进行物质和能量交换，可以从定性描述上升到定量分析。一旦共生关系形成，就会有其自身的运行轨迹和能量特征，突破两者独立系统"能量守恒定律"，并在原有单元能量基础上产生新能量。在此，界定共生总能量为 E_T，产业（X）与土地（Y）的非共生条件下两者能量分别为 E_X 和 E_Y，共生条件下新能量为 E_N，具体公式如下：

$$E_T = f(U, M, E)$$
$$E_T = E_X + E_Y + E_N \tag{7-3}$$
$$E_N = f(U, M, E) - (E_X + E_Y)$$

从以上公式得出，E_T 取决于既定共生单元在特定共生环境下的共生模式，在既定的共生模式下 E_N 主要取决于主质参量、共生度和关联度。E_N 是共生单元之间相互状态的集中体现，有正负之分，正向值越大，促进共生总能量越大，同时说明共生几何形态是由点向一体化发展，共生组织形态是由寄生向对称互惠共生的理想模式演变。就共生演化过程而言，共生环境作用很大，既影响共生密度、共生维度，又影响共生模式和主质参量；共生体既影响环境潜在共生单元的性质变化，又影响环境能量结构和分布。

7.3　产业结构优化与土地利用效益提升的共生形成条件

存在共生单元、共生模式和共生环境是形成共生关系的基础条件，但为了促进共生作用的发挥并产生新增能量，还要具备必要条件和充分条件。现对必要条件和充分条件进行逻辑阐述，以便能够针对性地提出促进产业结构优化和土地利用效益提升的共生关系路径。

7.3.1　必要条件

共生的必要条件反映构成共生关系的共生单元必须具备的基本条件，主要体现在对拟选共生单元的性质和性状的要求上（袁纯清，1998）。一方面，共生关系形成的必要条件是，共生单元之间至少有一组质参量兼容。象参量和质参量是描述共生单元内外部特征的两个重要参数，虽然共生单元的性质和特征会由于共生单元迥异而表现出差异化，但任何共生单元都必须同时具有相同的质参量和象参量（袁纯清，1998）。其中，象参量反映共生单元的外部性状和表现，质参量决定共生单元的内在性质及其变化，象参量的变化往往只会引起量变，而质参量的变化则会诱发共生单元的质变。质参量和象参量的相互作用是共生单元存在和发展的基本动力，也是共生单元形成和发展的内在依据和基本条件。结合本章研究内容，用产业（A）、土地（B）表示两个拟定共生单元，两者共生必要条件就是所谓的质参量兼容，是指共生单元 A 的质参量 Z_{ISm} 和共生单元 B 的质参量 Z_{LEn} 可以相互表达，即存在 $Z_{ISm}=\Phi(Z_{LEn})$ 或 $Z_{LEn}=\Phi(Z_{ISm})$。质参量的兼容意味着不同共生单元的质参量之间具有某种对应关系，共生关系存在形成的可能。根据前文研究，产业（A）质参量包括心理需求（Z_{IS1}）、支付能力（Z_{IS2}）、市场配置（Z_{IS3}）、政府调控（Z_{IS4}）、区域基础（Z_{IS5}）、产业结构（Z_{IS6}），土地（B）质参量包括效益诉求（Z_{LE1}）、要素组合（Z_{LE2}）、市场配置（Z_{LE3}）、政府调控（Z_{LE4}）、资源禀赋（Z_{LE5}）、用地结构（Z_{LE6}）。显而易见，市场配置、政府调控是两者共同的质参量，基于人文视角审视，心理需求、效益诉求内部存在部分相同，产业（A）和土地（B）两者具备共生必要条件。从现实目标导向来看，产业结构（Z_{IS6}）可作为产业（A）的最重要质参量，用地结构（Z_{LE6}）可作为土地（B）的最重要质参量，两者均具有很强代表性，将隐性的产业（A）和土地（B）化作显性的产业（A）和土地（B）共生，显得十分契合。另一方面，共生关系形成的必要条件是，共生单元之间至少能生成一个共生界面，且共生单元可以同时在共生界面自主活动。产业（A）、土地（B）共生界面可以是生产产品、土地产出、产业占地等直接界面，也涉及管理部门、规划设计、政策决策、法律法规等间接界面。共生界面的形成说明共生单元之间已经建立起物质、信息、能量交流的通道，界面越多越宽，说明共生程度越大、共生关系越复杂。

7.3.2 充分条件

上文阐述了产业与土地共生的必要条件，但只是两者共生关系的基础，共生关系并不一定能形成，仍要有其他条件作为补充。第一，要有顺畅的共生界面以供共生单元之间的物质、能量及信息相互交流交换，若没有共生单元之间的相互交流，只能是单个个体，无法具备产生共生关系的实质基础。由于不同界面及针对不同的物质流、能量流及信息流，作用力既可为动力也可为阻力，双向正向动力越大，各种流的交流越顺利。第二，共生单元之间通过共生界面的相互作用所形成的共生系统具有能量函数 $E_S = f(Z_a^m, Z_b^m, \theta_{ab}, \lambda, \rho_{ab}, \eta_{ab})$，在给定的时空条件下存在 $E_S > 0$。其中，E_S 为共生关系下新增能量，Z_a^m 和 Z_b^m 为共生单元 A、B 的质参量，θ_{ab} 为共生系数，λ 表示共生界面特征，ρ_{ab} 和 η_{ab} 分别表示共生密度和共生维度。共生能量函数 E_S 反映了共生单元相互作用的本质，这种作用使共生系统产生一种新能量且来源于基于共生界面的相互作用。对于产业与土地之间的共生关系而言，E_S 实际上是共生系统内各产业占用土地资源并由土地利用效益表现出来，且通过产业结构调整（类型、占地规模、产量规模、空间布局）实现产业用地价值提升，能够通过生产要素投入及资源优化配置过程实现物质、能量及信息相互交流交换。

7.4 产业结构优化与土地利用效益提升的共生演化路径

7.4.1 周期演化模型

产业发展及土地利用过程涉及自然、社会、经济、制度及文化等诸多方面的典型复杂人地系统。其发展演变过程是两者共生单元及其内部单元之间与周围共生环境相互适应，并以某种共生模式形态存在的阶段动态结果。结合复杂适应系统 CAS 理论（约翰·H. 霍兰，2000）及全生命周期理论（李靖华，2001），综合考虑产业结构变化与土地利用效益相互影响的内在本质要求，在此构建两者共生周期演化的"双螺旋"逐级递进过程。两者演化路径及其与共生环境之间的演化路径，是共生演化过程的两条优化路径。这两条路径相互弥补、相互配合，共同推动共生演化发展。不管选择共生的哪条优化路径，都是通过各种流的交流传递及相互配合，包括物质流、技术流、管理流、能量流及信息流等，归根结底可以统归到以人类发展为中心的"人造流"，流动过程相当于人类协调统筹各种流的转移和扩散。之所以主动适应其他共生单元及共生环境的发展变化，主要在于产业用地效益及其新增效益能够满足人们的物质精神需求，进一步发挥特定产业类型布局及土地利用方式的强化效应，以便在市场运行及政府调控中取得优势地位。按照共生整体动态变化，从阶段上可划分为耦合、趋稳、突变和耦合四个阶段，从周期上可照应到形成期、成长期、成熟期和衰退期，并与产业周期类似而表现出明显的全生命周期循环特点（图7-2）。阶段性与周期性具体对应关系可详细描述为：耦合前期对应形成期，耦合后期到趋稳前期对应成长期，趋稳后期到突变前期对应成熟期，突变后期到耦合前期对应衰退期，同时是一个新周期形成期的开始，从而形成周而复始的良性提升型的循环运行。此种循环演化不仅存在于产业结构优化与土地利用效益提升的具体路径之中，也存在于产业之间、土地之间以及产业发展与

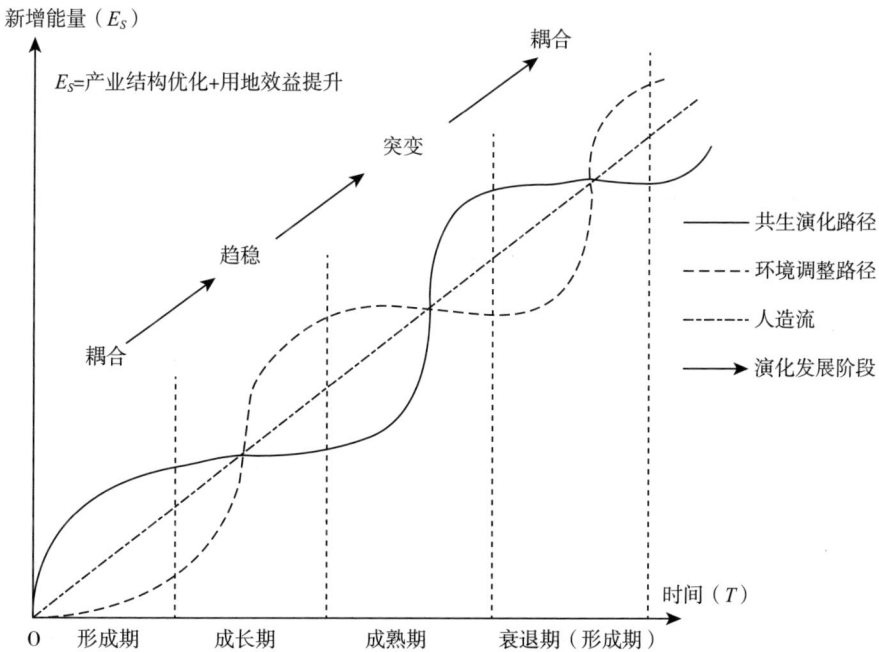

图7-2　共生周期演化模型

土地利用的周边环境之间，形成类似于横纵循环嵌套及相互交融的反复过程。可以概括归纳为，共生单元之间、共生单元与共生环境之间的双演化过程只不过是微观层面上主体行为的宏观体现（刘浩，2010）。

7.4.2 耦合路径分析

如前文所说，共生演化耦合是产业与土地之间及其与共生环境之间的双重耦合，耦合是外在表现特征，共生单元与共生环境之间的耦合是内在推动力。共生形成之初，共生单元为了适应外界环境变化，通过特定共生模式与产业、土地等其他共生单元之间进行耦合，此过程就是一个双方相互博弈的过程，直到寻求稳定策略下的动态共生平衡点。在此，以人为需求目标下的演化博弈为基础，分析耦合演化过程。

（1）模型构建

还是假设产业（A）、土地（B）为两个拟定共生单元，双方选择策略简化为仅有共生或不共生，产业结构优化、土地利用效益提升分别为产业（A）、土地（B）进行策略抉择的唯一标准。若共生单元选择共生策略，意味着相互联动、互促互进，两者共用"人造流"、共分风险、共享产出效益；假设共生单元之间选择不共享，意思就是共生单元将要独立运行，独自负担内外在风险及损失，可能还会起到制约或阻碍作用。双方在共生抉择过程中的博弈矩阵如表7-3所示。

表7-3　博弈双方的获利矩阵

共生单元		土地共生单元 B	
		共生	不共生
产业共生单元 A	共生	$\pi_A + \beta_A \alpha_B - r_A \alpha_A$，$\pi_B + \beta_B \alpha_A - r_B \alpha_B$	$\pi_A - r_A \alpha_A$，π_B
	不共生	π_A，$\pi_B - r_B \alpha_B$	π_A，π_B

其中，$\pi_i (i = A, B)$ 表示产业和土地共生单元采取不共生策略而获得正常收益；α_i 为共生单元进入共生系统后所享受的共享资源，即前文阐述的物质流、技术流、能量流等"人造流"；β_i 为收益系数，表示共生单元对共享流的吸收转化能力；$\beta_A \alpha_B$ 和 $\beta_B \alpha_A$ 分别为共生单元 A 和 B 进入共生系统后得到的超额收益；r_i 为风险系数，表示共生单元采取共生合作策略时的风险水平；$r_i \alpha_i$ 为共生单元采取共生合作策略时所面临的初始成本。一般情况下，当博弈双方都采取共生合作策略时，其获得的超额收益大于初始成本，即有 $\beta_A \alpha_B - r_A \alpha_A >$

0，$\beta_B\alpha_A - r_B\alpha_B > 0$。

（2）模型求解

假设产业共生单元 A 选择共生合作策略的概率为 x，选择不共生的概率为 $1-x$；土地共生单元 B 选择共生合作策略的概率为 y，选择不共生的概率为 $1-y$。令 $dx/dt=0$，$dy/dt=0$，可解得共生单元耦合过程中的五个局部均衡点：$(0,0)$，$(0,1)$，$(1,0)$，$(1,1)$，$(r_A\alpha_A/\beta_A\alpha_B, r_B\alpha_B/\beta_B\alpha_A)$。

根据两维微分方程组 $x(t)=f[x(t)]$，$x=(x_A, x_B)\in R^2$ 的雅可比矩阵，对 dx/dt，dy/dt 分别求关于 x 和 y 的偏导，得到耦合过程演化的雅可比矩阵为：

$$J=\begin{bmatrix} \dfrac{\partial \dot{x}}{\partial x} & \dfrac{\partial \dot{x}}{\partial y} \\ \dfrac{\partial \dot{y}}{\partial x} & \dfrac{\partial \dot{y}}{\partial y} \end{bmatrix}=\begin{bmatrix} (1-2x)(y\beta_A\alpha_B - r_A\alpha_A) & x(1-x)\beta_A\alpha_B \\ y(1-y)\beta_B\alpha_A & (1-2y)(x\beta_B\alpha_A - r_B\alpha_B) \end{bmatrix}$$

$$(7-4)$$

运用该引理对上述五个局部均衡点稳定性进行分析。

由表 7-4 可以看出，在五个局部均衡点中，只有 $(0,0)$ 和 $(1,1)$ 两点是演化稳定策略，分别对应博弈双方都采取共生合作或都采取不共生这两种策略，$(0,1)$ 和 $(1,0)$ 两点是不稳定均衡点，(x^*, y^*) 点是鞍点。如图 7-3 所示，折线 ADB 是系统收敛于两个稳定状态的临界线，但是共生单元最终采取哪个策略还要看共生单元的初始状态。当初始状态落在 ADBC 区域内时，共生单元采取共生合作策略，耦合过程顺利实施；当初始状态落在 ADBO 区域内时，共生单元采取不共生策略，耦合过程宣告失败。由此进一步说明，共生具有自然禀赋性，基于现状基础水平具有很强的共生惯性，共生条件越好、越早共生，越容易形成共生条件，未来持续性也越加容易可靠。

表 7-4　均衡点的局部稳定性

均衡点（x, y）	J 的行列式	符号	J 的迹	符号	局部稳定性
$(0,0)$	$r_A\alpha_A \times r_B\alpha_B$	$+$	$-r_A\alpha_A - r_B\alpha_B$	$-$	ESS
$(0,1)$	$(\beta_A\alpha_B - r_A\alpha_A) \times r_B\alpha_B$	$+$	$\beta_A\alpha_B - r_A\alpha_A + r_B\alpha_B$	$+$	不稳定
$(1,0)$	$(\beta_B\alpha_A - r_B\alpha_B) \times r_A\alpha_A$	$+$	$\beta_B\alpha_A - r_B\alpha_B + r_A\alpha_A$	$+$	不稳定
$(1,1)$	$(\beta_A\alpha_B - r_A\alpha_A) \times (\beta_B\alpha_A - r_B\alpha_B)$	$+$	$r_A\alpha_A - \beta_A\alpha_B + r_B\alpha_B - \beta_B\alpha_A$	$+$	ESS
(x^*, y^*)	$\beta_A\beta_B(\beta_B\alpha_A - r_B\alpha_B)(r_A\alpha_A - \beta_A\alpha_B)/\beta_A\beta_B$	$-$	0		鞍点

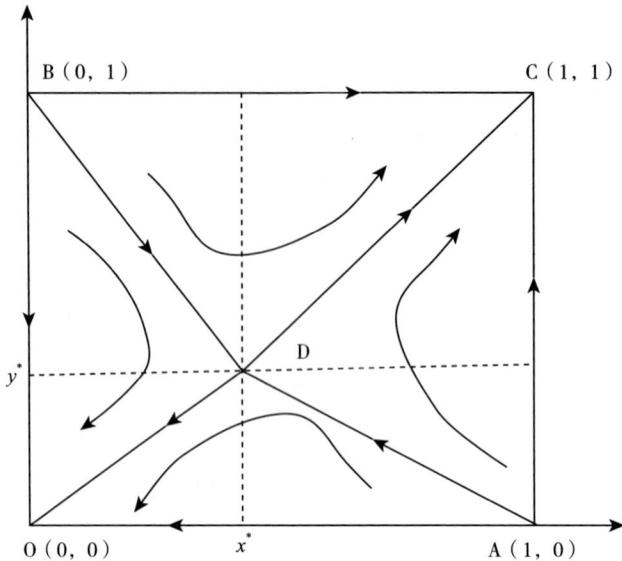

图 7 - 3 共生耦合过程的动态演化路径

7.4.3 趋稳过程分析

logistic 模型是广泛运用于种群生物学领域以描述特定种群的增长规律，一般最初阶段其增长速度是加快的，增长到一定程度后增长斜率开始减慢，直到最后增长减为零，容量达到高位平衡。该模型经常用以刻画种群之间以及种群与外界环境之间的相互作用关系（张萌，2008）。就产业与土地的共生系统而言，可以模仿自然生态系统涉及生物种群之间的共生协调关系，借鉴 logistic 模型思辨共生关系演化过程。

（1）模型假设

假设 1：$x(t)$ 表示共生单元的产出，其度量标准为产业结构优化及土地利用效益提升所满足人们需求的程度，是时间 t 的特定函数。此时间 t 并非仅指时间推移，更多地体现在市场运行与政府调控下的产业发展及土地开发利用变化，是共生单元适应外界环境的内生化表达。

假设 2：引入种群增长极限规模概念，在未有外界任何干扰情况下，共生单元系统处于不同时间 t 的阶段，总要受到资源禀赋、技术水平、管理能力及资本投入等既定条件约束，产出 $x(t)$ 存在一个最大值，记为 N，其只与资源、技术及资本等影响有关，与时间 t 无关。$x(t) \leqslant N$。

假设 3：$\dfrac{x(t)}{N}$ 表示产出规模饱和度；$1-\dfrac{x(t)}{N}$ 反映在既定约束条件下产出规模饱和度对产业本身的产出阻滞作用，表示产出增长空间。$0 \leqslant \dfrac{x(t)}{N} \leqslant 1$，$0 \leqslant 1-\dfrac{x(t)}{N} \leqslant 1$。

假设 4：r 表示共生系统产出的平均增长率，其与产业、土地本身的固有特性有关，视为常数。

假设 5：跟上文一样，还是假设产业（A）、土地（B）为两个拟定共生单元，δ_1 表示产业（A）的产出规模增长饱和度对土地（B）产出增长的贡献，δ_2 表示土地（B）的产出规模增长饱和度对产业（A）产出增长的贡献，δ_1、δ_2 均大于 0。互惠共生是最为理想、最为稳定的共生状态，共生系统中的各个共生单元主要是为了获得其他共生单元的"实惠"，因此 δ_1、δ_2 也可称为"惠及系数"。

（2）模型构建

根据假设，产业（A）、土地（B）的产出表达分别为 x_1（t）、x_2（t），在进入共生系统之前，两者的产出适应 logistic 模型；在进入共生系统之后，来源于其他共生单元的促进作用，且共生地位逐渐趋于对等，可对原有 logistic 模型进行改进。具体模型如表 7-5 所示。

表 7-5　共生系统的 logistic 模型构建

共生单元	进入前	进入后
产业（A）	$\dfrac{\mathrm{d}x_1(t)}{\mathrm{d}t}=r_1 x_1(1-x_1/N_1)$	$\dfrac{\mathrm{d}x_1(t)}{\mathrm{d}t}=r_1 x_1(1-x_1/N_1+\delta_1 x_2/N_2)$
土地（B）	$\dfrac{\mathrm{d}x_2(t)}{\mathrm{d}t}=r_2 x_2(1-x_2/N_2)$	$\dfrac{\mathrm{d}x_2(t)}{\mathrm{d}t}=r_2 x_2(1-x_2/N_2+\delta_2 x_1/N_1)$

（3）平衡点求解

共生单元之间的共生关系趋于稳定均衡状态，对上述 logistic 模型构建的共生关系进行微分方程组描述。

$$\begin{cases} f(x_1,\ x_2) \equiv \dfrac{\mathrm{d}x_1(t)}{\mathrm{d}t}=r_1 x_1(1-x_1/N_1+\delta_1 x_2/N_2)=0 \\ g(x_1,\ x_2) \equiv \dfrac{\mathrm{d}x_2(t)}{\mathrm{d}t}=r_2 x_2(1-x_2/N_2+\delta_2 x_1/N_1)=0 \end{cases} \quad (7-5)$$

解得模型的两个平衡点：$P_1\left(\dfrac{N_1(1+\delta_1)}{1-\delta_1\delta_2},\ \dfrac{N_2(1+\delta_2)}{1-\delta_1\delta_2}\right)$，$P_2(0,\ 0)$。

泰勒级数展开结果：

$$\frac{\mathrm{d}x_1(t)}{\mathrm{d}t}=r_1(1-2x_1/N_1+\delta_1 x_2/N_2)(x_1-x_1^*)+r_1 x_1\delta_1(x_2-x_2^*)/N_2$$

$$\frac{\mathrm{d}x_2(t)}{\mathrm{d}t}=r_2(1-2x_2/N_2+\delta_2 x_1/N_1)(x_2-x_2^*)+r_2 x_2\delta_2(x_1-x_1^*)/N_1$$

$$(7-6)$$

根据微分方程稳定性理论（Block O，1987），P_2 不是平衡稳定点（虚拟点），而只有在 $\delta_1\delta_2<1$ 的条件下，P_1 才能构成平衡稳定点，产业（A）、土地（B）的惠及产出分别为 $\dfrac{N_1(1+\delta_1)}{1-\delta_1\delta_2}>N_1$，$\dfrac{N_2(1+\delta_2)}{1-\delta_1\delta_2}>N_2$，说明共生单元形成共生系统下的产出率均大于没有干扰条件下形成的最大值 N，进一步阐释共生有助于资源整合及有效配置而达到人类社会系统效率最优化。

（4）趋稳性判识

共生单元一旦进入共生系统演化过程，由于共生单元之间共生模式状态及其与环境相互作用而导致共生界面位于波动状态，直接促使 δ_1、δ_2 无时无刻处于动态变化，"惠及系数" δ_1、δ_2 成为共生状态变化最为显著的表征。在共生系统形成之初，共生单元产出以自发性为主，需经过反复博弈及协调耦合，理想结果是互惠共生，但由于两者信息不对称而导致互损现象也是可能的，共生界面小而狭窄，共生单元间处于偏利共生或非对称互惠共生状态，δ_1、δ_2 较小甚至为 0，共生单元的产出 $\dfrac{N_1(1+\delta_1)}{1-\delta_1\delta_2}$、$\dfrac{N_2(1+\delta_2)}{1-\delta_1\delta_2}$ 分别处于大于 N_1、N_2 的临界状态，共生稳定性较差且脆弱。根据前文构建的共生周期演化模型，共生界面逐渐由外生界面向内生界面转化，共生系统相互作用逐渐复杂化、综合化，共生单元之间逐渐建立较为稳定的协同交互机制，δ_1、δ_2 同步或不同步地逐渐增大，最终理想状态就是逐渐演化为对称互惠共生，产业（A）产出收益 $\dfrac{N_1(1+\delta_1)}{1-\delta_1\delta_2}$、土地（$B$）产出收益 $\dfrac{N_2(1+\delta_2)}{1-\delta_1\delta_2}$ 分别逐渐远大于 N_1、N_2，共生逐渐趋于稳定而牢固。还是参见前文构建的共生周期演化模型，当共生单元之间共生关系演化至成熟期的后期，也就是 $\delta_1\delta_2>1(1-\delta_1\delta_2<0)$ 的情况，共生稳定状态被打破，也是新的共生状态重新构建的起点，从而形成一个全生命周期

循环。

　　共生系统的突变过程作为周期演化的关键环节，实际上在于产业结构的升级转型与土地利用效益的重新审视，只要发生其一均可能形成突变条件。某特定区域的产业结构体系形成之初，也是土地开发利用的原始阶段，产业发展而拉动土地开发建设逐渐增加土地利用效益产出，产业结构对土地利用效益的惠及作用越来越大；由于土地利用效益增加而不断满足人们物质精神需要，原有产业结构得到继续巩固及优化调整，δ_1、δ_2 均大于 0 且小于 1，不过由于产业初始占地发展而形成的用地边际效益递增但尚未达到边际递减阶段，产业结构变化对土地利用效益的惠及力度相对于土地利用效益对产业结构优化调整的惠及力度更大，即一般情况下 $\delta_1 > \delta_2$，对应在 $O-T_1$ 阶段。当产业结构优化与土地利用效益提升之间的惠及作用对等时，也就是 P 点位置，从该点之后由于公众及政府部门关注土地利用效益的规模、类型及其内部组成，使得土地利用效益倒逼产业结构发生相应调整，以便更好达到以人为本下的产业结构优化升级，也就是说土地利用效益对产业结构的惠及作用在逐渐加强，相应产业结构对土地利用效益作用强度及影响力度在逐渐下降，即 $\delta_1 < \delta_2$，且 δ_2 超过 1 并持续变大，而 δ_1 变化反之。直到 $\delta_1\delta_2$ 达到临界线 1 的 Q 点位置所对应的 T_2 时点，对应在 T_1-T_2 阶段。在产业结构发展及土地利用效益的内在正常运行情况下，也就是说未加外界干扰调控所形成的 $\delta_1\delta_2$ 线与临界线 1 的交叉点在 Q 点位置，但由于产业发展及土地开发均可受到政府部门的宏观及微观调控，如产业战略调整、用地重新规划、土地利用效益有意侧重等政策手段，可能加速或延缓达到临界线，也就是加速或延缓达到产业与土地共生稳定状态，加速、延缓的突变点分别对应为 Q_1、Q_2，时点分别为 T_3、T_4。过了 P 点之后，δ_1 持续下降，说明产业结构对土地利用效益提升惠及作用逐渐减弱，进一步说明现有产业结构不适应土地利用效益提升随着时间推移逐渐显著化，涉及产业发展的各项生产要素配置效率水平较低，不能有效推进土地利用效益增长，亟待加速突变点到来以缩短生产效益低下时间，打破原有共生关系并重新构建新的共生体系。中国现今正面临着新常态下的社会经济发展形势，一直在加大各级政府部门宏观调控及服务能力，大力推进"三去、一降、一补"、供给侧结构性改革及加快调转促步伐，最终可归入加快产业结构优化调整的宏观调控语境之下，也就是加速达到共生突变点、尽快通过产业结构调整促进资源优化配置效益快速提升（图 7-4）。

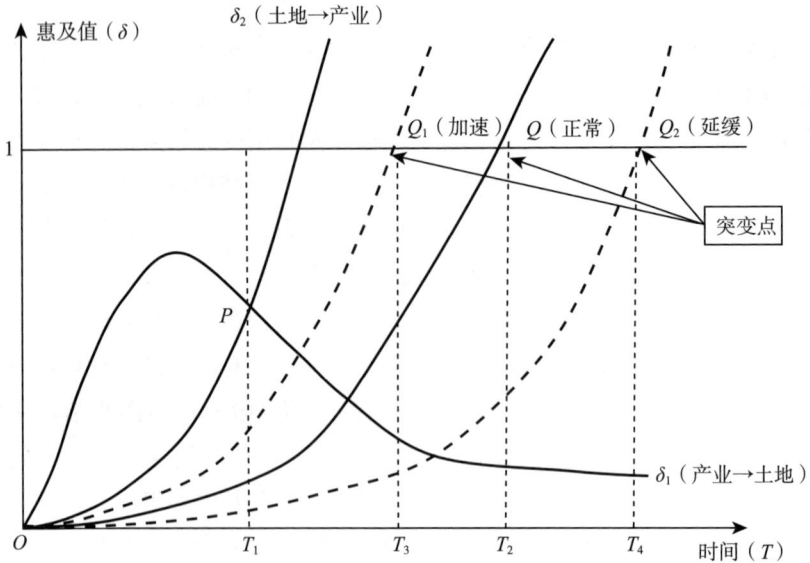

图 7-4 共生"惠及系数"的演化路径

7.5 产业结构优化与土地利用效益提升的共生机理透析

在上文研究分析结果基础上，仍借助共生理论已有分析框架范式，分别从外部、内部两个维度洞悉共生机理。

7.5.1 外部机理

产业与土地互惠共生，实现产业结构优化与土地利用效益提升，关键在于两者共生单元质参量相容。兼容度反映了共生单元质参量之间相互表达能力的强弱，质参量的兼容度决定了产业结构与土地利用效益要素合作的深度和广度，促进产业结构合理及用地优化配置。根据前文分析，产业结构质参量包括心理需求（Z_{IS1}）、支付能力（Z_{IS2}）、市场配置（Z_{IS3}）、政府调控（Z_{IS4}）、区域基础（Z_{IS5}）、结构优化（Z_{IS6}），土地利用效益质参量包括效益诉求（Z_{LE1}）、要素组合（Z_{LE2}）、市场配置（Z_{LE3}）、政府调控（Z_{LE4}）、资源禀赋（Z_{LE5}）、效益提升（Z_{LE6}），质参量的兼容度可表达为：

$$\phi = 1 - 6/n(n^2-1) \sum_{i=1}^{n} (Z_{ISi} - Z_{LEi})^2 \qquad (7-7)$$

其中，n 表示兼容要素的个数，ϕ 值越大，兼容要素越多，兼容度越高。根据 ϕ 值大小，划分为高度兼容、中度兼容和低度兼容三种。

共生单元质参量兼容度取决于外部存在的共生环境，影响共生度及其共生模式。共生环境始终处于动态变化之中，良好的共生环境有利于共生关系从弱共生向强共生转化，在提高共生度的同时，促进共生模式由点向一体化转化，共生环境在共生关系演化中起着激励作用。由于不同共生单元对同一共生环境的响应差异，在此运用 λ 表示共生环境激励水平，计量模型可表述为：

$$\lambda_{IS} = \sum_{i=1}^{n} E_i w_i$$

$$\lambda_{LE} = \sum_{i=1}^{n} E_i w_i \qquad (7-8)$$

其中，w_i 表示第 i 个环境因素的重要程度，即权重；λ_{IS}、λ_{LE} 分别表示产业结构、土地利用效益响应各类共生环境的激励总值，其值越大，说明环境激励性越强。同样根据 λ 值大小，将共生环境分为强激励共生环境、中激励共生环境和弱激励共生环境。

依据共生单元质参量的兼容度和针对共生环境响应的激励度，可将共生模式分为单一共生模式、多元共生模式、复杂共生模式。单一共生模式是产业结构与土地利用效益侧重区域某一类产业、实现某一类土地利用效益的产业发展及用地开发模式，多元共生模式是指侧重基于某几类产业、实现某几类土地利用效益的产业发展及用地开发模式，复杂共生模式指产业结构与土地利用效益的共生逐步出现了同一主体下涵盖不同类型产业和土地利用效益的交织共存与共生网络。为了共生模式实现复杂共生的高级化、稳定化转换，一方面，从提高质参量兼容性考虑，细化产业结构与土地利用效益类型，拓展共生界面，增加兼容要素；另一方面，从环境激励程度考虑，积极完善有利于共生关系紧密度的环境，同时产业发展与用地开发利用要主动融入接纳现有环境要素创造的优势条件（图 7-5）。

7.5.2 内部机理

产业结构涉及六个质参量，大致揭示产业结构一系列活动基本要素，即心理需求（Z_{IS1}）、支付能力（Z_{IS2}）、市场配置（Z_{IS3}）、政府调控（Z_{IS4}）、区域基础（Z_{IS5}）、结构优化（Z_{IS6}）。其中，心理需求、支付能力属于从事产业活动的人类个体行为要素，市场配置、政府调控是促进产业结构形成与发展的运

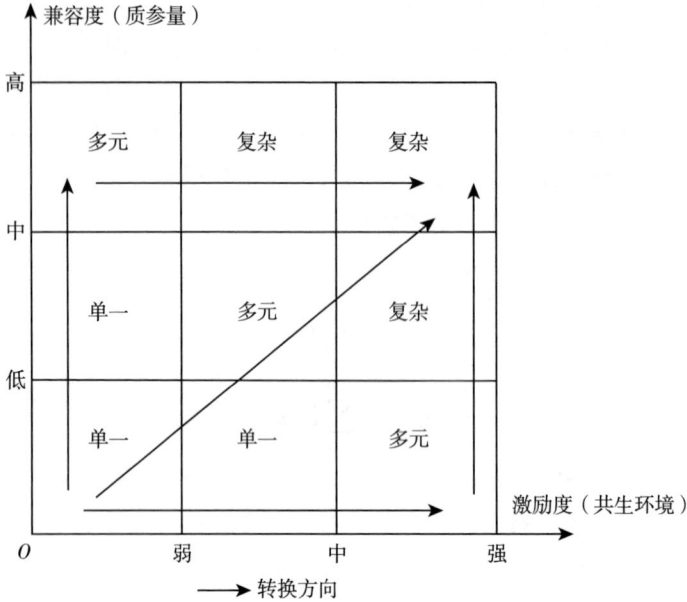

图 7-5　产业结构与土地利用效益共生演进

行机制及管理方式，区域基础包括产业结构形成与发展的各种自然资源禀赋、人文资源要素及产业发展基础水平，结构优化是以满足人类心理需求为目标。在其支付能力前提下，通过市场配置和政府调控，在产业发展的区域基础条件下，能够实现产业结构的优化升级。这些物质和能量就是产业结构的质参量作用过程，反映物质和能量在产业结构中的流动和转化，为产业结构和其他共生单元的物质和能量提供了兼容可能性。土地利用效益将土地作为资源并以满足人类物质精神需求为准绳，质参量包括效益诉求（Z_{LE1}）、要素组合（Z_{LE2}）、市场配置（Z_{LE3}）、政府调控（Z_{LE4}）、资源禀赋（Z_{LE5}）、效益提升（Z_{LE6}）。与产业结构的质参数比较，共同参数有市场配置及政府调控，不过土地利用效益的市场配置侧重通过市场途径对土地利用效益的价值体现及效益交易、转换，土地利用效益的政府调控侧重涉及用地资源管理部门对用地数量、规模、时序、类型及空间布局的规划管制与行政管理，以影响土地利用效益。基于社会、经济、生态、环境等不同类型，土地利用效益的诉求也是不同的，处于不断变化发展过程。资源禀赋侧重不同土地资源利用类型及周边用地自然条件等自然属性，随着科技发展和知识产权制度建立，广义生产要素包括劳动力、土地、资本、管理、技术等要素投入，除了土地要素外的其他生产要素通过市场运行而叠加至土地开发与利用过程，影响土地资源效益产出。土地资源开发利用从不同时代背景及技术条件下的效益诉求出发，基于区域资源禀赋，通过市场配置和政府调控形成一定状态下的要素组合，实现土地利用效益提升的最终目标。

不同单元之间能够产生共生关系，本质就是各自质参数相互融入、相互作用的结果。产业结构与土地利用效益构成共生要件，则至少有一个 $Z_{ISm} = \oint$ (Z_{LEn}) 或者 $Z_{LEn} = \oint (Z_{ISm})$。产业结构与土地利用效益具有市场配置、政府调控的共同质参数，两者围绕产业结构优化和土地利用效益提升的双重目标，能够协调兼顾与相互推进，可能有 $Z_{IS3} = \oint (Z_{LE3})$，$Z_{LE3} = \oint (Z_{IS3})$，$Z_{IS4} = \oint (Z_{LE4})$，$Z_{LE4} = \oint (Z_{IS4})$。心理需求和效益诉求均是以人为中心，以人的价值存在与实现作为评判准绳。通过产业输出产品的心理需求和对土地利用效益的诉求的共同点在于，产业必须通过占用一定土地资源才能形成发展，土地利用效益也只有通过产业活动才能产出效益。两者互相作用、互为条件，可能有 $Z_{IS1} = \oint (Z_{LE1})$，$Z_{LE1} = \oint (Z_{IS1})$。产业结构的区域基础与土地利用效益的要素组合之间，有部分重合或具有共同子要素，虽然不可能实现 $Z_{IS5} = \oint (Z_{LE5})$ 或者 $Z_{LE5} = \oint (Z_{IS5})$，但其子要素可能达到平等。产业结构优化可能由于资源得到优化配置而促进土地利用效益提升，同时土地利用效益提升反过来倒逼产业结构调整、升级而逐步优化，即 $Z_{IS6} = \oint (Z_{LE6})$ 或者 $Z_{LE6} = \oint (Z_{IS6})$。通过产业结构与土地利用效益的不同质参数之间的物质能量的交换，产业结构与土地利用效益可以实现互惠互利、相互促进、共同发展的共生关系，参与交换的物质能量越多，共生关系越复杂，共生关系越稳定。

第8章 产业结构优化与土地利用效益 提升的共生度测定及其影响 因素实证分析 //////////////////////////////

前面章节在理论分析基础上，重点阐述了产业结构调整与土地利用效益之间的相互影响并揭示了两者相互作用关系，运用共生理论分析范式，阐释了产业结构优化与土地利用效益提升的共生动力、共生要素、形成条件及演化路径。要使作为技术方法的共生分析范式得到进一步推广运用，避免共生理论在管理学、社会学、政治学等诸多领域的运用仅拘囿于理论研究，难点在于共生度测定及影响因素分析。本章正是针对上述阐述的实际情况及共生技术关键突破点，借鉴其他学者已有研究成果及已有数据成果，测定中国产业结构优化度，直接调用第5章计算得到的中国土地利用效益度，为共生度测定做好数据资料准备；参照第7章共生度测定公式、共生模式判定规则及周期演化模型，构建共生计量模型及运用数学运算推导，结合中国产业结构优化度和土地利用效益度时序数据，对两个数据列进行回归分析，测度得到共生度及其对应共生模式、共生关系趋势及优化要求；从共生的理论视角，阐述对产业结构优化、土地利用效益提升及其共生度的影响，为共生度影响因素计量分析提供支撑；基于中国时间序列及省级面板数据，设定合适的计量模型及算法，测定共生影响因素，并对结果进行阐释说明。

8.1 产业结构优化与土地利用效益提升的共生度测定

首先计算得到中国产业结构优化度时序数据，调用第5章已计算得到的中国土地利用效益值，然后按照第7章陈述的共生测度公式，推算得到共生测度函数关系式，计算中国产业结构优化与土地利用效益提升的共生度并判识其共生模式，根据共生时间序列模拟共生度演变趋势，提出共生度优化要求。

8.1.1 产业结构优化度测定

根据第3章对产业结构优化度内涵的界定，分别计算产业结构合理化和产业结构高级化，综合测度产业结构优化度。

（1）产业结构合理化的衡量

产业结构合理化指的是产业间的聚合质量，既是产业之间协调程度的反映，又应当是资源有效利用程度的反映，也就是要素投入结构和产出结构耦合程度的一种衡量。结构偏离度一直作为其最为常用的测度指标，得到国内外学者的广泛运用。基于古典经济学假设，经济最终处于均衡状态，各产业部门生产率水平相同，但由于经济非均衡现象是一种常态，形成结构偏离度不可能为0，在发展中国家表现尤为突出（Chenery H B，1975；Kuznets S，1971）。结合中国社会经济发展阶段现实及结构偏离度本身不足之处，干春晖等（2011）借用泰尔指数并对其进行改进，研究成果得到大量引用（黄金升，2017；黄虹，2017），在此同样借鉴之。

$$TL = \sum_{i=1}^{n}\left(\frac{Y_i}{Y}\right)\ln\left(\frac{Y_i/L_i}{Y/L}\right) \qquad (8-1)$$

式中，TL 表示泰尔指数，Y 表示产值，L 表示就业，i 表示产业，n 表示产业部门数。若经济（产业结构）处于均衡状态，则 $TL=0$；若 TL 不为0，表明产业结构偏离均衡状态，产业结构不合理。

（2）产业结构高级化的衡量

通常情况下，非农产业产值占比一般作为产业结构高级化度量指标，这是基于原有的配第-克拉克定律而来，但随着社会经济及科技革命的突飞猛进，出现了较为普遍的"经济服务化"的趋向。其实这是对原有定律的冲击及颠覆，最为典型的就是传统产业发展下的非农产业产值占比无法满足时代背景发展要求，以及第二、三产业内部结构的调整变化，第三产业增长率要高于第二产业增长率（吴敬琏，2008）。据此，采用区域第三产业产值与第二产业产值之比作为产业结构高级化衡量指标。该指标含义不仅能够表征产业结构高级化倾向，还能显示出第二、三产业内部趋向"服务化"的发展方向。若数值处于增长状态，表明整个区域产业结构体系在升级之中。

$$TS=Y_3/Y_2 \qquad (8-2)$$

式中，TS 为第三产业和第二产业产值比重，Y_2 为第二产业生产总值，Y_3 为第三产业生产总值。

（3）产业结构优化度的衡量

合理化反映了产业结构的"质量效率"，高级化则反映了产业结构的"数量规模"，且产业结构合理化和高级化相互促进、具有同向作用。为了方便和简化本章的共生测度，以产业结构合理化（$1/TL$）与产业结构高级化（TS）相乘来表征产业结构优化度（IO），综合兼顾合理化和高级化各自特征及总体趋势，既有"质量效率×数量规模"内在含义，也能反映两者交叉作用响应，从而更好地反映产业结构优化兼有高度化和合理化的本质所在。

$$IO = TS \times (1/TL) \qquad\qquad (8-3)$$

中国产业结构变化的衡量指标如表 8-1 所示。

表 8-1　中国产业结构变化的衡量指标

年份	TL	TS	IO	年份	TL	TS	IO
1978	0.398 2	0.515 7	1.295 1	1997	0.238 7	0.743 2	3.113 5
1979	0.336 7	0.475 8	1.413 1	1998	0.244 0	0.808 8	3.314 8
1980	0.336 9	0.464 2	1.377 9	1999	0.264 4	0.850 4	3.216 3
1981	0.296 6	0.494 1	1.665 9	2000	0.288 1	0.873 7	3.032 6
1982	0.272 1	0.506 3	1.860 7	2001	0.298 2	0.920 5	3.085 8
1983	0.259 1	0.524 6	2.024 7	2002	0.313 6	0.950 4	3.030 6
1984	0.225 1	0.594 6	2.641 5	2003	0.322 3	0.921 2	2.858 2
1985	0.246 8	0.687 2	2.784 4	2004	0.283 0	0.897 2	3.170 3
1986	0.243 7	0.685 9	2.814 5	2005	0.276 6	0.879 0	3.177 9
1987	0.234 6	0.700 8	2.987 2	2006	0.263 8	0.879 2	3.332 8
1988	0.241 3	0.717 6	2.973 9	2007	0.240 0	0.914 5	3.810 4
1989	0.259 9	0.774 0	2.978 1	2008	0.226 4	0.912 3	4.029 6
1990	0.231 6	0.789 1	3.407 2	2009	0.213 2	0.966 1	4.531 4
1991	0.263 2	0.831 0	3.157 3	2010	0.201 0	0.949 9	4.725 9
1992	0.289 0	0.824 6	2.853 3	2011	0.181 0	0.951 8	5.258 6
1993	0.295 3	0.747 4	2.531 0	2012	0.164 9	1.000 7	6.068 5
1994	0.265 9	0.744 3	2.799 2	2013	0.144 1	1.061 1	7.363 6
1995	0.242 4	0.719 8	2.969 5	2014	0.129 2	1.109 8	8.589 8
1996	0.227 7	0.712 6	3.129 6	2015	0.118 6	1.226 4	10.341 0

8.1.2 模型算法及技术处理

根据中国 1978—2015 年产业结构优化度（IO）和土地利用效益度（LB）的两列时序数据，运用统计软件分析两者的函数关系，由图 8-1 可知，具有很强多项式回归（polynomial regression），其回归方程如下：

$$IO = 19.163\,6LB^2 - 8.736\,8LB + 3.472\,8$$

$$LB = -0.007\,6\,IO^2 + 0.169\,5IO - 0.098\,2 \qquad (8-4)$$

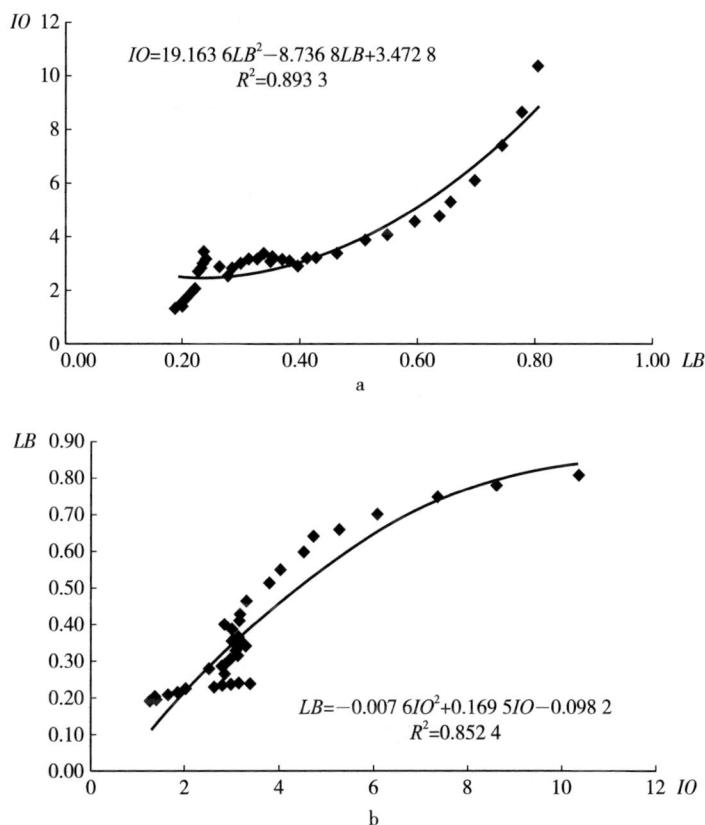

图 8-1 产业结构优化度和土地利用效益度相互回归趋势

上述两个模型的决定系数 R^2 分别为 0.893 3、0.852 4，且通过 1% 的高水平显著性检验，表明模型在 95% 的置信水平下显著成立。结合第 6 章共生度公式含义，分别对上述两个回归方程进行一阶求导，得到产业结构优化对土地利用效益提升的共生度（δ_{IL}）、土地利用效益提升对产业结构优化的共生度

（δ_{LI}），整理形成如下结果：

$$\delta_{IL} = (19.163\,6LB^2 - 8.736\,8LB)/(19.163\,6LB^2 - 8.736\,8LB + 3.472\,8)$$

$$\delta_{LI} = (-0.007\,6\,IO^2 + 0.169\,5IO)/(-0.007\,6\,IO^2 + 0.169\,5IO - 0.098\,2)$$

$$(8-5)$$

8.1.3 共生测定及共生模式分析

结合相应年份数据，计算出 1978—2015 年中国产业结构优化和土地利用效益提升的共生度（表 8-2），对照第 7 章判定共生模式。

表 8-2 中国产业结构优化与土地利用效益提升的共生度及类型判定

年份	δ_{IL}	δ_{LI}	共生关系判定	共生类型	年份	δ_{IL}	δ_{LI}	共生关系判定	共生类型
1978	−0.385 9	1.904 5	$\delta_{IL}<0$, $\delta_{LI}>0$	寄生	1997	−0.300 3	1.275 9	$\delta_{IL}<0$, $\delta_{LI}>0$	寄生
1979	−0.391 2	1.778 5	$\delta_{IL}<0$, $\delta_{LI}>0$	寄生	1998	−0.278 9	1.258 3	$\delta_{IL}<0$, $\delta_{LI}>0$	寄生
1980	−0.394 6	1.812 1	$\delta_{IL}<0$, $\delta_{LI}>0$	寄生	1999	−0.252 0	1.266 6	$\delta_{IL}<0$, $\delta_{LI}>0$	寄生
1981	−0.398 0	1.602 2	$\delta_{IL}<0$, $\delta_{LI}>0$	寄生	2000	−0.252 6	1.283 9	$\delta_{IL}<0$, $\delta_{LI}>0$	寄生
1982	−0.400 4	1.514 5	$\delta_{IL}<0$, $\delta_{LI}>0$	寄生	2001	−0.209 4	1.278 6	$\delta_{IL}<0$, $\delta_{LI}>0$	寄生
1983	−0.401 8	1.459 2	$\delta_{IL}<0$, $\delta_{LI}>0$	寄生	2002	−0.184 0	1.284 1	$\delta_{IL}<0$, $\delta_{LI}>0$	寄生
1984	−0.402 0	1.331 2	$\delta_{IL}<0$, $\delta_{LI}>0$	寄生	2003	−0.149 1	1.302 9	$\delta_{IL}<0$, $\delta_{LI}>0$	寄生
1985	−0.401 7	1.311 9	$\delta_{IL}<0$, $\delta_{LI}>0$	寄生	2004	−0.112 1	1.270 7	$\delta_{IL}<0$, $\delta_{LI}>0$	寄生
1986	−0.401 6	1.308 2	$\delta_{IL}<0$, $\delta_{LI}>0$	寄生	2005	−0.072 8	1.270 0	$\delta_{IL}<0$, $\delta_{LI}>0$	寄生
1987	−0.401 0	1.288 6	$\delta_{IL}<0$, $\delta_{LI}>0$	寄生	2006	0.017 3	1.256 9	$\delta_{IL}\neq\delta_{LI}>0$	正向非对称互惠共生
1988	−0.401 0	1.290 0	$\delta_{IL}<0$, $\delta_{LI}>0$	寄生	2007	0.133 1	1.224 6	$\delta_{IL}\neq\delta_{LI}>0$	正向非对称互惠共生
1989	−0.401 5	1.289 5	$\delta_{IL}<0$, $\delta_{LI}>0$	寄生	2008	0.217 2	1.212 8	$\delta_{IL}\neq\delta_{LI}>0$	正向非对称互惠共生
1990	−0.401 2	1.251 1	$\delta_{IL}<0$, $\delta_{LI}>0$	寄生	2009	0.313 7	1.191 1	$\delta_{IL}\neq\delta_{LI}>0$	正向非对称互惠共生
1991	−0.400 1	1.271 9	$\delta_{IL}<0$, $\delta_{LI}>0$	寄生	2010	0.389 3	1.184 2	$\delta_{IL}\neq\delta_{LI}>0$	正向非对称互惠共生
1992	−0.388 3	1.303 5	$\delta_{IL}<0$, $\delta_{LI}>0$	寄生	2011	0.419 6	1.168 4	$\delta_{IL}\neq\delta_{LI}>0$	正向非对称互惠共生
1993	−0.374 6	1.348 1	$\delta_{IL}<0$, $\delta_{LI}>0$	寄生	2012	0.482 1	1.151 0	$\delta_{IL}\neq\delta_{LI}>0$	正向非对称互惠共生
1994	−0.366 6	1.310 1	$\delta_{IL}<0$, $\delta_{LI}>0$	寄生	2013	0.540 7	1.133 1	$\delta_{IL}\neq\delta_{LI}>0$	正向非对称互惠共生
1995	−0.345 8	1.290 4	$\delta_{IL}<0$, $\delta_{LI}>0$	寄生	2014	0.579 5	1.123 2	$\delta_{IL}\neq\delta_{LI}>0$	正向非对称互惠共生
1996	−0.326 2	1.274 4	$\delta_{IL}<0$, $\delta_{LI}>0$	寄生	2015	0.607 2	1.116 6	$\delta_{IL}\neq\delta_{LI}>0$	正向非对称互惠共生

由表 8-2 可知，中国产业结构优化与土地利用效益提升经历了寄生和正

向非对称互惠共生两个阶段。1978—2015 年，中国土地利用效益长期处于寄生阶段，δ_{IL} 逐渐增大、δ_{LI} 渐渐减小的趋势一直未变，两者差值随着年份逐渐收窄，直到 2006 年作为新的拐点，δ_{IL} 大于 0，产业结构优化与土地利用效益提升携手迈入正向非对称互惠共生阶段，且两者差距仍在进一步缩小，但两者的相互影响正逐步达到均衡状态，将向对称互惠共生阶段发展（$\delta_{IL}=\delta_{LI}>0$）。在正向非对称互惠共生状态下，$\delta_{IL}<\delta_{LI}$，两者越来越接近，表明土地利用效益提升对产业结构调整影响小于产业结构变化对土地利用效益提升影响，且从两者未来发展趋势来看，δ_{IL} 可能达到并超过 δ_{LI}，届时土地利用效益提升对产业结构调整影响将大于产业结构变化对土地利用效益提升影响。图 8 - 2 是 δ_{IL} 和 δ_{LI} 的发展变化趋势。

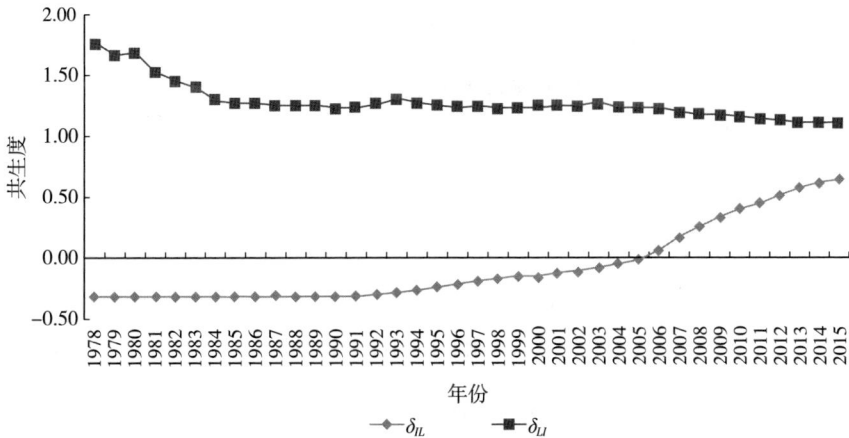

图 8 - 2　中国产业结构优化与土地利用效益提升共生度的时间序列

假设时间序列 t（$t=1$，2，3，……，38）依次表示 1978 年、1979 年、1980 年、……、2015 年。运用统计软件分别求得关于 δ_{IL}、δ_{LI} 关于 t 的函数，结果如图 8 - 3 所示。

$$\delta_{IL}=0.001\,4t^2-0.028\,8t-0.295\,6$$
$$\delta_{LI}=1.871\,1t^{-0.131} \tag{8-6}$$

其中，δ_{IL} 关于时间 t 的回归方程 $R^2=0.984\,1>95\%$，表明回归方程反映了 δ_{IL} 随时间变化中 98.41% 的信息，模型拟合程度非常高；δ_{LI} 关于时间 t 的回归方程 $R^2=0.868\,6>85\%$，表明回归方程反映了 δ_{LI} 随时间变化中 86.86% 的信息，模型拟合程度较高，通过方差分析检验。假设达到对称互惠共生的要求，则 $\delta_{IL}=\delta_{LI}>0$，根据上述公式，得到 $0.001\,4t^2-0.028\,8t-0.295\,6=$

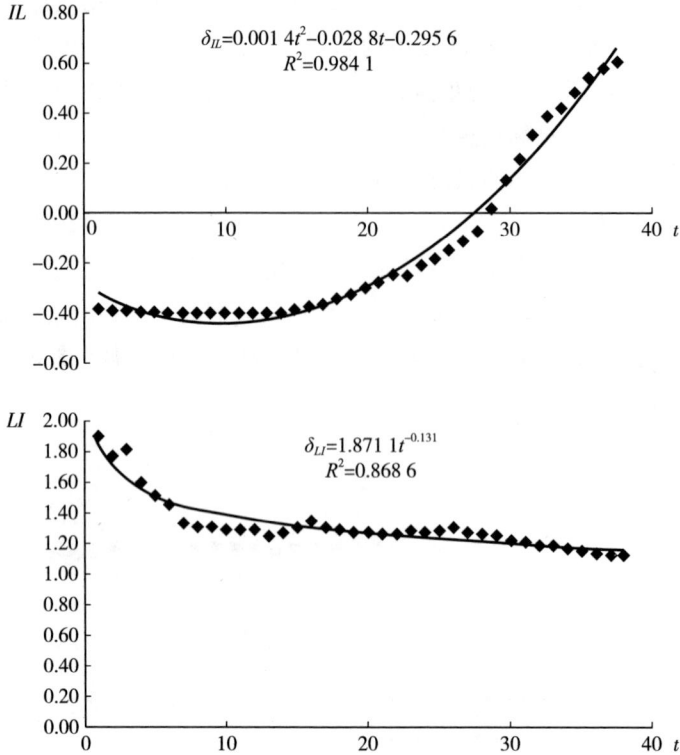

图 8-3 中国产业结构优化与土地利用效益提升共生度关于时间的回归趋势

$1.871\ 1t^{-0.131}$，在 t 为正整数前提条件下，解得 $t=44$，$\delta_{IL}=1.147\ 6$，$\delta_{LI}=$ $1.139\ 7$，两者共生度最为接近（约等于），而 $t=44$ 对应的年份为 2021 年，即 2021 年中国产业结构优化与土地利用效益提升可实现对称互惠共生。

根据共生度测算函数式，要使得产业结构优化和土地利用效益提升长期保持正向对称互惠共生状态，即 $\delta_{IL}=\delta_{LI}>0$，两者才可达到长期正向对称互惠共生。

$$(18.443LB^2-7.565LB)/(18.443LB^2-7.565LB+3.248\ 9)$$
$$=(-0.006\ 5IO^2+0.156\ 8IO)/(-0.006\ 5IO^2+0.156\ 8IO-0.083) \tag{8-7}$$

分解得出：$-1.881\ 9LB^2+0.858\ 0\ LB=-0.026\ 4\ IO^2+0.588\ 6IO$
解得：$LB=(0.014\ 0IO^2-0.312\ 8IO+0.052\ 0)^{1/2}+0.227\ 9$
若区域产业与土地持续协调共生，则土地利用效益度（LB）及产业结构优化度（IO）必须满足解得的函数公式。

8.1.4　共生关系趋势及优化要求

按照中国产业发展及土地开发现状条件测算，在 2021 年实现对称互惠共生，若要保持此种理想状态，必须满足 $\delta_{IL}=\delta_{LI}>0$ 的限制条件，但实际情况并非如此。依据上文共生度与时间 t 的函数关系（$\delta_{IL}=0.001\,4t^2-0.028\,8t-0.295\,6$，$\delta_{LI}=1.871\,1t^{-0.131}$），模拟预测 2015 年以后共生度数值，$\delta_{IL}$ 一直呈现单调递增趋势，且增长速度较快；δ_{LI} 变化趋势较为平缓，变化趋势与 δ_{IL} 正好相反，一直呈现单调递减趋势；从 δ_{IL}、δ_{LI} 之间差值来看，从 1978 年到 2015 年的实际值，以及 2016 年至 2021 年达到对称互惠共生模式的模拟值，差值逐渐减少，但从 2021 年之后的两者模拟值分析，两者差距在逐渐扩大，没有保持住对称互惠共生的理想模式。从 $\delta_{IL}\times\delta_{LI}$ 的数值分析，在 2018 年就达到 1 的临界水平（突变线），根据第 7 章产业与土地的共生周期演化模型路径，需要对产业结构优化与土地利用效益提升之间的共生关系进行优化调整，按照周期演化模型而尽快达到下一周期的耦合及趋稳状态（图 8-4）。可见，中国在 2021 年达到对称互惠共生只是暂时的，由于受到产业发展现状及土地开发实际情况制约，以及产业结构变化与土地利用产出效益的惯性存在，中国产业结构调整优化、土地利用效益提升同步推进等任务日益艰巨及紧迫。

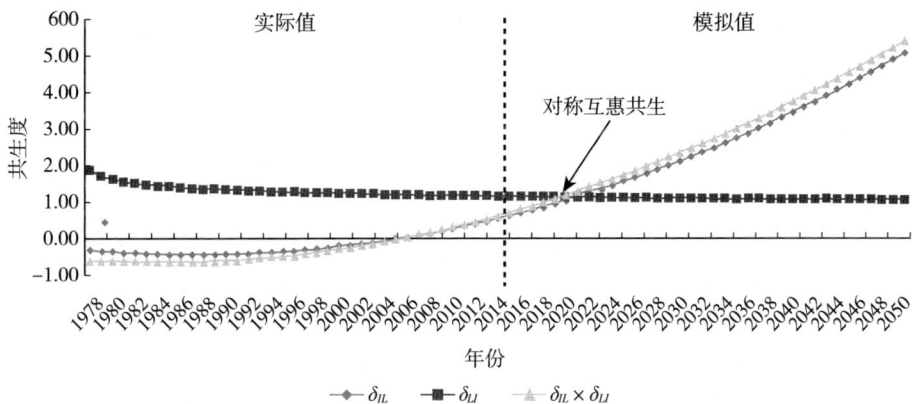

图 8-4　中国产业结构优化与土地利用效益提升共生度及其模拟趋势

从上述共生度发展趋势分析，按照对称互惠共生模式提出以下优化要求。一是从 δ_{LI} 的发展趋势来看，必须提高土地利用效益提升对产业结构优化的共生度，缩小两种共生度之间的差值，降低产业结构优化对土地利用效益提升的寄生（依赖）程度，提高产业结构调整对土地资源开发利用产出效益提升的促进作用。二是从 δ_{IL} 的发展趋势来看，应该适度降低产业结构优化对土地利用效益提升的共生度。这同样是为了缩小两种共生度之间的差值，消除建立在土地利用产出效益的长期低迷状态之下的产业结构优化度的快速提升，杜绝对产业结构盲目快速地进行优化。应该综合性考虑土地利用经济效益、社会效益及生态环境效益，不能以产业结构优化为借口而人为强行干扰部分土地利用效益产出水平。

8.2　产业结构优化与土地利用效益提升的共生影响因素理论分析

产业发展与土地利用作为人类社会经济活动的重要表征，单独个体均受到诸多方面影响及制约，产业结构优化与土地利用效益提升的双向互动关系及共生条件也受到各个方面影响，从第5章、第6章对两者相互作用的分析可窥一斑。在此，综合参考及汇总整理已有相关研究成果，分别从资源供给、社会需求、土地市场、政府调控、土地集约、科技进步、生态建设、城乡协调八个方面，详细阐述对产业结构优化、土地利用效益提升及其共生关系的影响。在实际作用传导过程中，各因素作用都不是独立存在的，呈现出一种相互交叉的作用关系。由此可见，受多种因素的交互作用，共生度将时刻发生变化，也就是产业结构优化与土地利用效益提升之间的互动关系可以转化为驱动与被驱动的关系，各因素具体作用途径如图8-5所示。

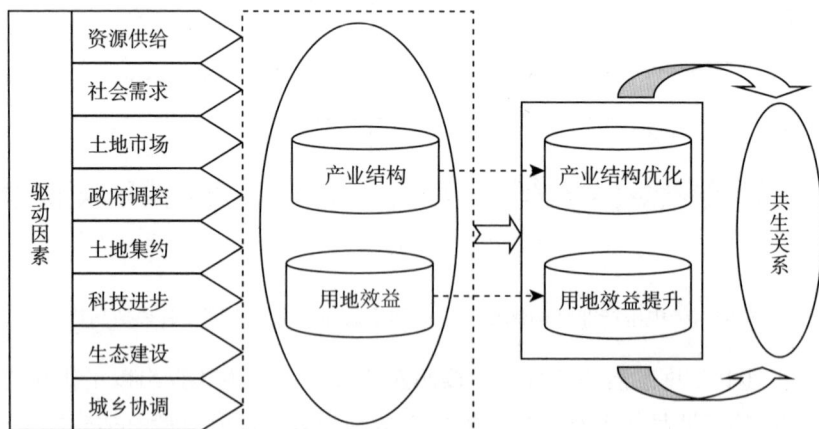

图8-5　中国产业结构优化与土地利用效益提升共生度的驱动力概念模型

8.2.1　资源供给因素分析

纳入经济学范畴，资源供给主要针对生产要素而言，是指进行社会生产经营活动时所需的各种社会资源，是维系国民经济运行及市场主体生产经营过程中所必须具备的基本因素，包括劳动力、土地、资本、管理（企业家）四种，后来增至技术、信息共计六种生产要素类型。2016 年初，国务院参事室特约研究员姚景源认为，供给侧改革包括资本供给、资源供给、劳动力供给和技术供给。产业发展及土地利用是自然资源、资本、劳动力及人力资本等生产要素重新配置的动态过程，关键取决于劳动力及人力资本的数量、质量及结构组成。人力资本作为一切社会经济活动的重要因子，具有区别于其他生产要素的独特功能及效能，集中到一点就是人力资本能够带来其他生产要素集中及集聚，便于形成集聚效应，促使人力资本较高产业或地区具备吸引资源集聚到该产业或地区的相对优势，还可以弥补资源禀赋、区位条件等其他要素的劣势，促进区域产业结构升级转化及土地利用效益水平提升。效率功能强调了人力资本作为技术进步的载体，会通过"干中学"和知识外溢诱发技术创新，促进技术引进和吸收（张国强，2011）。劳动力资源供给将直接影响产业发展类型及其结构变化，是产业能否趋向高级化及合理化的关键因素，同时决定了区域土地资源开发类型、规模、强度及效率，也可以通过产业占地直接对用地情况加以决定。中国作为一个人口大国，当前劳动力的供给制约作用较小，高素质劳动力供给是产业结构升级的主要制约因素。

产业结构升级的状况还取决于一国的基础设施是否得到了相应的改进，包括硬性基础设施和软性基础设施等（林毅夫，2012）。同样的，国家基础设施建设促进区域生产、生活交通便利，降低区域运输时间成本、经济成本，便于人、财、物等各类生产要素集聚发展，促进区域土地资源高效开发利用及有效保护，也促进区域产业结构更加科学合理。一个地区基础设施水平的提高能够显著地降低运输成本，使规模报酬递增的行业更可能在该地区发生集聚（Paul K，1991）。因此，基础设施水平完善区域的规模经济行业能够得到健康持续发展。从前面章节关于中国分省份产业结构及土地利用效益评价结果可见，东部地区第二、三产业比重和土地利用效益值普遍高于中西部区域，重要原因之一在于基础设施差异。基于以上分析，结合中国 1978—2015 年的数据资料，甄选就业人员数量规模、基础设施建设密度两项指标加以衡量。结合统计数据及趋势线分析，就业人员数量规模由 1978 年的 4 亿多人增长至 2015 年的近 7 亿人，且与 δ_{LI} 趋势变化相反；基础设施建设密度基本上单调递增，其变化趋势与 δ_{IL} 趋势相近（图 8-6）。

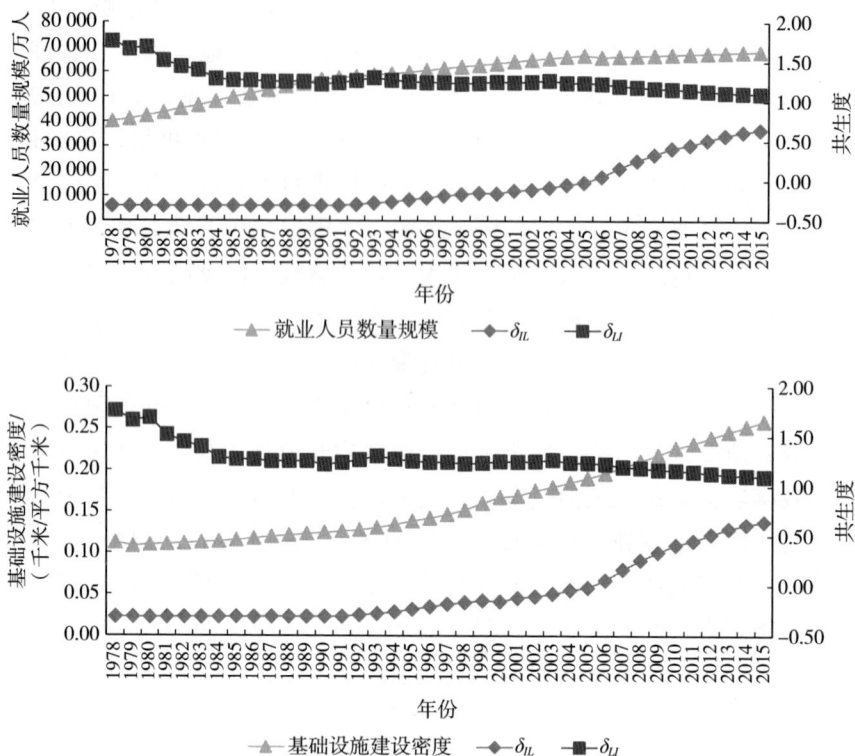

图 8-6　中国资源供给因素指标与共生度变化趋势

8.2.2　社会需求因素分析

社会需求，也称社会总需求，是指在一定支付能力条件下社会上对生产出来的供给最终消费的物质产品和劳务的需求总和，也是人类需要集聚的社会化反映。以人为本、以人为中心的现代社会需求体系，归根到底还是个人消费需求，指为满足当前的消费需要而购买商品和劳务的个人开支。按恩格斯的划分，个人消费需求包括三部分，即生存资料的消费需求、发展资料的消费需求和享受资料的消费需求（马克思，1965）。人们消费需求是多样化和动态化的，总是与一定的收入水平相适应。消费需求对产业结构调整及土地利用的影响受到诸多学者广泛关注。黄湘燕（2016）认为，社会需求结构是实现产业结构高度化的主要动力；魏农建等（2011）认为，需求结构变化形成新市场供求比例关系而促进产业高度化；刘东皇等（2017）也持类似观点，进一步认为社会需求水平和结构的变化必然影响产业结构的优化和升级。随着收入水平的提高，个人消费需求结构趋向多层次和多样化，多层次的消费结构将会带动多层次土地利用效益侧重，也对应了多样化的产业结构情况。特别是需求结构的变化将会直接推动生产结构和供给结构发生变化，导致产业生产的产品和服务的类型、规模及其空间分布发生变化，对应形成的产业结构也随之变化以满足新的需求，一直传导至产业占地类型、规模、结构及空间格局，影响区域产业用地产出水平、类型及其效益值。

可以这样认为，社会需求规模及类型同时直接作用于产业结构调整及土地利用产出效益，并以人的需求为判识准绳，既能带动产业结构优化，也能促进土地利用效益合理提升。特别是近年来，中国消费需求占比较低，社会经济转型升级过程将拉动及扩大需求作为重要抓手，以求最大化释放社会需求潜力，促进区域产业结构优化升级及土地资源健康有序开发利用。关于社会需求消费水平的度量指标，从广义上说，包括居民消费和政府消费。本章将政府消费剥离出来单独进行分析。对于居民消费，有学者采用人均 GDP（武晓霞，2014）或社会消费品零售总额（孙韩钧，2012）来衡量居民需求，但利用人均 GDP无法考虑到区域消费倾向差异而不能有效衡量居民真正消费情况，社会消费品零售总额也未考虑到现代服务消费占比逐渐增长的趋势，因此选取人均社会消费支出来衡量消费数量变化。结合统计数据及趋势线分析，人均社会消费支出由 1978 年的 183 元增长至 2015 年的 19 260 元，与 δ_{IL} 变化趋势较为一致（图 8-7）。

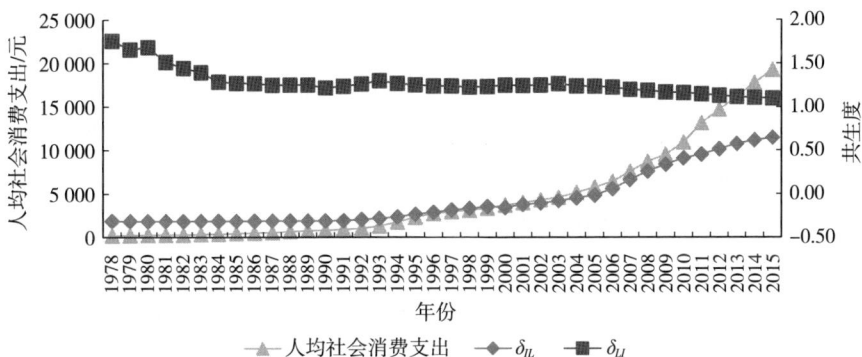

图 8-7 中国社会需求因素指标与共生度变化趋势

8.2.3 土地市场因素分析

主客体在市场组织及市场机制的作用下，呈现运动、发展的动态过程，既是市场经济的形成发展过程，又是市场经济发达程度的重要标志。从地租理论视角审视土地市场对土地利用效益影响：由于"绝对地租"的存在，土地使用者会尽量达到土地边际效益最大化，提高土地利用产出率；由于"相对地租"促进土地管理者要合理配置土地资源，使得区域土地利用结构不断优化，其中市场配置也发挥重要作用；同时"级差地租"广泛存在于产业用地，促进整个区域按照市场化主导区域土地利用趋向集约高效的路径演变。诸多研究表明，市场经济下的土地资源通过土地价格保证土地使用集约化，促进土地使用者、管理者及社会公众意识趋向占地少、产出多的集约化、高效化。充分发挥市场机制对合理配置土地资源的基础性作用尤为重要，配合政府实施土地用途管制而促使整个区域用地合理及效益提升。

产业发展形成的经济互动过程涉及的最重要因素就是土地价格，通过杠杆调节作用实现产业部门边际生产效率配置最优，在这个过程中市场运行条件起到促进产业结构调整及用地合理配置的基础作用，最终目的在于促进土地要素逐渐由低效部门向高效部门流动。土地要素的集聚变动将顺势带动劳动力、资金、技术、管理等各类生产要素相应集聚变动，从而拉动整个社会产业部门结构优化升级，促进产业结构变动实现整体效率帕累托最优。不可否认，由于土地空间固定性及特定的区位条件、资源禀赋存在，导致各种生产要素流在特定土地空间内互动交流。例如，由于城市中心区域地租、地价上涨和交通拥堵、环境压力等所限，部分产业主体理性选择地价较低的市郊或其他区域，取而代之的则是更具效率优势的金融、商贸等服务性企业形成规模集聚效应，两者反向要素流动仍遵循阿隆索地租理论，且均促进原先土地资源获得比以前更高产出，客观促进产业用地规模及空间优化，以及各自区域产业结构升级。总之，正是由于市场运行条件下土地及各项生产要素在不同部门、不同行业、不同区域之间流动，在产业结构优化及空间布局优化规律作用下，实现土地要素所承载的产业活动在产业结构与运行效率上表现为整体优化（马涛，2008）。其实，社会制度安排作为产业结构演变的重要保障，影响产业资源的配置方式。市场作为配置方式的一个重要组成部分，以市场运行规律为主要手段，按照市场需求变化促进产业与社会、自然协调发展。21世纪以来，快速城镇化、产业化背景下的中国社会经济格局发生剧变，中国正处在由传统社会向现代社会、由农业社会向工业社会转变的关键时期，城镇土地利用正面临着物质空间和人文空间的重大变动和重新构建（张京祥，2007），产业结构与转型面临着供给侧改革压力及驱动（王君，2016）。基于以上分析，由于土地市场化数据难以获得，在此采取替代性指标，选择私营就业人员占比、私营工业产值占比两个方面加以衡量。结合统计数据及趋势线分析，私营就业人员占比、私营工业产值占比皆与 δ_{IL} 变化趋势相似，但是拟合度并不是很高（图 8-8）。

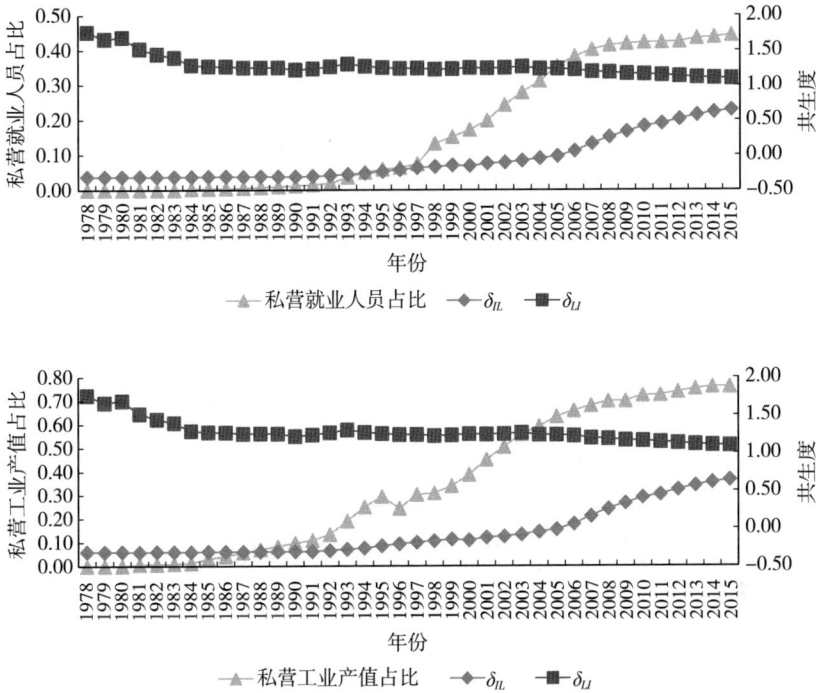

图 8-8　中国土地市场因素指标与共生度变化趋势

8.2.4　政府调控因素分析

为了克服市场调节的自发性、盲目性和滞后性，需加强国家宏观调控及公共职能管理，促进经济增长、稳定就业及供需平衡，实现社会公平及和谐共生。产业发展和土地利用均属于社会经济行为，外部性存在会导致"市场失灵"，需要加强政府调控。政府调控是宏观经济学中政府干预的重要组成部分。在政府调控产业结构层面，不可否认，中国正处于社会经济体制转型改革深水区，市场调节机制尚未健全或市场无法作用之处，政府职能部门必须介入并做好服务支撑。从理论上说，政府政策和干预行为对产业结构优化升级作用具有不确定性，可谓一把"双刃剑"，科学合理及适度干预能够起到正向促进作用，无序凌乱及过度干预将延缓甚至阻碍产业结构升级。长期来看，在政府加大干预调控力度下，中国总体还是以高投资、高消耗、劳动密集型要素生产为主，表现为粗放发展方式。特别强调一点，任何投资均是实现社会经济发展的源动力，可能是当期需求因素引致，也有可能是为后期创造供给，可以说扮演着双重角色。据统计，2000—2015 年 31 个省份的固定资产投资占 GDP 的比重均值为 43%，部分省份达到 80%，尤其是 2010 年 4 万亿元投资拉动产业及配套基础设施建设，起到促进区域产业结构变动及调整的重要作用。固定资产投资需求变动是产业结构升级的直接原因，新增固定资产投资会推动不同产业发展，如加大扶持部分产业投资比未追加投资的产业类型发展得更快且规模更大，理应改变了原有产业结构；而对全部产业的投资会引起各产业不同程度的发展，导致产业结构的相应变化（林毅夫，2012）。中国正处于产业结构转型升级期，协同创新发展及科学技术研发需要大量资金作为支撑，应因地制宜加强培育新型战略产业，推进未来产业结构优化升级。

在政府调控土地利用效益层面，从某种意义上阐释，土地利用效益只是土地资源优化配置的一个结果，只需要在完全市场环境下运行而达到资源帕累托最优配置即可，但由于中国土地利用过程中的生态环境效益及社会效益的价值难以估计、市场比对及市场交易，需要政府部门管制及政府公共政策输出。在市场化资源优化配置的基础上，政府参与调控能够较大程度地促进区域土地利用开发效率及效益提升。从宏观层面审视，政府作为土地资源宏观调控管理部门，通过出台配套政策参与调控，促进区域土地资源合理持续利用；从微观层面审视，政府通过加强财政支付及投资建设，加强区域公共基础设施建设，优化区域社会经济发展环境及培育产业发展优势基础，促进产业用地效率或效益协调推进，能够保障土地开发利用下的生态环境保护及效益产出。可以这么认为，政府调控对产业发展及土地利用效益均具有很强作用，不论是正向推进作用，还是反向制约作用，均对共生度产生深远影响。基于以上分析，结合统计数据及趋势线分析，固定资产投资占比由 1978 年的 0.166 2 增长至 2015 年的 0.852 2，且与 δ_{IL} 变化趋势较为一致；政府财政支出占比以 1996 年为分界点，在其之前呈现递减趋势，在其之后呈现明显快速增加趋势（图 8-9）。

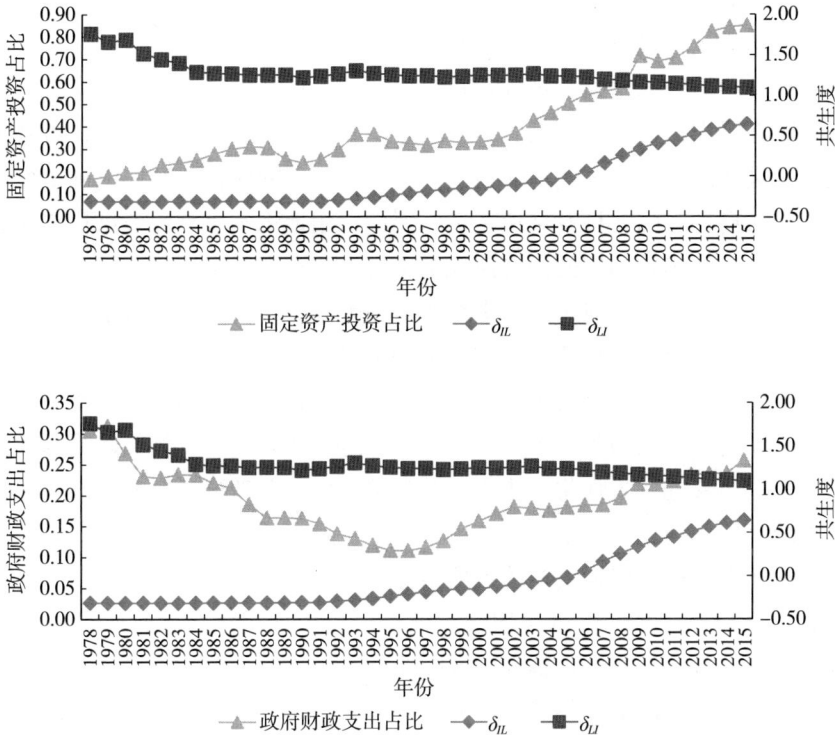

图 8-9　中国政府调控因素指标与共生度变化趋势

8.2.5　土地集约因素分析

从概念界定上说，集约用地是指土地使用者依托劳动、资本、技术、管理等要素投入来替代土地要素投入而达到提高产出的目标，即在单位土地面积上投入更多的生产要素以提高地均产值的过程，且在边际报酬递减阶段之前，持续增加要素投入可以提高产出水平，促进土地集约利用水平的提高。对既定区域范围内的土地资源而言，在适合开发利用与生态保护的配比下，用地规模经济越显著，土地集约度就越高，相应土地利用效益也越高。超过或低于一定开发规模，以及高于或低于一定用地集约水平，集聚效应带来的土地利用效益值呈现递减。用地集约影响区域建设规模，两者累积作用于土地利用效益。当区域土地未得到充分利用时，呈现粗放经营状态；当区域规模开发达到一定标准及用地类型结构比时，土地得到最佳利用；当区域开发利用规模进一步扩大时，带来土地利用成本提高、外部效应凸显、生态环境恶化等一系列土地问题，可能降低用地集约水平，拉低土地利用效益，特别是土地生态环境效益。以上可归结为土地报酬递减规律的存在。

土地集约与产业选择或规划存在内在关系，用地集约就是土地要素与其他生产要素在一定地域空间上的集合。由于空间位置具有不可移动性，以及土地报酬递减规律的存在，导致产业活动只能在既定空间区位与位序上确定产业类型、空间布局、时间安排及规模定量。因此，用地集约决定产业结构变化幅度及方向：一是从集约利用的经济前提上考虑，要求在一定地域空间上进行合理的产业选择，即土地做何用途，土地要素在配置方向与比例结构上是否遵循产业结构优化的方向；二是从集约利用的空间约束上考虑，要求产业布局合理，产业集聚规模如何形成以及未来产业升级方向是否遵循空间结构演化规律。可以说，从土地集约利用参与主体看，实现土地集约利用仅有相关政策制度配套是不够的，还要进一步强化产业规划及类型布局，合理选择产业及产业布局以满足土地利用集约要求。不管是采用市场运行方式还是政府调控方式，产业结构调整优化都要符合用地集约的各项指标。

1978 年以来中国经济迅速增长，推动建设用地规模快速扩张及农转非加快（Lichtenberg E，2009；Deng Xiangzheng，2010）。但由于城镇密集的东部沿海地区等区域土地资源趋紧，阻碍了社会经济增长（Ding Chengri，2011）。为此中国出台了一系列严格的耕地保护政策，积极推进土地节约集约利用，将提高土地利用社会、经济、生态效益作为发展目标。在市场经济条件下，土地在不同产业部门的配置服从于效率标准（王万茂，1997）。中国政府加强对土地集约利用的监管，明确建筑密度、容积率和单位面积土地投入产出值等硬性指标，部分地区相应制定用地强度定额标准，规定企业用地门槛、单位土地最低投资标准，以强制提高土地利用的集约度，直接决定产业类型、占地规模、投资强度。按照土地报酬递减规律内在要求，不断追求土地集约利用最为合理的理想状态，提高区域土地使用效率及效益，维持土地资源可持续利用，以期达到土地利用的社会、经济和生态效益的统一（张正峰，2007）。土地管理者、决策者需通过制定各种政策和采取相应的管理措施对发生变化做出响应，减缓土地受到人为破坏的压力，促进人地协调共生。基于以上分析，围绕区域人口、GDP 的占地情况，甄选人均占用建设用地、单位 GDP 地耗两项指标加以衡量。结合统计数据及趋势线分析，人均占用建设用地从 1978 年至 2000 年变化较小，但从 2000 年之后呈现快速增长；单位 GDP 地耗基本上单调递减，变化趋势与 δ_{II} 趋势相反（图 8 - 10）。

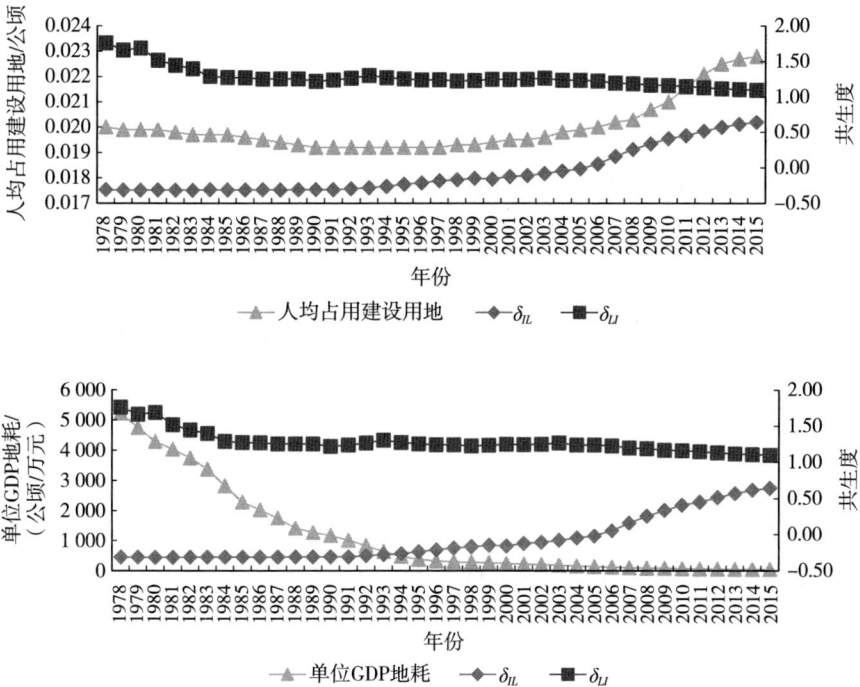

图 8-10 中国土地集约因素指标与共生度变化趋势

8.2.6 科技进步因素分析

技术进步是指人们在生产过程中运用效益更高的劳动手段和工艺方法推动社会生产力发展的运动过程。马克思（1972）指出，随着大工业的发展，现实财富的创造较少地取决于劳动时间和已消耗的劳动量，较多地取决于在劳动时间内所运用的动因的力量，这种动因的巨大效率和生产它们所花费的直接劳动时间不成比例，相反地却取决于一般的科学水平和技术进步，或者说取决于科学在生产上的应用。科技进步在社会经济增长中起到重要作用，舒尔茨研究表明：第二次世界大战后美国农业生产的增长中物质资本积累的贡献率仅为 20%，其余 80% 是由科学技术引起的。科技进步的内涵包括两方面内容：一是科技活动自身的规模与水平的提高，二是科技对经济发展及社会环境影响力的增强。在科技进步涉及的技术、知识层面，诸多学者研究结论较为统一，基本上认可技术进步可以促进产业结构优化升级，不过各有侧重。王云平（2006）认为产业结构优化推进是通过主导产业关联集聚效应及产业国际分工传导，彭春华（1999）

在此基础上更加突出强调技术进步在产业升级中的强大资源整合作用，刘俊杰（1994）、王吉霞（2009）进一步强调技术进步就是产业结构优化升级的动力和杠杆。

中国正处于社会经济转型发展阶段，产业结构正在发生着巨大而深刻的变化，高新技术、战略新型产业等亟待科技进步加以推进。技术创新将导致产业生产效率迅速提升，传导至更多产业生产要素和资源集聚流至高新技术及科技先进产业，推进整个区域产业结构体系升级及投入其他生产要素的效益提升。科技进步是促进产业结构优化升级的主要动力，也是促进土地利用效益提升的关键所在，对促进两者相互协调共生具有很强推动作用。产业结构可视为全社会生产资源的转换器。科技进步作为第一生产力，是推进产业结构优化升级的重要保障，能够促进资源转换器正常高速、行之有效地运行；土地是最为重要的生产要素，在科技进步推进产业结构优化升级和促进生产效率提高的过程中，土地利用效益得到提升，逐步形成协调共生。根据目前参考文献，间接度量技术创新的方法有投入法（R&D 经费投入）、产出法（授权专利数）及技术影响（TFP：全要素生产率）。本章是从 1978 年开始研究，所获时序数据资料仅有授权专利数，故以此表征技术创新程度。结合统计数据及趋势线分析，中国在 1978 年授权专利数仅有 1 698 件，经过 20 多年增值 10 万多件，变化速度较为平缓，而此期间共生度变化同样表现较为疲软；2000 年以来，授权专利数呈现激增态势，至 2015 年翻了 16 倍多，与此同时，特别是 δ_{IL} 由 $-0.157\ 7$ 增至 $0.642\ 7$，且与授权专利数的变化趋势较为一致（图 8 - 11）。

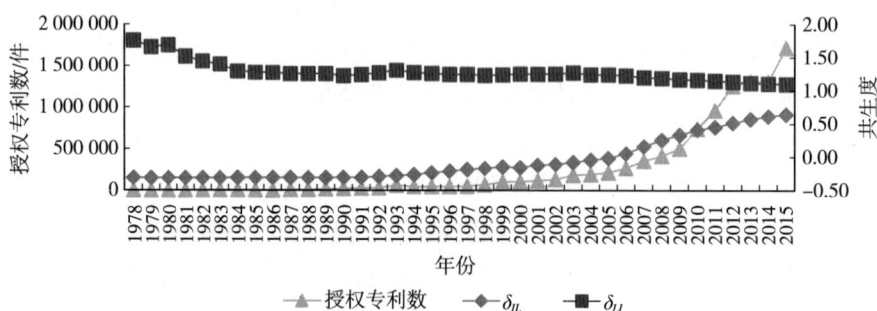

图 8 - 11　中国科技进步因素指标与共生度变化趋势

8.2.7　生态建设因素分析

2015 年发布的《中共中央　国务院关于加快推进生态文明建设的意见》

要求，推动技术创新和结构调整，提高发展质量和效益。从生态环境与产业发展的理论上讲，推进工业化、产业化、城镇化过程，资源环境对经济发展的约束逐渐强化，矛盾将更加突出。环境经济学认为，经济发展水平与生态环境一般遵循环境库兹涅茨曲线（environmental kuznets curves，EKC）（Grossman G，1995）。基于脱钩理论的脱钩指数，将经济增长与资源环境之间分为耦合、相对脱钩、绝对脱钩三种状态（Ru X，2012）。方创琳（2008）认为，城镇发展与生态环境的耦合度函数是EKC曲线和对数曲线的逻辑复合。其中，从产业结构升级转换角度，关于经济增长与生态环境之间关系，以及产业结构比例与生态环境的研究甚多。Grossman、Oosterhaven等研究得出，产业结构升级可改善环境质量，两者之间是倒"U"形关系。产业结构和环境污染之间存在倒"U"形关系，产业结构升级是提高环境质量的有效途径（Ru X，2012）。国内的王青等（2011）研究发现，产业结构升级率可降低单位产出的污染；王瑞鹏等（2013）进一步研究发现，产业结构每上升1%，环境污染会减少12.33%。不过，也有学者认为产业结构调整对环境质量带来负向影响。还有学者提出产业结构调整对解决环境污染问题的"有限作用说"，只是对部分生态环境响应或者响应不明显，典型代表有李姝（2011）、胡飞（2011）、杨冬梅（2014）等学者。从产业结构和环境污染的内在机理来看，产业结构优化升级受到环境库兹涅茨曲线影响很大，产业结构决定着资源消耗的种类和水平，同时产业结构变动调整使资源向利用效率更高的产业转移，从而提高了资源的利用效率、减少了污染排放量。由此可见，学者们更多地关心产业发展及生产建设如何对生态环境产生影响的单向机理，关于生态环境对产业结构调整的逆向机理研究较少，涉及政策对策层面居多（邢巧，2011；姚昱，2010），还是基于以开发利用为中心的生产建设，急需更多地关注在生态环境保护语境下的"反规划"思想，研究生态建设目标下的产业如何优化。

同样的，生态环境建设区域土地利用效益的重要前提条件及限制性因素在于区域土地利用叠加环境承载能力因素影响，即区域环境容量决定了区域土地利用效益的最高强度，以及经济效益、社会效益、生态效益的构成占比。区域社会经济发展过程中不断利用并改造自然环境；自然环境容纳着社会生产、生活中排放的各种废物，又在一定程度上制约着区域土地利用及社会经济效益的体现。任何区域的土地利用生产空间都是一个个相互联系的生态系统。生态环境良好，促进土地利用效益发挥；生态环境恶化，阻碍土地利用效益提升。环境容量原是生物学术语，指某给定生态系统所能容纳某物种的最大个体数。

《中国大百科全书》中将"环境容量"定义为：在人体健康、人类生存和生态系统不致受损害的前提下，一定地域环境中能容纳环境有害物质的最大负荷量。显然，环境承载及生态建设在某种意义上决定了土地利用效益程度的最高上限，以及对应的最优产业结构。基于以上分析，考虑到数据资料获取难度，在此采用建成区绿化覆盖率、工业固体废物综合利用率、生活垃圾无害化处理率的几何平均数代替生态建设情况，命名为生态环境建设指数。结合统计数据及趋势线分析，生态环境建设指数总体呈现递增趋势（图 8-12）。

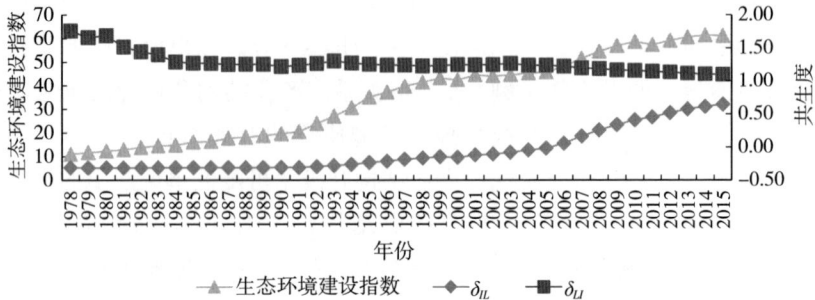

图 8-12　中国生态建设因素指标与共生度变化趋势

8.2.8　城乡协调因素分析

城乡协调与城乡统筹、城乡融合、城乡一体化等概念具有内在联系，均强调城镇和乡村统一纳入社会经济及生态环保的大系统体系，消除城乡对立、改变城乡分割，实现城乡生产要素合理配置，最终逐步消除城乡二元结构及缩小城乡差距。在此，针对城乡协调的思辨，可借助马克思地域分工经济理论加以阐释。分工既包括部门间、企业间和企业内分工，也包括把一定生产部门固定在国家一定区域的地域分工，产业集聚与城市和乡村的发展有着必然联系（梁琦，2009）。从空间优化配置视角，如何安排各种经济活动以建立最优国民经济空间结构，实现资源与经济要素优化组合，协调地区、部门及其内部之间的发展关系。一定产业落实在一定区域空间上，一定的劳动空间必然有一定的产业与之对应，对高效率和低成本的追求是产业集聚形成的内在动因。城市和乡村对立的消灭不仅是可能的，而且已经成为工业生产本身的直接需要。城乡之间只有相互合作、协调发展，才能实现城乡利益最大化，城乡协调发展是实现社会经济和谐发展的基础。

在社会主义和谐社会框架体系下，城乡协调发展作为重要战略举措，有利

于城乡共同发展及区域空间结构协调整合。通过劳动力、资本、物质、管理及
信息技术等要素在城乡之间双向流动，形成具有空间关联的地域关系，推进城
乡协调、持续发展。从促进社会总体财富增加的角度分析，要素流动会产生组
合效应，使空间高度分散的经济活动成为一个有机整体，从而使经济社会秩序
化，获得市场优势、资源优势和相对优势（兰宜生，2001）。在一个只有城市、
农村两个部门的社会里，城乡之间的要素交换是可以促进整体社会福利增加的
（张泓，2007）。追求土地利用社会效益、经济效益、生态效益最优化是解决人地
矛盾、城乡矛盾的必然选择，是实现经济、社会、资源与环境协调发展的要求，
是转变经济发展方式和调整产业结构的需要，是保障区域土地资源可持续利用
的客观要求。因此，必须统筹人口、产业、资源等生产要素在区域之间、区域
部门之间进行合理流动、优化配置及优势互补，消除城乡对立因素，促进城乡
共同繁荣。基于以上分析，结合中国城乡发展现实情况，结合数据资料，采用
城镇化水平、城乡收入差距指数两项指标加以衡量。结合统计数据及趋势线分
析，城镇化水平按照正常演变规律递增，城乡收入差距指数总体上升但波动性
较大（图 8-13）。

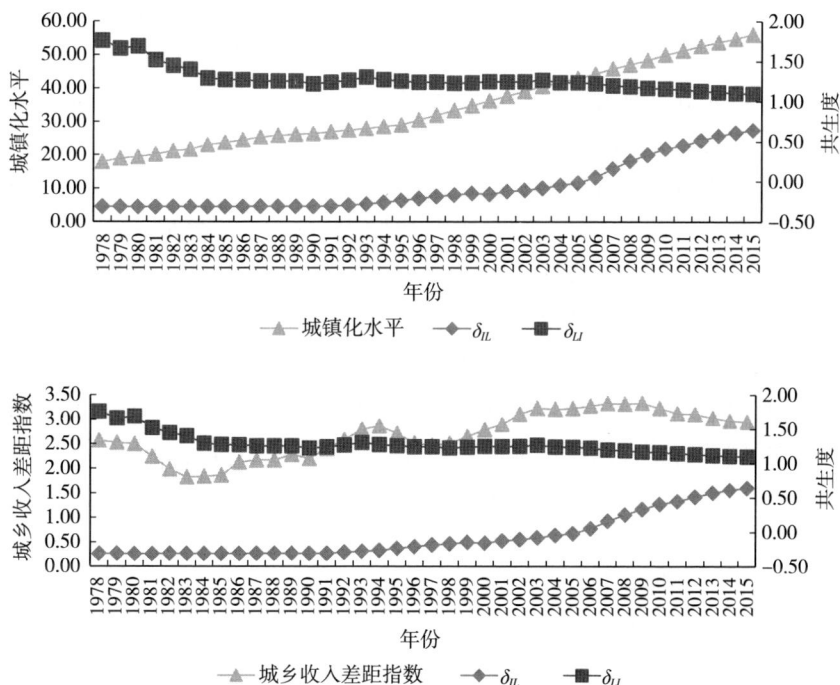

图 8-13　中国城乡协调因素指标与共生度变化趋势

8.3 产业结构优化与土地利用效益提升的共生关系影响因素计量分析

通过上文中国产业结构优化与土地利用效益提升的共生影响因素理论分析可知，受到资源供给、社会需求、土地市场、政府调控、土地集约、科技进步、生态建设、城乡协调等因素影响，但各类驱动因素作用方向具体如何、影响力具体程度如何，必须通过模型定量化分析加以确定。在此，根据理论阐释，分别构建中国时序及省级面板影响因素指标体系，验证分析影响因素指标数据，通过 Stata 数理分析软件，分别进行产业结构优化对土地利用效益提升、土地利用效益提升对产业结构优化的共生影响分析。

8.3.1 影响指标选取及描述

（1）指标选取

基于上文共生影响理论的阐述基础，秉持指标数据资料的可获得性、主导性、连续性、差异性等基本原则，从资源供给、社会需求、土地市场、政府调控、土地集约、科技推进、生态建设、城乡协调 8 个准则层，进一步甄选反映各个准则层的典型表征指标。资源供给准则选取就业人员数量规模、基础设施建设密度两项指标，以概括反映经济生产活动及社会发展的各项资源供给情况；社会需求准则仅以人均社会消费支出指标作为代替，受数据限制仅以经济社会需求层面为主，未能全方位、综合性代表人们的各种诉求倾向；土地市场准则以土地市场化率表征，省级面板指标对应到国有建设用地出让面积占比，但由于 1978—2015 年时序缺少数据支撑，在此仅以私营就业人员占比、私营工业产值占比的几何平均值代替；政府调控准则由于过于宏观及复杂，借鉴已有研究成果并从仅有数据资料考虑，选取固定资产投资占比、政府财政支出占比两项指标侧面反映政府调控强度；土地集约准则在前文原有理论分析基础上，进一步结合国家重点工作任务，倾向于以用地为核心视角的人均占用建设用地、单位 GDP 地耗两项指标，吻合共生体现下的人地关系协调；科技进步准则涉及数据资料诸多但时序性较差，在此仅以人均授权专利数作为唯一表征指标，在已有研究基础之上进行甄别；生态建设准则对应设置了生态环境建设指数，来源于建成区绿化覆盖率、工业固体废物综合利用率、生活垃圾无害化处理率三个数值的几何平均值，综合反映建成区绿化、工业废物及生活垃圾处理投资和成效；城乡协调准则可视为作为两个相对独立系统的城乡进行生产要素流动、能量交换及代谢的能力，选取城乡人口结构、城乡收入差距指数两项指标作为代表。

综上所述，从8个准则层最终选取就业人员数量规模、基础设施建设密度、人均社会消费支出、土地市场化率、固定资产投资占比、政府财政支出占比、人均占用建设用地、单位GDP地耗、人均授权专利数、生态环境建设指数、城乡人口结构、城乡收入差距指数12项表征指标，用于中国省级共生影响的实证分析及理论印证。

（2）指标描述

由于选取的指标涉及社会消费品零售总额、工业产值、全社会固定资产投资、国内生产总值及三次产业产值、城乡居民人均可支配收入等经济数据，为了消除价格波动影响经济变化的真实水平，在此将涉及年份CPI价格指数统一调整至1978年价格基准水平。为便于计量模型运用及表述方便，所有指标均采取字母表示。

eps：表示就业人员数量规模（万人），指第一产业就业人员数、第二产业就业人员数、第三产业就业人员数之和，反映劳动力资源总量规模。

icd：表示基础设施建设密度（千米/平方千米），用铁路里程、内河航线里程、公路里程之和除以国土面积测度。

sce：人均社会消费支出（元），用社会消费品零售总额除以区域总人口测度。

lm：土地市场化率（%），中国时序截面数据及省级面板数据指代有所区别，其中省级面板数据用国有建设用地出让面积占比替代，中国时序截面数据用私营就业人员占比、私营工业产值占比的几何平均值测度。

fir：固定资产投资占比（%），用区域全社会固定资产投资除以国内生产总值测度。

gep：政府财政支出占比（%），用区域一般公共预算支出除以国内生产总值测度。

clo：人均占用建设用地（公顷），主要表征城乡居民点及工矿用地节约集约水平，在此用居民点及工矿用地面积除以区域总人口测度。

glc：单位GDP地耗（公顷/万元），与*clo*表征意义相同，用区域居民点及工矿用地面积除以国内生产总值测度。

apn：人均授权专利数（件），用专利申请授权数除以区域总人口测度。

eci：生态环境建设指数（无量纲），用建成区绿化覆盖率、工业固体废物综合利用率、生活垃圾无害化处理率的几何平均值测度。

ul：城乡人口结构（%），中国时序截面数据用非农人口与年末总人口比值测度，省级面板数据采用城镇人口与年末总人口比值测度，以更加具有现实意义。

uri：城乡收入差距指数（无量纲），用城镇居民人均可支配收入与乡村居民人均可支配收入比值测度。

汇总共生影响因素指标如表8-3所示。人口数量、国民生产产值、居民人均可支配收入、三次产业就业人员数、私营就业人员占比、私营工业产值、铁路里程、内河航线里程、公路里程、社会消费品零售总额、全社会固定资产投资、一般公共预算支出、专利申请授权数等数据来源于《新中国六十年统计资料汇编》、历年《中国统计年鉴》及各个省份历年社会经济统计年鉴（特别是2016年度），辅助补充历年《中国人口和就业统计年鉴》《中国工业统计年鉴》《中国教育统计年鉴》《中国科技统计年鉴》；建成区绿化覆盖率、工业固体废物排放、生活垃圾无害化处理率主要来源于历年《中国统计年鉴》《中国环境年鉴》《中国环境统计年鉴》，个别年份数据还比照了《中国环境统计年报》，并对部分指标统计口径进行一致处理；国有建设用地出让面积、城乡居民点及工矿用地面积主要来源于《中国国土资源年鉴》，并与历年《中国统计年鉴》相互比对补充；仍有个别指标的部分年份数据缺失，采取合适方法插补。

表8-3 共生影响因素指标描述

准则层	指标层	指标代码	指标测度	单位
资源供给	就业人员数量规模	*eps*	第一产业就业人员数＋第二产业就业人员数＋第三产业就业人员数	万人
	基础设施建设密度	*icd*	（铁路里程＋内河航线里程＋公路里程）/国土面积	千米/平方千米
社会需求	人均社会消费支出	*sce*	社会消费品零售总额/总人口	元
土地市场	土地市场化率	*lm*	（私营就业人员占比×私营工业产值占比）$^{1/2}$（中国时序） 国有建设用地出让面积/国有建设用地供应总量（省级面板）	%

（续）

准则层	指标层	指标代码	指标测度	单位
政府调控	固定资产投资占比	fir	全社会固定资产投资/总产值	%
	政府财政支出占比	gep	一般公共预算支出/总产值	%
土地集约	人均占用建设用地	clo	居民点及工矿地面积/总人口	公顷
	单位 GDP 地耗	glc	居民点及工矿地面积/总产值	公顷/万元
科技进步	人均授权专利数	apn	专利申请授权数/总人口	件
生态建设	生态环境建设指数	eci	（建成区绿化覆盖率×工业固体废物综合利用率×生活垃圾无害化处理率）$^{1/3}$	无量纲
城乡协调	城乡人口结构	ul	非农人口/总人口（中国时序）城镇人口/年末总人口（省级面板）	%
	城乡收入差距指数	uri	城镇居民人均可支配收入/乡村居民人均可支配收入	无量纲

8.3.2　影响指标检验与分析

在对共生影响因素回归模型分析之前，十分必要进行数据检验分析。在此分别对中国时序数据进行共线性诊断、面板数据稳定性和协整关系检验、Hausman 检验，科学确定数据有效性及选取回归模型。为了尽可能地消除异方差影响，对所有变量指标原始数据进行自然对数处理，变量处理后为 lneps、lnicd、lnsce、lnlm、lnfir、lngep、lnclo、lnglc、lnapn、lneci、lnul、lnuri。

（1）时序数据共线性诊断

共生影响所选指标涉及人口、社会、经济及生态等宏观数据，部分指标因子之间难免存在较强的线性相关关系。当自变量之间存在严重的多重共线性时，如果直接进行回归模型分析，共线性影响可能使得模拟结果偏差较大，由于指标本身原因而造成计量精确度、可靠性得不到有效保证。在此，为了避免信息的重复性带来的结果偏差，在构建影响模型之前，要充分检验指标体系之间是否存在共线性及共线情况如何。综合参考相关研究成果，采用特征值、条件指数和方差分解比例三项指标诊断共线性，以此设定标准为：如果多个维度特征值至少有一个近似等于 0，条件指数大于 10，或者同一个特征值对应的方差系数至少有两个都大于 0.5，则认为存在多重共线性。以中国 1978—2015年共生影响时序数据分析，运用 SPSS 13.0 并按照"analyse‐regression‐linear"打开线性回归对话框，输入分析数据并勾选"collinearity diagnostics"，输出数据特征值、条件指数和方差分解比例，结果详见表 8-4。从共线性诊断结果分析，有多个维度特征值等于 0 或约为 0，对应其条件指数均超过 10，以及第 10 维度、第 13 维度均存在至少两个方差系数大于 0.5，说明部分指标之间存在明显多重共线性。

表 8-4　共生影响因素指标共线性诊断结果

维度	特征值	条件指数	常量	方差比例											
				lneps	lnicd	lnsce	lnlm	lnfir	lngep	lnclo	lnglc	lnapn	lneci	lnul	lnuri
1	12.175	1.000	0.00	0.00	0.00	0.00	0.00	0.00	0.00	0.00	0.00	0.00	0.00	0.00	0.00
2	0.728	4.089	0.00	0.00	0.00	0.00	0.00	0.01	0.00	0.00	0.00	0.00	0.00	0.00	0.00
3	0.074	12.797	0.00	0.00	0.00	0.00	0.04	0.01	0.00	0.00	0.00	0.00	0.00	0.00	0.00
4	0.012	31.432	0.00	0.00	0.00	0.00	0.00	0.03	0.00	0.00	0.00	0.00	0.00	0.00	0.18
5	0.006	44.932	0.00	0.00	0.00	0.00	0.15	0.04	0.06	0.00	0.00	0.00	0.00	0.00	0.03
6	0.003	64.769	0.00	0.00	0.00	0.00	0.03	0.11	0.00	0.00	0.00	0.02	0.01	0.00	0.14
7	0.001	138.864	0.00									0.36	0.12		
8	0.000	319.285	0.00				0.03	0.02	0.21	0.24		0.34	0.37		0.04
9	0.000	475.218	0.00				0.01		0.12			0.14	0.06		0.03
10	0.000	825.121	0.00				0.61	0.04	0.53	0.07	0.52				0.01
11	0.000	1 333.588	0.03				0.31	0.06	0.03	0.01	0.08	0.22	0.17	0.21	0.55
12	0.000	3 107.007	0.16	0.06	0.04	0.74	0.01	0.03	0.01	0.92	0.09	0.08	0.13	0.07	0.02
13	0.000	6 138.873	0.81	0.94	0.02	0.50	0.01	0.59	0.00	0.15	0.19	0.06	0.66		0.01

为了弄清楚指标之间具体的相关程度，再次运用 SPSS 13.0 进行 Pearson 法相关性分析，得到人均社会消费支出与基础设施建设密度之间的相关系数为 0.990，人均社会消费支出与城乡人口结构之间的相关系数为 0.987，城乡人口结构与基础设施建设密度之间也存在很强的相关性（相关系数高达 0.984），人均授权专利数与基础设施建设密度相关度同样较高（相关系数达到 0.970）。为了使得构建模型更加合理科学，相关度较高的两项指标不能同时出现在方程模型之中，但上述相关度较高指标不属于同一个影响因素范畴，可以一并纳入回归模型方程。

（2）面板数据稳定性检验

计量经济理论表明，众多经济变量尤其是面板数据大都是非平稳性变量，用非平稳性变量进行回归分析在很大程度上表现为伪回归。为避免伪回归现象，需要先对面板数据进行平稳性检验（赵亚莉，2015）。平稳性检验的方法采用单位根检验，包括 LLC、IPS、ADF、PP 等多种类型。在此采用 Levin-Lin-Chu（LLC）分别对共生度及其影响因素进行单位根检验，得到检验结果如表 8-5 所示。从检验结果可以看出，全国、东部地区、中部地区、西部地区变量数据均通过了 5% 显著性水平检验，表示均是平稳的，即都是同阶且 0 阶单整序列。由此可进一步表明，$\ln eps$、$\ln icd$、$\ln sce$、$\ln lm$、$\ln fir$、$\ln gep$、$\ln clo$、$\ln glc$、$\ln apn$、$\ln eci$、$\ln ul$、$\ln uri$ 分别对应就业人员数量规模、基础设施建设密度、人均社会消费支出、土地市场化率、固定资产投资占比、政府财政支出占比、人均占用建设用地、单位 GDP 地耗、人均授权专利数、生态环境建设指数、城乡人口结构、城乡收入差距指数，各变量指标序列都具同阶平稳。

（3）面板数据协整关系检验

同阶单整序列可以进一步作协整分析，出于研究结果稳健性，采用 Kao Residual Cointegration Test 对 δ_{IL}、δ_{LI} 分别检验全国、东部地区、中部地区、西部地区变量之间是否存在协整关系，这是建立在 Engle-Granger 二步法检验基础上的面板协整检验方法。检验结果显示变量之间存在长期稳定的均衡关系，可以进行模型建立及回归估计（表 8-6）。

表 8-5　面板数据 LLC 单位根检验

区域	变量	检验类型	T 值	P 值	结果	区域	变量	检验类型	T 值	P 值	结果
	δ_{IL}	(C, T, 2)	-14.112	0.002 6	稳定		δ_{IL}	(C, T, 2)	-20.554	0	稳定
	δ_{LI}	(C, T, 2)	-9.954	0.045 4	稳定		δ_{LI}	(C, T, 2)	-11.433	0	稳定
	$\ln eps$	(C, T, 2)	-20.631	0	稳定		$\ln eps$	(C, T, 2)	-17.999	0	稳定
	$\ln icd$	(C, T, 2)	-43.661	0	稳定		$\ln icd$	(C, T, 2)	-13.692	0	稳定
	$\ln sce$	(C, T, 2)	-17.901	0.000 5	稳定		$\ln sce$	(C, T, 2)	-15.273	0	稳定
	$\ln lm$	(C, T, 2)	-28.153	0	稳定		$\ln lm$	(C, T, 2)	-4.68	0.003 4	稳定
全国	$\ln fir$	(C, T, 2)	-22.432	0	稳定	中部地区	$\ln fir$	(C, T, 2)	-7.175	0	稳定
	$\ln gep$	(C, T, 2)	-12.445	0.000 7	稳定		$\ln gep$	(C, T, 2)	-12.445	0.023 5	稳定
	$\ln clo$	(C, T, 2)	-35.003	0	稳定		$\ln clo$	(C, T, 2)	-11.238	0	稳定
	$\ln glc$	(C, T, 2)	-17.758	0.000 1	稳定		$\ln glc$	(C, T, 2)	-20.617	0.000 1	稳定
	$\ln apn$	(C, T, 2)	-14.652	0.000 3	稳定		$\ln apn$	(C, T, 2)	-12.381	0.000 3	稳定
	$\ln eci$	(C, T, 2)	-26.329	0	稳定		$\ln eci$	(C, T, 2)	-15.871	0	稳定
	$\ln ul$	(C, T, 2)	-12.001	0	稳定		$\ln ul$	(C, T, 2)	-19.047	0	稳定
	$\ln uri$	(C, T, 2)	-22.533	0	稳定		$\ln uri$	(C, T, 2)	-16.928	0	稳定

（续）

区域	变量	检验类型	T 值	P 值	结果	区域	变量	检验类型	T 值	P 值	结果
	δ_{IL}	(C，T，2)	−12.201	0.002 6	稳定		δ_{IL}	(C，T，2)	−16.627	0	稳定
	δ_{LI}	(C，T，2)	−9.991	0.042 3	稳定		δ_{LI}	(C，T，2)	−25.095	0	稳定
	lneps	(C，T，2)	−10.567	0.004 3	稳定		lneps	(C，T，2)	−10.539	0.006 2	稳定
	lnicd	(C，T，2)	−29.442	0	稳定		lnicd	(C，T，2)	−15.517	0	稳定
	lnsce	(C，T，2)	−6.398	0.002 4	稳定		lnsce	(C，T，2)	−18.062	0	稳定
	lnlm	(C，T，2)	−10.616	0	稳定		lnlm	(C，T，2)	−33.41	0	稳定
东部地区	lnfir	(C，T，2)	−9.324	0.008 1	稳定	西部地区	lnfir	(C，T，2)	−19.926	0	稳定
	lngep	(C，T，2)	−13.711	0.000 6	稳定		lngep	(C，T，2)	−11.277	0	稳定
	lnclo	(C，T，2)	−8.828	0.013	稳定		lnclo	(C，T，2)	−19.078	0	稳定
	lnglc	(C，T，2)	−11.088	0.000 1	稳定		lnglc	(C，T，2)	−10.115	0	稳定
	lnapn	(C，T，2)	−10.845	0.000 2	稳定		lnapn	(C，T，2)	−6.216	0.006	稳定
	lneci	(C，T，2)	−9.825	0.007	稳定		lneci	(C，T，2)	−26.329	0	稳定
	lnul	(C，T，2)	−7.362	0.001 2	稳定		lnul	(C，T，2)	−12.001	0	稳定
	lnuri	(C，T，2)	−8.982	0.001 5	稳定		lnuri	(C，T，2)	−12.595	0	稳定

表 8-6　面板数据 Kao Residual Cointegration 协整检验结果

区域	模型方程	ADF 统计量	P 值	结果
全国	δ_{IL}	4.301 744 36	0.000 3	协整
	δ_{LI}	3.201 334 43	0.001 8	
东部地区	δ_{IL}	4.100 683 23	0.000 1	协整
	δ_{LI}	3.500 142 78	0.000 7	
中部地区	δ_{IL}	−4.200 176	0.000 1	协整
	δ_{LI}	−3.120 189	0.002 3	
西部地区	δ_{IL}	4.014 344 67	0.000 1	协整
	δ_{LI}	3.011 754 27	0.003 2	

8.3.3　计量模型构建及回归处理

通过建立多元线性回归模型，判识影响共生度差异的主要因素。以某个省份某一年度的数据为 1 个样本，利用 2006—2015 年中国 31 个省份的数据，共得到全国 310 个样本，东部地区、中部地区、西部地区的样本数量分别为 110

个、80 个、120 个，建立面板数据模型具体如下：

模型 1：产业结构优化对土地利用效益提升的共生度（δ_{IL}）

$$\delta_{ILit} = \beta_0 + \beta_1 \ln eps_{it} + \beta_2 \ln icd_{it} + \beta_3 \ln sce_{it} + \beta_4 \ln lm_{it} + \beta_5 \ln fir_{it} + \beta_6 \ln gep_{it} +$$
$$\beta_7 \ln clo_{it} + \beta_8 \ln glc_{it} + \beta_9 \ln apn_{it} + \beta_{10} \ln eci_{it} + \beta_{11} \ln ul_{it} + \beta_{12} \ln uri_{it} + \varepsilon_{it} \quad (8-8)$$

模型 2：土地利用效益提升对产业结构优化的共生度（δ_{LI}）

$$\delta_{LIit} = \beta_0 + \beta_1 \ln eps_{it} + \beta_2 \ln icd_{it} + \beta_3 \ln sce_{it} + \beta_4 \ln lm_{it} + \beta_5 \ln fir_{it} + \beta_6 \ln gep_{it} +$$
$$\beta_7 \ln clo_{it} + \beta_8 \ln glc_{it} + \beta_9 \ln apn_{it} + \beta_{10} \ln eci_{it} + \beta_{11} \ln ul_{it} + \beta_{12} \ln uri_{it} + \varepsilon_{it} \quad (8-9)$$

式中，i 代表省份，$i = 1$，2，$\cdots$，31；t 代表各个年度，$t = 2006$，2007，$\cdots$，2015；δ_{ILit}、δ_{LIit} 分别代表第 i 个省份在第 t 年的共生度，为被解释变量；eps_{it}、icd_{it}、sce_{it}、lm_{it}、fir_{it}、gep_{it}、clo_{it}、glc_{it}、apn_{it}、eci_{it}、ul_{it}、uri_{it} 分别表示第 i 个省份就业人员数量规模、基础设施建设密度、人均社会消费支出、土地市场化率、固定资产投资占比、政府财政支出占比、人均占用建设用地、单位 GDP 地耗、人均授权专利数、生态环境建设指数、城乡人口结构、城乡收入差距指数，均为解释变量；ε_{it} 为既随时间变化又随个体变化的随机干扰项。2006—2015 年中国 31 个省份共生度及其影响因素的面板数据的描述性统计结果如表 8-7 所示，lnapn、lnglc、lnicd、lneps 各省域差异较大，而 δ_{IL}、δ_{LI}、lnul、lnuri 则比较均衡。

表 8-7　共生影响因素指标统计描述

统计量	δ_{IL}	δ_{LI}	lneps	lnicd	lnsce	lnlm	lnfir	lngep	lnclo	lnglc	lnapn	lneci	lnul	lnuri
均值	−0.122 2	1.295 6	7.503 8	4.173 8	−1.638 8	4.001 0	−0.605 9	−1.733 8	−3.627 3	−3.217 3	0.867 4	7.403 0	3.900 9	1.055 7
中位数	−0.216 3	1.249 6	7.633 0	4.421 6	−1.659 4	4.095 0	−0.450 1	−1.670 4	−3.848 3	−3.101 9	0.784 6	7.526 8	3.905 8	1.044 3
最大值	0.620 9	2.146 8	8.800 3	5.258 5	−0.258 8	4.520 0	0.283 9	0.297 1	−0.628 0	−0.234 1	4.412 2	10.456 4	4.495 4	1.524 7
最小值	−0.401 3	0.798 2	4.998 6	1.328 1	−3.226 7	2.300 0	−3.118 0	−3.877 6	−4.654 0	−6.845 1	−9.210 3	3.090 5	3.050 7	0.612 6
标准差	0.014 8	0.011 2	0.051 4	0.050 9	0.033 8	0.022 1	0.033 3	0.039 6	0.046 9	0.064 9	0.080 7	0.046 9	0.016 1	0.010 5

进行面板数据回归计量过程的关键在于具体确定调用哪种回归模型，根据研究数据类型，也就是采用个体随机效应模型还是个体固定效应模型。通常采用 Hausman 检验确定具体模型取向，确定原则就是：Hausman 检验结果拒绝原假设，表明选择固定效应模型，否则采用随机效应模型（陈强，2014）。在此，考虑到全国层面下的省际面板数据可能存在较大差异性，导致横截面异方差明显，回归过程采用 GLS（即广义最小二乘法）。运用 Stata 14.0，采用 31 个省份 2006—2015 年面板数据，按照全国、东部地区、中部地区、西部地区，分别运行固定效应模型和随机效应模型，结果如表 8-8、表 8-9 所示。

表 8-8　产业结构优化对土地利用效益提升共生度的模型回归结果

区域 模型类型	全国		东部地区		中部地区		西部地区	
	固定效应	随机效应	固定效应	随机效应	固定效应	随机效应	固定效应	随机效应
$\ln(eps)$	0.011 (0.279)	−0.045** (−2.251)	0.162** (2.300)	−0.084*** (−3.988)	0.046 (0.718)	0.063** (2.109)	−0.163** (−2.349)	−0.049*** (−3.875)
$\ln(icd)$	−0.196*** (−2.871)	0.061*** (2.848)	−0.427** (−2.630)	0.277*** (7.285)	0.244*** (2.908)	0.071** (2.169)	−0.151 (−1.410)	0.016 (1.593)
$\ln(sce)$	0.003 (0.061)	0.132*** (2.882)	−0.034 (−0.350)	0.067 (1.052)	−0.341*** (−4.259)	−0.123*** (−3.705)	0.305*** (2.673)	0.376*** (8.748)
$\ln(lm)$	−0.018* (−1.681)	−0.012 (−1.003)	−0.048** (−1.991)	−0.016 (−0.625)	−0.013 (−1.162)	−0.040** (−2.280)	−0.015 (−1.009)	−0.007 (−0.486)
$\ln(fir)$	−0.073** (−2.342)	−0.176*** (−6.773)	0.083 (1.615)	−0.117*** (−4.553)	−0.111*** (−2.849)	0.023 (0.558)	−0.228*** (−3.924)	−0.237*** (−4.650)
$\ln(gep)$	0.104** (2.581)	0.072** (2.262)	−0.047 (−0.594)	0.033 (0.891)	0.287*** (5.649)	−0.016 (−0.296)	0.133** (2.300)	0.010 (0.275)
$\ln(clo)$	0.075* (1.696)	−0.074** (−2.564)	0.079 (1.126)	−0.074* (−1.796)	0.243*** (4.375)	0.063 (1.563)	−0.056 (−0.752)	−0.200*** (−5.984)
$\ln(glc)$	−0.066 (−1.580)	0.073*** (2.583)	−0.069 (−1.013)	0.067 (1.608)	−0.220*** (−4.100)	−0.049 (−1.206)	0.065 (0.922)	0.195*** (5.728)
$\ln(apn)$	0.009* (1.920)	0.012** (2.293)	0.013 (1.232)	0.010 (0.942)	−0.005 (−0.633)	0.010 (0.821)	0.016** (2.582)	0.018*** (2.728)
$\ln(eci)$	0.027*** (3.094)	0.038*** (4.259)	0.052 (1.144)	0.125*** (4.734)	0.064*** (3.475)	0.048** (1.966)	0.046*** (4.253)	0.051*** (5.115)
$\ln(ul)$	0.372*** (2.974)	0.374*** (4.765)	0.835*** (3.017)	0.461*** (4.560)	0.532*** (5.849)	0.378*** (3.414)	−0.303 (−1.018)	0.030 (0.448)
$\ln(uri)$	−0.004 (−0.061)	−0.021 (−0.339)	0.096 (0.841)	−0.166* (−1.776)	−0.077 (−0.873)	−0.116 (−1.404)	−0.103 (−0.883)	0.037 (0.565)
常数项	−0.773 (−0.997)	−1.516*** (−3.790)	−2.919 (−1.594)	−3.206*** (−5.018)	−3.988*** (−4.999)	−2.742*** (−4.515)	3.068* (1.898)	0.041 (0.148)
N	310	310	110	110	80	80	120	120
R^2	0.637	0.604 3	0.711	0.566 6	0.920	0.848 5	0.663	0.625 8
F (Wald chi2)	39.122	690.39	17.867	2 083.04	57.239	293.75	15.714	429.47

注：***、**、*分别表示在 1%、5%、10%水平下显著。

表 8-9　土地利用效益提升对产业结构优化共生度的模型回归结果

区域 模型类型	全国		东部地区		中部地区		西部地区	
	固定效应	随机效应	固定效应	随机效应	固定效应	随机效应	固定效应	随机效应
$\ln(eps)$	−0.285*** (−3.574)	0.068** (2.166)	0.030 (0.365)	0.006 (0.228)	−0.079 (−0.314)	0.113 (1.355)	−0.584*** (−3.612)	0.078** (2.418)
$\ln(icd)$	0.212 (1.569)	−0.046 (−1.462)	−0.579*** (−3.067)	0.027 (0.610)	0.711** (2.152)	0.054 (0.592)	0.310 (1.242)	−0.071*** (−2.718)
$\ln(sce)$	−0.270** (−2.574)	−0.274*** (−3.526)	0.071 (0.628)	−0.088 (−1.189)	−0.841*** (−2.665)	0.083 (0.892)	−0.283 (−1.064)	−0.210* (−1.909)
$\ln(lm)$	0.014 (0.670)	0.016 (0.705)	−0.034 (−1.216)	0.008 (0.262)	0.027 (0.641)	0.034 (0.686)	0.045 (1.335)	0.069* (1.743)
$\ln(fir)$	−0.107* (−1.728)	0.090** (1.998)	0.129** (2.173)	0.134*** (4.528)	−0.305* (−1.984)	−0.178 (−1.544)	−0.079 (−0.579)	0.177 (1.357)
$\ln(gep)$	0.314*** (3.940)	0.069 (1.255)	−0.034 (−0.366)	−0.129*** (−3.017)	0.970*** (4.846)	0.662*** (4.378)	0.255* (1.885)	−0.003 (−0.034)
$\ln(clo)$	0.193** (2.225)	0.162*** (3.267)	0.085 (1.040)	0.016 (0.344)	0.637*** (2.906)	0.450*** (3.982)	0.178 (1.033)	0.195** (2.279)
$\ln(glc)$	−0.215** (−2.582)	−0.178*** (−3.654)	−0.094 (−1.179)	−0.013 (−0.276)	−0.661*** (−3.127)	−0.482*** (−4.228)	−0.200 (−1.222)	−0.220** (−2.518)
$\ln(apn)$	−0.001 (−0.059)	−0.008 (−0.781)	0.043*** (3.507)	0.018 (1.397)	0.006 (0.208)	−0.054 (−1.587)	−0.012 (−0.842)	−0.027* (−1.649)
$\ln(eci)$	−0.020 (−1.175)	−0.038** (−2.252)	−0.092* (−1.733)	−0.079*** (−2.584)	−0.056 (−0.764)	−0.321*** (−4.686)	−0.035 (−1.391)	−0.078*** (−3.014)
$\ln(ul)$	−0.382 (−1.544)	0.248** (1.984)	−1.136*** (−3.531)	0.032 (0.272)	−0.518 (−1.446)	−0.855*** (−2.747)	−0.007 (−0.010)	0.738*** (4.362)
$\ln(uri)$	−0.178 (−1.359)	0.227** (2.060)	−0.297** (−2.238)	0.030 (0.273)	−0.275 (−0.795)	0.428* (1.848)	0.061 (0.225)	0.840*** (4.954)
常数项	4.371*** (2.848)	−0.269 (−0.417)	9.489*** (4.456)	1.124 (1.518)	1.795 (0.571)	6.746*** (3.956)	4.300 (1.141)	−2.644*** (−3.686)
N	310	310	110	110	80	80	120	120
R^2	0.229	0.1191	0.356	0.1197	0.487	0.3128	0.303	0.0937
F (Wald chi2)	6.602	83.31	4.003	121.66	4.754	62.73	3.483	95.42

注：***、**、*分别表示在1%、5%、10%水平下显著。

为了明确到底是固定效应模型最优还是随机效应模型最优，对模型 1 (δ_{IL})、模型 2 (δ_{LI}) 分全国、东部地区、中部地区、西部地区，分别进行固定效应和随机效应的 Hausman 检验，得到 Hausman 检验结果如表 8 - 10 所示。从 Hausman 检验结果分析，模型 1 (δ_{IL})、模型 2 (δ_{LI}) 涉及全国、东部地区、中部地区、西部地区四个模型，P 值均小于 0.05，所以拒绝原有假设，即选择固定效应模型最优且科学合理。

表 8 - 10　Hausman 检验结果

区域	模型 1 (δ_{IL})				模型 2 (δ_{LI})			
	全国	东部地区	中部地区	西部地区	全国	东部地区	中部地区	西部地区
chi2	67.97	43.63	46.90	30.97	58.67	43.26	27.44	43.89
Prob>chi2	0.000 0	0.000 0	0.000 0	0.001 1	0.000 0	0.000 0	0.000 3	0.000 0

8.3.4　产业结构优化对土地利用效益提升共生度的影响分析

根据产业结构优化对土地利用效益提升共生度的固定效应模型回归结果，按照不同区域类别分析。从全国层面看，基础设施建设密度、生态环境建设指数、城乡人口结构在 1% 水平下通过显著性检验，固定资产投资占比、政府财政支出占比在 5% 水平下通过显著性检验，土地市场化率、人均占用建设用地、人均授权专利数在 10% 水平下通过显著性检验；从东部地区层面看，仅有城乡人口结构在 1% 水平下通过显著性检验，就业人员数量规模、基础设施建设密度、土地市场化率在 5% 水平下通过显著性检验；从中部地区层面看，除了就业人员数量规模、土地市场化率、人均授权专利数、城乡收入差距指数等 4 个变量之外，其余 8 个变量均在 1% 水平下通过显著性检验；从西部地区层面看，人均社会消费支出、固定资产投资占比、生态环境建设指数在 1% 水平下通过显著性检验，就业人员数量规模、政府财政支出占比、人均授权专利数在 5% 水平下通过显著性检验。按照不同影响因素指标分析，就业人员数量规模仅在东部地区、西部地区通过 5% 水平下的显著性检验；基础设施建设密度在全国、中部地区通过 1% 水平下的显著性检验，在东部地区通过 5% 水平下的显著性检验；人均社会消费支出仅在中部地区、西部地区通过 1% 水平下的显著性检验；土地市场化率在全国、东部地区仅分别通过 10%、5% 水平下的显著性检验；固定资产投资占比、政府财政支出占比除在东部地区不显著外，在其他区域显著性较强；人均占用建设用地、单位 GDP 地耗在中部地区通过 1％水平下的显著性检验，在其他区域显著性不强；人均授权专利数在全国、西部地区分别通过 10％、5％水平下的显著性检验，而东部地区、中部地区均未通过显著性检验；生态环境建设指数除了东部地区之外，其他区域均通过 1％水平下的显著性检验；城乡人口结构除了西部地区之外，其他区域同样均通过 1％水平下的显著性检验；城乡收入差距指数在任何区域均未通过显著性检验。

基于回归模型总体反映、因素作用力大小及正负系数分析，基础设施建设密度、人均社会消费支出、固定资产投资占比、政府财政支出占比、生态环境建设指数、城乡人口结构是影响产业结构优化对土地利用效益提升共生度的核心因素，且全国、东部地区、中部地区、西部地区的 R^2、F 值均较大，表明模型估计结果总体较好，所得结果进一步佐证及理顺理论预期。①在不考虑其他因素的影响下，基础设施建设密度每增加 1％，全国 δ_{IL} 则降低 0.196％，东部地区 δ_{IL} 甚至降低 0.427％，中部地区 δ_{IL} 却增加 0.244％，表明全国及东部地区应该适当降低基础设施建设密度增加速度，而中部地区要加大基础设施建设步伐，提高基础设施建设密度，优化承接产业转移环境及产业结构，提升土地开发利用综合效益。②人均社会消费支出虽在全国及东部地区未通过显著性检验，但是针对中部地区和西部地区显著性明显。人均社会消费支出每增加 1％，中部地区 δ_{IL} 降低 0.341％，西部地区则会提高 0.305％，表明 δ_{IL} 对人均社会消费支出较为敏感，中部地区和东部地区应适当降低人均社会消费支出增长幅度，西部地区现有人均社会消费支出较低故需大力提升，重点拉动低消费支出区域的需求水平。③固定资产投资占比除了在东部地区未通过显著性检验外，在全国、中部地区、西部地区均通过较强水平下的显著性检验，固定资产投资占比每增加 1％，在全国、中部地区、西部地区的 δ_{IL} 分别降低 0.073％、0.111％、0.228％。反过来可以这么说，为了减缓 δ_{IL} 过快增长而达到与 δ_{LI} 均衡协调以实现对称互惠共生，可以增强固定资产投资占比，尤以中部、西部地区为甚，并借助政府宏观调控实现区域倾向投资。④同样的，政府财政支出占比除了东部地区外，在全国、中部地区及西部地区表现出强烈的正向显著。政府财政支出占比每增加 1％，全国、中部地区及西部地区的 δ_{IL} 分别提升 0.104％、0.287％、0.133％，表明财政支出无区域差异且总体上对 δ_{IL} 起到正向促进作用，财政支出可以作为政府调节 δ_{IL} 增减的重要手段。⑤生态环境建设指数在东部地区未通过显著性检验，但是在全国、中部地区、西部地区通过 1％水平下的显著性检验。生态环境建设指数每增加 1％，全国、中部地区、西部地区的 δ_{IL} 则分别增长 0.027％、0.064％、0.046％，可以进一步表明生

态环境建设对 δ_L 总体起到正向促进作用，也说明了加强生态环境建设是提升 δ_L 的优先保障，不论处于哪个区域、哪个发展阶段均要将建设生态环境放在重要位置。⑥城乡人口结构除了在西部地区未通过显著性检验之外，在其他区域均在 1% 水平下通过显著性检验。城乡人口结构每增加 1%，全国、东部地区、中部地区的 δ_L 则分别增加 0.372%、0.835%、0.532%，且弹性系数均非常大，表明城乡人口结构（城镇化）确实是促进 δ_L 快速提高的"利器"，促进乡村人口逐步向城镇转移以提高 δ_L 总体水平。但有一点，由于西部地区表现不明显，考虑从突出城乡的更大区域转移，将西部地区人口逐步向东部沿海及中部重要城市带迁移，新型城镇化建设重点应放在资源环境较好、发展基础水平较优的区域以吸纳乡村人口及西部人口转移，或者结合人口承载容量而积极诱导西部人口转出以促进中国整体区域 δ_L 提升。

除了产业结构优化对土地利用效益提升共生度的主要核心影响因素之外，其他控制变量回归结果同样值得分析。①就业人员数量规模在东部地区、西部地区通过 5% 水平下的显著性检验，但在东部地区就业人员数量规模对 δ_L 起到正向促进作用，而西部地区恰恰相反。可以这么认为，随着就业人员数量规模增加，东部发达区域能够保持或提高劳动生产率以促进产业结构优化升级、土地利用效益逐步提升，而西部地区不具备这种能力或条件。可从另一个侧面洞悉，为了提高整体 δ_L 而适度加大东部地区就业人员吸纳能力，这一点可以与城乡人口结构因素相呼应。②土地市场化率在全国总体层面仅在 10% 水平下通过显著性检验，东部地区在 5% 水平下通过显著性检验，且均为负作用，与理论预期部分相悖。究其原因，一方面，从内在本质上看，不是单项性考虑产业结构、土地利用效益的某一方面，而是从统筹两者质量和数量的综合视角阐释，在产业结构调整及土地利用效益提升到一定程度条件下，理想的共生状态实现路径需要在市场运行基础上强化政府宏观调控作用。代表政府调控层面的固定资产投资占比、政府财政支出占比两项指标在 1% 或 5% 水平下具有很强显著性，以此得到进一步佐证，如东部省份过高的市场化水平反而较强制约 δ_L 提高。另一方面，从外在表现上看，产业发展、土地开发利用涉及自然资源、区位条件、政策规划、社会经济基础等诸多影响因素，而市场只是实现各项生产要素配置及优化组合的一种手段，特别是本书中界定的土地利用效益是涵盖土地社会经济及生态环境的综合效益表征，市场作用目标在很大程度上侧重于土地社会经济效益，而对生态环境效益作用通道及作用大小甚微。过高的市场化水平会降低共生度，反过来也就是减弱土地利用效益对产业结构的影响，特别是生态环境对产业结构的约束作用，这一点同样在第 5 章理论阐述部分提到。③人均占用建设用地、单位 GDP 地耗代表土地集约利用两项指标，从中国层面的时序数据共线性诊断，两者共线性很强且可以统一阐释，两者对 δ_{lt} 影响作用相反但表达意义是一样的，统一归入提高用地集约水平能够促进共生度提高。两者恰巧仅在中部地区通过 1％ 水平下的显著性检验，其他区域未通过显著性检验，表明中部地区应该提高用地集约水平以实现 δ_{lt} 提高，但用地集约水平提升到一定水平后（如东部沿海省份），对 δ_{lt} 影响效果就并不明显。④代表科技进步的人均授权专利数，在全国、西部地区仅分别在 5％、10％ 水平下显著。可能原因在于：一方面，授权专利可以跨区域、跨国别进行转移买卖，以此拒绝指标代表区域性的前提假设；另一方面，科技进步只能说明行业产品类型及种类可能发生更新换代，对产业结构影响还有待长期考验，而土地利用效益特别是生态环境维度对科技进步响应甚微。

8.3.5　土地利用效益提升对产业结构优化共生度的影响分析

根据土地利用效益提升对产业结构优化共生度的固定效应模型回归结果，按照不同区域类别分析。从全国层面看，就业人员数量规模、政府财政支出占比在 1％ 水平下通过显著性检验，人均社会消费支出、人均占用建设用地、单位 GDP 地耗在 5％ 水平下通过显著性检验，仅有固定资产投资占比在 10％ 水平下通过显著性检验；从东部地区层面看，基础设施建设密度、人均授权专利数、城乡人口结构在 1％ 水平下通过显著性检验，固定资产投资占比、城乡收入差距指数在 5％ 水平下通过显著性检验，同样仅有生态环境建设指数在 10％ 水平下通过显著性检验；从中部地区层面看，人均社会消费支出、政府财政支出占比、人均占用建设用地、单位 GDP 地耗在 1％ 水平下通过显著性检验，基础设施建设密度、固定资产投资占比分别在 5％、10％ 水平下通过显著性检验；从西部地区层面看，仅有就业人员数量规模、政府财政支出占比分别在 1％、10％ 水平下通过显著性检验。同样按照不同影响因素分析，就业人员数量规模在全国、西部地区通过 1％ 水平下的显著性检验；基础设施建设密度在东部地区、中部地区分别通过 1％、5％ 水平下的显著性检验；人均社会消费支出在全国、中部地区分别通过 5％、1％ 水平下的显著性检验；土地市场化率未通过任何区域显著性检验；固定资产投资占比除了在西部地区未通过显著性检验外，在全国及其他地区均通过 5％ 或 10％ 水平下的显著性检验；政府财政支出占比在全国及中部地区通过 1% 水平下的显著性检验，在西部地区通过 10% 水平下的显著性检验，在东部地区未通过显著性检验；人均占用建设用地、单位 GDP 地耗在全国、中部地区分别通过 5%、1% 水平下的显著性检验，其他区域未能通过检验；人均授权专利数、生态环境建设指数、城乡人口结构、城乡收入差距指数仅在东部地区分别通过 1%、10%、1%、5% 水平下的显著性检验，其他区域均未通过检验。

基于回归模型总体反映、因素作用力大小及正负系数分析，就业人员数量规模、人均社会消费支出、固定资产投资占比、政府财政支出占比、人均占用建设用地、单位 GDP 地耗是影响土地利用效益提升对产业结构优化共生度的核心因素，不过在全国、东部地区、中部地区、西部地区的 R^2、F 值均较小，其中 R^2 分别仅为 0.229、0.356、0.487、0.303，表明模型估计结果总体一般。不过部分结果与理论设想基本一致，部分结果有待进一步阐释。①在不考虑其他因素的影响下，就业人员数量规模仅在全国、西部地区通过 1% 水平下的显著性检验。就业人员数量规模每增加 1%，全国层面、西部地区层面的 δ_{LI} 则分别降低 0.285%、0.584%。反过来也就是说，减少就业人员数量规模及调整就业人员结构，才能够促进 δ_{LI} 提高。其产业经济学意义在于能够提高土地利用效益对产业结构的共生度。②人均社会消费支出在全国及中部地区分别通过了 5%、1% 水平下的显著性检验，人均社会消费支出每增加 1%，中部地区 δ_{LI} 却降低 0.841%，也就是说中部地区的人均社会消费支出对 δ_{LI} 呈现负相关性，而东部地区及西部地区都不存在此种现象。通过全国及东部地区、中部地区、西部地区的比较分析，可以认为，人均消费支出数量一旦达到一定规模，其消费结构比重（诸如恩格尔系数）将对 δ_{LI} 作用方向起到决定作用，因此 δ_{LI} 的人均社会消费支出影响因素叠加考虑到支出占比更佳。③固定资产投资占比除了在西部地区未通过显著性检验外，其他地区域均通过 10% 或 5% 水平下的显著性检验，但对全国及中部地区为负向作用、对东部地区为正向作用，说明为了提高 δ_{LI}，中部地区及全国层面应适当降低固定资产投资占比，而东部地区可以适当提高固定资产投资占比。简而言之，固定资产投资要考虑各省份 GDP 产出总值，其占比不能过大，否则影响资产投资效应对产业发展及土地利用效益的作用，进而影响 δ_{LI} 的进一步提高。④政府财政支出占比除了在东部地区未通过显著性检验外，全国及其他区域均通过显著性检验。政府财政支出占比每增加 1%，全国、中部地区、西部地区的 δ_{LI} 均相应增加 0.314%、0.970%、0.255%，正向作用和增长弹性均较大。这集中说明一点，在政府财政支出能够很好地表征政府调控力度大小的假设条件下，δ_{LI} 受到政府调控作用的影响很大，进一步说明政府通过区域财政支出及其财政支付转移的作用力度能够顺利传递至产业结构对土地利用效益的影响，约束土地利用效益优化对产业结构提升的共生度。⑤人均占用建设用地、单位 GDP 地耗相关度很高，使得回归结果相同，跟上小节结论完全一致。两者在中部地区通过了 1％水平下的显著性检验，且对 δ_{LI} 的贡献系数非常高，分别达到 0.637、0.661，其他区域未通过显著性检验。这表明中部地区务必要注重提高建设用地节约集约水平，只有这样才能兼顾提高 δ_{IL} 和 δ_{LI}，实现共生度处于高位水平下的对称互惠共生。这一点是前文理论尚未阐释之处，通过计量分析挖掘总结归纳出来。

除了土地利用效益提升对产业结构优化共生度的主要核心影响因素之外，其他控制变量回归结果同样能够分析得出有益结论。①基础设施建设密度在东部地区、中部地区分别通过 1％、5％水平下的显著性检验，不过对东部地区作用为负向、对中部地区作用却为正向。这说明同样是为了提高 δ_{LI}，东部地区由于基础设施达到饱和而暂缓建设投资，中部地区由于加快产业转型升级及用地资源开发利用而加大基础设施建设步伐，促进产业发展及资源开发。②土地市场化率在各个区域均未通过显著性检验，与理论预期相悖，与上小节结果类似，不再赘述。③人均授权专利数只在东部地区通过 1％水平下的显著性检验，且作用为正向，其他区域均未通过检验。这说明只有东部地区在产业结构对土地利用效益的影响作用中科技进步起到推进作用，科技进步在东部地区表现明显，其他区域科技进步表现不明显或科学技术未很好地转化至生产发展及建设过程中。④生态环境建设指数仅在东部地区通过 10％水平下的显著性检验，系数呈现负值，说明东部地区生态环境建设投资已达到一定规模水平下，若继续追加投资建设，将对 δ_{LI} 起到负向制约作用，也说明生态环境建设在影响 δ_{LI} 演变过程中存在适度门槛。⑤城乡人口结构仅在东部地区通过 1％水平下的显著性检验，作用方向也是负向，说明在提高 δ_{LI} 的过程中，东部地区应该适当放缓城镇化推进步伐，转而优化城镇内部用地结构、产业结构及就业结构，在城镇化推进过程中要做好时间、空间、结构上的统筹安排。⑥城乡收入差距指数只有东部地区通过 5％水平下的显著性检验，作用方向也是负向，正好说明东部地区城乡收入差距明显扩大已影响到 δ_{LI} 提高，也表明在社会经济较为发达情境下，缩小城乡收入差距能够适当提高 δ_{LI} 值。其与城乡人口结构一并阐释了城乡协调发展在产业结构优化、土地利用效益提升及其共生关系过程中具有不可替代的辅助作用。

8.4 产业结构优化与土地利用效益提升共生测度技术推广——以安徽为例

系统梳理中国产业结构优化与土地利用效益提升共生测度公式、流程及方法，提炼形成共生测度技术，为了进一步验证该技术在不同空间尺度下的推广运用性，在此以安徽为实际案例，依次测度产业结构优化度、土地利用效益度及其共生度，结合测度结果及上文阐释的共生影响因素，提出适合安徽产业结构优化与土地利用效益提升共生协调发展的对策路径。

8.4.1 产业结构优化度

收集整理 2000—2015 年安徽 16 个地市的三次产业产值、就业人员数据，根据本章的产业结构优化度测定公式，在测度产业结构合理化和高级化的基础上，综合测定安徽产业结构优化度（IO）。

2000—2015 年安徽产业结构优化度变化呈现出明显的先下降后快速提升的总体变化趋势。前期阶段，从 2000 年的 4.477 9 降至 2011 年的 2.477 6，虽有短暂起伏但总体呈现下降趋势；后期阶段，从 2011 年的最低点一直单调递增至 2015 年的 4.992 4，增长趋势明显。从优化度涉及的合理化和高级化两个方面分析，安徽近年来产业结构高级化增长趋势并不明显，主要受制于 GDP 总产值提升更多来源于第二产业产值，第三产业产值贡献率相对较低；产业结构优化度与合理化变化趋势相对一致，合理化在拉动产业结构优化度上作用明显，表明安徽产业劳动生产率在稳定提高之中，且第二产业增长比第三产业更为明显，也说明安徽仍处于工业化快速发展阶段。从安徽 2015 年分地市产业结构的高级化、合理化及优化度分异情况分析。一方面，各地市产业结构高级化普遍较低，最高的为旅游主导型城市黄山市，而较低的有资源开发型城市铜陵市、淮北市，也进一步印证了安徽总体处于工业化发展阶段，对应到各地市同样如此。另一方面，从各地市 2015 年产业结构优化度分布情况看，各地市之间差距很大，较高的地市有阜阳市、宿州市、合肥市、亳州市，较低的有铜陵市、淮北市、马鞍山市，特别说明了资源型城市产业结构转型升级的迫切性及重要性，急需促进各项生产要素流动及劳动力、资源等在行业内重新优化配置（表 8 - 11、表 8 - 12）。

表 8-11　2000—2015 年安徽产业结构优化度数值结果

年份	TL	TS	IO	年份	TL	TS	IO
2000	0.233 2	1.044 3	4.477 9	2008	0.179 7	0.770 3	4.286 9
2001	0.255 7	0.981	3.836 6	2009	0.188	0.746 6	3.971 2
2002	0.242 7	1.046 4	4.311 3	2010	0.218 1	0.651 5	2.987 3
2003	0.251 8	1.067 2	4.238 2	2011	0.241 7	0.598 8	2.477 6
2004	0.211 5	1.064 5	5.033 1	2012	0.222 5	0.598 5	2.689 7
2005	0.218 8	0.951 9	4.350 3	2013	0.203 1	0.632 5	3.114 4
2006	0.222 4	0.881 6	3.964 2	2014	0.182 9	0.666 1	3.641 8
2007	0.192 1	0.827 6	4.308 1	2015	0.157 4	0.785 8	4.992 4

表 8-12　2015 年安徽分地市产业结构优化度数值结果

行政单元	TL	TS	IO	行政单元	TL	TS	IO
合肥市	0.099 9	0.812 7	8.135 9	六安市	0.186 0	0.785 0	4.219 8
淮北市	0.221 8	0.587 7	2.650 0	马鞍山市	0.247 7	0.662 1	2.673 1
亳州市	0.138 1	1.019 5	7.382 1	芜湖市	0.235 5	0.663 0	2.815 8
宿州市	0.077 2	1.063 7	13.774 9	宣城市	0.182 2	0.796 1	4.370 5
蚌埠市	0.234 7	0.771 3	3.286 5	铜陵市	0.310 6	0.535 5	1.724 0
阜阳市	0.047 5	0.900 1	18.953 2	池州市	0.196 0	0.886 6	4.521 2
淮南市	0.134 3	0.822 1	6.120 5	安庆市	0.123 5	0.795 8	6.443 3
滁州市	0.112 0	0.650 1	5.807 0	黄山市	0.163 9	1.246 9	7.606 1

8.4.2　土地利用效益度

根据第 5 章已构建的土地利用效益评价指标体系，以及通过熵权法确定的指标权重，收集 2000—2015 年安徽各地市的土地利用效益评价指标所对应的数据资料，计算得到安徽土地利用效益值。

从全省总体情况来看，2000—2015 年安徽土地利用社会经济效益、生态环境效益、土地利用效益均呈现逐步增长趋势，特别是社会经济效益尤为明显，生态环境效益增长较为缓慢，且部分年份呈现短暂下降（图 8-14）。由于社会经济效益和生态环境效益增长逐渐趋缓，导致土地利用效益增长空间受限，下一步要通过政府调控及产业市场化运行，促进社会经济效益进一步提升及生态环境逐步改善，拓展及挖潜土地利用效益增长空间。从 2015 年各地市土地利用效益情况分析，相对较高的地市依次为合肥市、铜陵市、芜湖市、马鞍山市、蚌埠市，分别达到 0.812 80、0.697 45、0.687 03、0.603 19、0.538 10，这些城市是皖江城市带核心发展城市，但资源型城市马鞍山市和铜陵市的生态环境效益值均处于较低水平，应特别注重生态环境保护；淮南市、宿州市、亳州市等皖北城市相对较低，处于全省整个区域洼地，说明在生态环境承载范围内，适当提高用地社会经济效益也势在必行（图 8-15）。

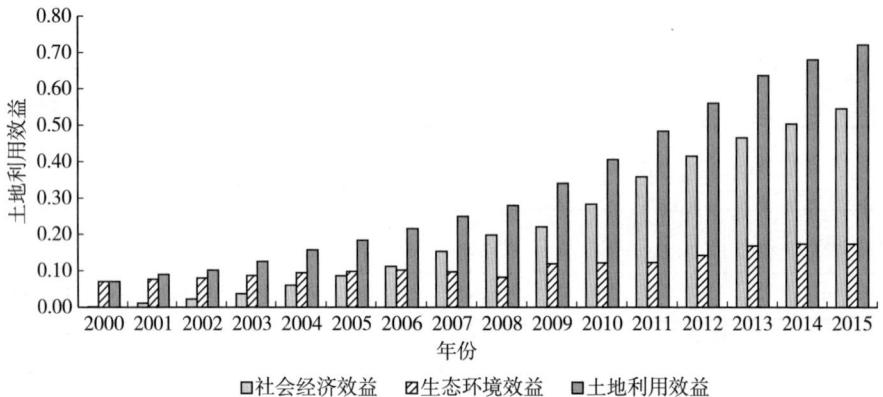

图 8-14　2000—2015 年安徽土地利用效益评价值

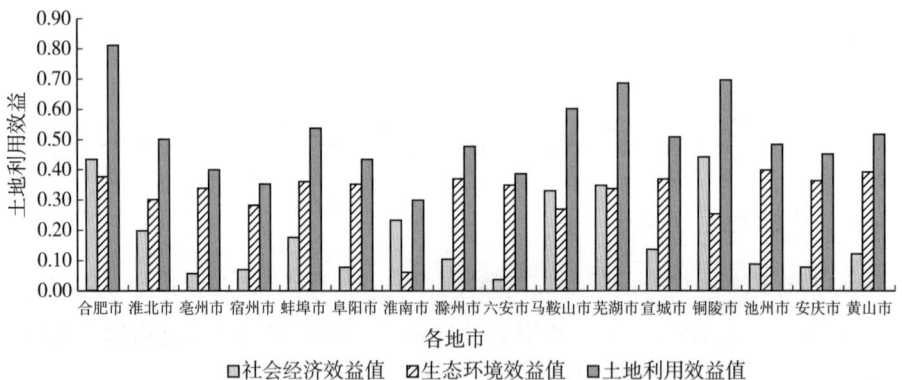

图 8-15　2015 年安徽各地市土地利用效益评价值

8.4.3　共生度测定

　　分别根据 2000—2015 年安徽及 2015 年安徽各地市产业结构优化度（IO）和土地利用效益度（LB），采用本章推算得到的产业结构优化与土地利用效益提升共生测度模型，即式 8-5，通过计算得到 2000—2015 年安徽及 2015 年各地市产业结构优化与土地利用效益提升共生度，并进一步判定共生模式。

根据 2000—2015 年安徽的 δ_{IL} 和 δ_{LI} 数值变化趋势分析，最为显著的是 δ_{LI} 变化幅度较小且基本平稳，总体呈现下降趋势，特别是 2011—2015 年持续减小；δ_{IL} 则呈现总体增长趋势，其中 2000—2010 年一直为负值，2011 年及以后变为正值且增长速度明显（表 8-13）。对照共生模式，以 2010 年作为分界岭，2000 年之前均是寄生关系，2000 年之后则是正向非对称互惠共生，这与中国整体变化趋势是一致的，但是中国在 2006 年就达到正向非对称互惠共生，而安徽则推迟至 2011 年及之后，主要是由于 δ_{IL} 为负值。这说明产业结构对土地利用效益呈现负向共生，土地利用效益寄生于产业结构，产业结构变化对土地利用效益拉动作用有限，且土地利用效益没有足够地反哺产业结构优化升级，从安徽产业结构优化度的增长疲软可见一斑。从安徽 16 个地市 2015 年的产业结构优化与土地利用效益提升共生度及模式分析，仅有亳州市、宿州市、阜阳市、淮南市、六安市、安庆市 6 个地市为寄生状态，其他地市均已达到正向非对称互惠共生（表 8-14）。因此，从产业结构优化及土地利用效益提升的双重视角，为促进共生状态向互惠共生演化，应从总体顶层设计出发，合理规划调控全省产业发展布局、土地资源开发及生态环境用地保护，配套相应政策措施加以保障。

表 8-13　2000—2015 年安徽产业结构与土地利用效益共生度及判定

年份	δ_{IL}	δ_{LI}	共生关系判定	共生类型
2000	−0.181 7	1.193 2	$\delta_{IL}<0$，$\delta_{LI}>0$	寄生
2001	−0.226 2	1.223 1	$\delta_{IL}<0$，$\delta_{LI}>0$	寄生
2002	−0.255 4	1.199 9	$\delta_{IL}<0$，$\delta_{LI}>0$	寄生
2003	−0.304 2	1.203 0	$\delta_{IL}<0$，$\delta_{LI}>0$	寄生
2004	−0.355 2	1.174 6	$\delta_{IL}<0$，$\delta_{LI}>0$	寄生
2005	−0.384 1	1.198 2	$\delta_{IL}<0$，$\delta_{LI}>0$	寄生
2006	−0.400 9	1.216 2	$\delta_{IL}<0$，$\delta_{LI}>0$	寄生
2007	−0.395 6	1.200 0	$\delta_{IL}<0$，$\delta_{LI}>0$	寄生
2008	−0.368 2	1.200 9	$\delta_{IL}<0$，$\delta_{LI}>0$	寄生
2009	−0.269 5	1.215 8	$\delta_{IL}<0$，$\delta_{LI}>1$	寄生
2010	−0.115 6	1.288 5	$\delta_{IL}<0$，$\delta_{LI}>2$	寄生

（续）

年份	δ_{IL}	δ_{LI}	共生关系判定	共生类型
2011	0.082 5	1.357 0	$\delta_{IL}\neq\delta_{LI}>0$	正向非对称互惠共生
2012	0.253 6	1.324 4	$\delta_{IL}\neq\delta_{LI}>0$	正向非对称互惠共生
2013	0.396 0	1.275 9	$\delta_{IL}\neq\delta_{LI}>0$	正向非对称互惠共生
2014	0.464 7	1.234 8	$\delta_{IL}\neq\delta_{LI}>0$	正向非对称互惠共生
2015	0.521 7	1.175 8	$\delta_{IL}\neq\delta_{LI}>0$	正向非对称互惠共生

表 8-14　2015 年安徽各地市产业结构与土地利用效益共生度及判定

行政区	δ_{IL}	δ_{LI}	共生关系判定	共生类型
合肥	0.615 5	1.126 3	$\delta_{IL}\neq\delta_{LI}>0$	正向非对称互惠共生
淮北	0.115 1	1.330 0	$\delta_{IL}\neq\delta_{LI}>0$	正向非对称互惠共生
亳州	−0.148 8	1.132 9	$\delta_{IL}<0,\ \delta_{LI}>0$	寄生
宿州	−0.252 3	1.123 6	$\delta_{IL}<0,\ \delta_{LI}>0$	寄生
蚌埠	0.196 2	1.260 6	$\delta_{IL}\neq\delta_{LI}>0$	正向非对称互惠共生
阜阳	−0.058 8	1.255 6	$\delta_{IL}<0,\ \delta_{LI}>0$	寄生
淮南	−0.349 9	1.150 0	$\delta_{IL}<0,\ \delta_{LI}>0$	寄生
滁州	0.054 7	1.155 9	$\delta_{IL}\neq\delta_{LI}>0$	正向非对称互惠共生
六安	−0.170 0	1.203 9	$\delta_{IL}<0,\ \delta_{LI}>0$	寄生
马鞍山	0.329 0	1.326 7	$\delta_{IL}\neq\delta_{LI}>0$	正向非对称互惠共生
芜湖	0.467 0	1.308 0	$\delta_{IL}\neq\delta_{LI}>0$	正向非对称互惠共生
宣城	0.129 8	1.197 4	$\delta_{IL}\neq\delta_{LI}>0$	正向非对称互惠共生
铜陵	0.481 8	1.572 8	$\delta_{IL}\neq\delta_{LI}>0$	正向非对称互惠共生
池州	0.077 1	1.191 5	$\delta_{IL}\neq\delta_{LI}>0$	正向非对称互惠共生
安庆	−0.027 8	1.144 7	$\delta_{IL}<0,\ \delta_{LI}>0$	寄生
黄山	0.149 0	1.130 7	$\delta_{IL}\neq\delta_{LI}>0$	正向非对称互惠共生

8.5　产业结构优化与土地利用效益提升的共生对策建议

通过中国产业结构优化与土地利用效益提升共生度测定，影响因素理论分析及计量分析，以及安徽产业结构优化与土地利用效益提升共生实践印证，基于产业结构优化与土地利用效益提升对称互惠共生要求，遵循"δ_{IL}适度降低＋δ_{LI} 极度提高"原则,促进两者相差缩小,提出产业结构优化与土地利用效益提升共生发展对策建议。

(1) 坚持将搞好土地生态建设作为社会发展永恒主题

无论是产业结构对土地利用效益共生度,还是土地利用效益对产业结构共生度,生态建设指数均对其起到正向促进作用,说明中国省级区域在未来发展导向下,不管东部地区、中部地区、西部地区的产业发展程度如何,始终要将土地生态环境建设及土地利用效益放在至关重要且优先保障的地位,坚决不能走"先污染后治理"的老路。党的十八大以来,以习近平同志为核心的党中央从中华民族永续发展的高度出发,深刻把握生态文明建设在新时代中国特色社会主义事业中的重要地位和战略意义,大力推动生态文明理论创新、实践创新、制度创新,创造性提出一系列新理念新思想新战略,形成了习近平生态文明思想。深入贯彻习近平生态文明思想,土地用途管制和生态修复必须遵循自然规律,践行山水林田湖草沙生命共同体理念。保护生态环境,关系广大人民的根本利益,关系中华民族发展的长远利益,绝不能以牺牲环境为代价的粗放式增长换取 GDP 增长。

要正确处理好经济发展同生态环境保护的关系,牢固树立保护生态环境就是保护生产力、改善生态环境就是发展生产力的理念。结构决定功能,合理的土地利用结构,有助于促进土地利用良性循环及土地利用效益升级。突出基本农田、林地资源及生态湿地的严格保护,按照景观生态学科学合理划定生态廊道、斑块及基质屏障用地,确保区域土地生态用地数量、质量及容量,谨慎划定允许建设区及有条件建设区。优化完善土地利用生态环境系统,减少人为破坏及干扰,在满足生产生活的土地利用活动的同时,提升土地生态环境稳定性及抗干扰能力,重塑人与自然的和谐关系,统筹构建城乡框架下的土地利用景观格局,促进土地生态效益优化目标实现。

(2) 加快经济优化转型仍为土地开发利用核心保障

从中国土地利用效益值空间分布看,社会经济发展较快的东部地区沿海省份社会经济效益值及生态环境效益值较高,而中部、西部地区相对发展缓慢省份的社会经济效益值、生态环境效益值大部分较低。中国仍处于社会主义初级阶段,依然属于发展中国家,经济发展始终是主旋律。

作为最大的发展中国家,中国要提高人民生活水平,就必须将经济建设放在首位,各项工作均要围绕经济建设,优化配置各项生产要素资源,全力保障经济社会建设的用地需求,促进土地资源有效利用、高效开发。特别的,中国经济正处在增长速度换挡、结构调整阵痛和前期刺激政策消化的"三期叠加"的新常态阶段，经济增速由高速增长转为高质量增长，加快推进"调转促"，激发经济新活力。必须统筹经济建设和环境保护的关系，通过经济建设反哺生态环境进一步改善，绝不能以牺牲生态环境为代价来谋求经济发展。必须着力提高经济增长的质量和效益，努力实现速度和结构、质量、效益相统一，促进人与自然的和谐共生，注重考虑人口、资源和环境的相互作用，坚持经济社会发展与生态环境保护的土地利用可持续协调发展。

（3）控制建设用地规模，强化土地资源节约集约利用

涉及土地集约的人均占用建设用地和单位 GDP 地耗两项指标，在产业结构优化与土地利用效益提升共生度影响因素中均表现为较强的正相关，与上述生态建设指数影响情况类似。从中国土地利用现实情况看，在一些地区还存在土地规模盲目扩张情况，建设用地低效闲置现象仍然存在。土地节约集约利用是生态文明建设的重要内容，是新型城镇化的战略选择。国家非常重视用地节约集约并出台了许多政策制度，以土地利用方式转变促进经济发展方式转变，推动生态文明建设。

转变建设用地管控模式，将单一规模控制转向规划控制与单位 GDP 地耗并举的考核模式，强化土地供给侧结构性改革，实施紧缩型土地供应政策，推进城镇"理性增长""精明增长"，防止建设用地盲目扩张。发挥国土规划和土地利用总体规划的引导管控作用，最大限度地保护自然生态用地，促进形成规模适度、布局合理、功能互补的产业用地空间格局。特别的，强化产业发展规划与土地利用总体规划的协调衔接，统筹各业各类用地，重点保障与国土资源环境承载能力和产业发展适宜条件相符合的主导产业用地，严禁对产能严重过剩行业新增用地需求，借助引导产业集聚及优化布局促进土地资源集约，提高区域土地产业支撑能力。

（4）优化政府投资模式，注重区域土地投资调控效率

代表政府调控的固定资产投资占比和政府财政支出占比，也代表了政府投资取向及模式，在东部地区、中部地区、西部地区作用方向及程度迥异。综合研究表明，在产业发展水平较为低下的阶段，一定要扩大区域固定资产投资规模，促进区域产业快速发展及土地利用效益的逐步提升；一旦产业结构发展到较高阶段，区域投资一定要谨慎适当，否则现有产业结构对促进土地利用效益提升的作用就不会很显著，甚至会起到阻碍作用。改革开放以来，固定资产投资一直是中国产业经济发展的催化剂及源动力，诸多学者从不同视角探究固定

资产投资与经济增长之间的关系，大部分学者认为固定资产投资对经济增长呈现出正向作用，但也有学者认为两者不存在因果关系（刘金全，2012），甚至表现出负向作用（Podrecca E，2001）。这从侧面进一步佐证了上述论断。

中国可从国家战略层面采取以下措施：一方面，通过财政支付转移、重点建设项目扶持等手段，加强中部、西南部、西北部地区及资源转型、老工业基地等产业发展水平较低和产业结构单一省份的固定社会资产投资；另一方面，适度遏制东南沿海经济发达区域投资增长过快趋势，加快承接产业转移步伐，优化产业结构，防止行业盲目投资、低水平重复建设等现象的发生。就中国整体情况考虑，应从源头入手，紧紧把持信贷和土地两个"闸门"，辅以法律行政手段，宏观调控固定资产投资规模、结构及方向，促进产品升级换代和产业结构调整，促进资金投资健康运行，提高固定资产投资项目的土地产出效率。与此同时，土地供给侧要从长远规划，在时间、空间及类型上做好统筹安排，特别是特色小城镇建设、新型社区等热点建设项目投资及配套用地务必要进行科学反复论证，更不能使用政府的名义无序投资建设。针对城镇区域，大力保障国家重点建设及民生工程在资金、用地上的保障力度，提高土地投资强度，挖掘现有的土地潜力，提升土地利用效率；针对农村区域，加大农村基础设施投资力度，特别是加强基本农田水利建设，改善农村、农业的生产基础条件，推进农业产业化、现代化；针对生态环保领域，长期坚持实施生态环境保护工程，加强生态控制与生态修复项目建设投资。

第9章　产业结构优化与土地利用效益提升的政策机制设计 ///////////////////////////////

9.1　政策经验及启示

产业与土地一直是国内外永恒不衰的主题，不管是学术理论研究，还是实践部门实际经验，很多都是关于产业结构调整、土地利用效益提升等方面的。现通过比较研究及代表性阐述，对实践案例加以总结述评，可对中国及区域产业结构、土地利用及其共生协调政策设计起到启迪借鉴。

9.1.1　国外经验

国外关于产业用地的经验很多（石忆邵，2010），结合中国当前发展阶段及用地实际情况，以美国、新加坡、日本作为代表进行比较分析，从中解析产业发展及土地开发经验，特别在产业结构调整、土地利用效益提升等关联方面突出表述。

（1）美国：分区差异规划＋法制标准兼备＋促进产城融合

美国产业用地主要由市、县、镇三级地方政府管理，综合性规划、分区制规划是美国政府管理产业用地的主要手段。美国各类产业用地都有各自不同的项目选址标准，即存在产业选址"敏感因素"，进而产生不同产业结构分布规律，特别是通过设定详细的产业用地性能标准，诸多城市实现产城融合、宜居宜业、环境良好、建筑安全的区域用地目标。①管理方式：只设性能标准，不限制产业类型。分区制是认可度最高、应用最广的土地利用控制手段，核心点在于既要合理地利用土地资源进行经济开发，也要保护土地的自然属性，避免过度开发而破坏环境。在分区制框架下，每个城市针对工业区设定控制标准，只要产业符合性能标准均可入驻，且为便于公众监督和规划执行，各地方政府会将分区制法律制定过程中的相关文件以及立法机构最终通过的文件在政府网站上公示。②法律体系：遵循分区制法，兼守其他法规。1916 年纽约市颁布第一个城市综合分区制法，率先通过立法强化用地规划管控，随后各地方纷纷制定综合分区制法，在这一过程中美国国家系统的法律体系起到了保障支撑作用。在分区制法执行过程中也存在一定弹性机制，就是设置一定的缓冲期，时间取决于企业固定资产投资和企业转变的难易程度，如犹他州图埃勒县规定 5 年缓冲期。③管理目标：建立舒适社区，促进产城融合。各地制定产业区性能，一般要先确定管理目标。虽然各地的管理目标有差异，但总目标不外乎建立舒适社区，促进经济发展，提升企业控污技术，防止产业污染影响。这与其产城融合下的人本导向、功能融合和结构匹配的内涵一致。④性能设定：指标存在差异，目的大致相同。美国各地对不同的产业用地设定的性能指标也不同，每个州都有所侧重和差异，不过大致可归纳为建筑物控制和景观控制两大类，主要是为了符合产业用地管理提出的控制污染、提升社区形象等要求，促进社会、产业、用地、建筑协调发展。

（2）新加坡：政府积极引导＋产业升级拉动＋用地集约统筹

新加坡是一个多民族的岛国，自然资源和国土资源比较匮乏，是东南亚面积最小、人口密度最大的国家。其产业结构由 20 世纪 50 年代的单一贸易转变为当前的多元化，以服务业、信息产业为重点，同时仍然重视制造业的发展，实现了从传统经济向知识和技术型方向转变，新加坡已成为东南亚重要的金融中心和运输中心。新加坡经济的持续高速增长，得益于产业的转型升级，新兴生物业、先进通信产业、高端制造业得到进一步发展，带动产业综合竞争力的提升，有效抵御金融危机冲击（缪春胜，2011）。与此同时，新加坡政府积极发展各具特色的工业园区，带动工业经济的迅速发展和转型升级，提升国家的综合实力。以裕廊工业园为例，新加坡政府从一开始就将裕廊工业园确定为全面发展的综合型工业园，对其进行合理而妥善的规划。为了促进产业发展，政府根据园区与产业发展趋势，及时调整、推动产业转型升级。裕廊镇管理局对工业区的土地利用，主要采取出租土地、建设标准厂房、推行"整体重新发展计划""退还多余土地计划"三种管理方式，建立了高效集约的用地机制，到目前为止仍有很大的发展空间。新加坡政府为了缓解土地紧张及满足国家长期发展需求，早在 19 世纪就开始填海造地，通过填海新增的国土面积主要用于建设用地，其中工业用地和商业用地占比都很小，两者合计约占建设用地的 10％，但其建设用地的产出却持续增加。此外，政府还大力发展公共交通以满足日益增长的运输需求，新的铁路线将改善公共交通系统，充分利用空间和地下资源，达到土地综合利用的目的。新加坡以国有土地为主，主要通过严控源头、用途管制、绩效考核、清退机制等政策措施，强化土地出让前后过程监管。产业用地主要通过国有土地、厂房租赁形式，产业用地配置更加契合市场需求，统一、灵活的供地模式提高了土地集约利用水平，避免土地资源闲置浪费，同时高效的集中审批管理体制大大缩短了供地周期，为产业升级优化奠定了坚实基础（卢为民，2012）。值得一提的是，新加坡市区重建局于1995年提出并落实了"白地"新理念，本质在于建立健全加大规划弹性、加强土地使用兼容的规划用地管理模式，发挥产业用地市场机制作用，保证土地使用功能最优化，促进用地节约集约。这些做法在规划管控、土地出让、产业用地标准等方面值得借鉴（范华，2015）。

（3）日本：法律分区管制＋产业集中集聚＋用地严格规定

日本领土由北海道、本州、四国、九州和其他6 800多个小岛组成，也被称为"千岛之国"。在日本，土地是极为有限的和宝贵的资源，关乎公众利益。1989年日本颁布了《土地基本法》，其目的是全面促进形成正常的土地供求关系以及合理的土地价格，同时确保土地适当使用，有助于改善居民生活和促进国民经济健康发展。根据日本《土地基本法》规定，应根据地区的自然环境、社会、经济、产业和文化条件，以及国家和地方制定的详细土地利用计划而妥善、合理地利用土地。土地价值波动主要依赖于人口和产业、社会基础设施发展状况和其他社会经济条件，土地利用优先考虑社会福利。日本实行土地使用分区管理制度，控制农业用地转变为建设用地规模，并且农业用地转变为建设用地有着严格条件，避免城市无序扩张。每年日本政府都会向国会提交报告，说明有关土地利用趋势，包括土地价格、土地用途和土地交易情况。日本政府听取国家土地委员会的意见以制定土地的基本政策措施。日本是提高土地利用效率和产出率的典型国家，以工业园区作为主要抓手，其被称为整个制造业"大厦"不可或缺的"基础单元"。工业园区是先进技术与高层次产业的集聚区，生产效率高，土地利用效率高，生态环境保护好；每个工业园区都要建调整池（即污染物处理池），严格禁止污染企业进入园区，花费巨资支持防污染和循环利用项目。在工业园区建设中，日本重视"社会公共利益优先"理念，以及供地优先保障机制、多功能性强和附加值高的都市农业开发机制的发挥（石忆邵，2015），科学处理土地利用与可持续发展的关系，注意满足园区发展对土地的需求，注重对土地特别是对农地的保护和高效利用。

9.1.2 国内经验

中国产业结构优化与土地利用效益提升方面经验探索较国外晚一些，但在产业结构调整、土地利用模式等方面，国家积极鼓励创新试点及地方积极配合摸索，积累了诸多宝贵经验，如广东"三旧改造"、上海制度创新、杭州市管理新政等方面生机勃勃。对其加以重点总结，可为产业结构优化与土地利用效益提升共生协调发展提供政策试点支撑。

（1）广东：创新"三旧"改造＋政府市场兼顾＋融合推进

广东是改革开放的先行地、科学发展的试验区。从 2008 年起，国土资源部和广东省人民政府共同开展了节约集约用地试点示范省建设，旧城镇、旧厂房、旧村庄（以下简称"三旧"）改造是其中一项重要任务和政策创新。在部省的共同推动下，试点示范省建设进展顺利，"三旧"改造工作取得明显成效。2008—2015 年，广东共实施改造项目 8 881 个、面积 55 万亩，其中完成改造项目 5 030 个、面积 29.17 万亩；累计投入改造资金过万亿元；节地面积 13.8 万亩，节地率达 47.31%。广东"三旧"改造是广东特有的改造模式，开展"三旧"改造的项目必须符合城市土地利用总体规划、城乡总体规划，纳入"三旧"改造总体规划、年度计划，已纳入省"三旧"改造监管数据库，需制定改造方案，并且通过市（县）人民政府的批准。广东"三旧"改造在破解城市发展的用地瓶颈、加快产业转型和升级、有效拉动社会内需、促进基础设施完善和环境提升等方面具有积极促进作用，能够有效提高土地利用效率、提高社会经济效益、提高城镇化质量（王潇文，2010）。2013 年，国土资源部对广东"三旧"改造经验进行了全面总结，涌现出了广州市、佛山市、惠州市、中山市等诸多地方特色模式，并报经国务院同意后陆续在浙江、辽宁、上海等地推广，开展城镇低效用地再开发试点工作，取得明显成效。2016 年底，总结广东"三旧"改造实践经验基础，经中央全面深化改革领导小组和国务院审定，国土资源部印发了《关于深入推进城镇低效用地再开发的指导意见（试行）》（国土资发〔2016〕147 号），从国家层面对城镇低效用地再开发进行顶层设计和总体部署。

（2）上海：注重制度创新＋强化用地管控＋倒逼产业升级

党的十八届三中全会之后，各地均出台了"调结构、促转型"和生态文明建设等相关政策，最为鲜明的信号是产业用地新政。2014 年 2 月，上海市政府出台《关于进一步提高土地节约集约利用水平的若干意见》以调整建设用地政策，同年 3 月又再次明确工业用地存量盘活及配套出让管理规定。上海产业新政明确提出，规划建设用地总规模"零增长"，划定城市发展"终极规模"。上海各区县年度新增建设用地计划分解量与现状低效建设用地盘活和减量化等工作相关联，重点盘活存量工业用地。随着存量盘活"引逼"机制的不断成熟，盘活的产业用地将作为新增流量进入土地市场，能够做到在"总量控制"格局内满足上海的产业用地需求。为了促进产业用地生态环保，通过完善土地弹性出让制度，变相增加了工业用地转让、收回前以及过程评估阶段的土壤和地下水地质环境质量检测环节，对污染企业设置了极为严厉的处罚措施，将有效防范企业的环境污染问题。为顺应推进园区产城融合、二三产业融合、工业化和信息化融合、信息化与城市化融合的"四个融合"产业发展要求，落实"总量锁定、增量递减、存量优化、流量增效、质量提高"的土地"五量"调控原则，上海紧密结合产业发展转型及用地实际需求（郑振刚，2016），在产业用地标准制定方面走在全国前列，且先后多次出台产业用地指南。上海产业用地新政直接将用地准入门槛纳入土地利用绩效考核，大大提高政府识别产业优劣和土地市场调节能力，发挥市场在资源配置中的决定性作用，并进一步提高土地流转速率，将有限产业用地资源用于优质高效实体产业。这不仅有助于上海整体经济转型和生态环境改善，也有助于长三角地区产业阶梯式升级。上海的存量盘活政策，从长期效应来看，与其"效益""宜居""低碳""生态"的国际化大都市发展战略高度契合，其实质是以土地增值收益分配来激活政府和土地权利人的积极性，为中心城市更新等工作提供市场动力，实现加强基础设施建设、增加就业机会、改善生态格局、更新城市面貌、提升城市品质的发展目标。

（3）杭州市：重塑管理新政＋突出市场要素＋调整产地模式

杭州市素有"人间天堂"之称，人多地少、山多耕地少是其土地利用典型特征，长期受到资源禀赋限制。杭州市创新服务理念，主动作为，自 2015 年以来推进一系列土地新政，如印发《进一步优化产业用地管理、促进土地要素市场化配置的实施办法》（杭政办函〔2015〕13 号），调整市场和政府"两只手"，以优化配置土地政策为切入点，发挥"四两拨千斤"之力，撬动杭州新一轮产业发展及创新驱动。一是以市场化为导向，重塑管理政策体系。创新构建市场化用地政策体系，细化三大用地分类，推动产业用地政策松绑，以市场化为导向再造土地管理框架。二是以法治化为准则，调整部门职责分工。界定部门职责、厘清业务边界，对规划控制、生态保护、业态布局等关键控制指标一律组织部门论证，采取多部门联动机制，自然资源部门只要管住地价这一核心杠杆即可。三是以精准化为目标，细化产业用地模式。找准定位、厘清职责，提出全方位、更科学、更精准的产业用地管理举措。一方面，差别化用地保障，新增工业用地只能进入开发园区，对国家、省市禁止类、限制类产业项目，以及"低、小、散"产业项目用地一律停止供地；另一方面，拉网式评估存量工业用地亩产，差别化给予政策帮扶，并探索弹性化供地模式，提高企业用地灵活度。

9.1.3 比较启迪

比较国内外典型国家及地区的产业发展和土地利用经验，凝练得出以下方面启迪，为本书产业结构优化与土地利用效益提升政策设计提供参考。

①推行土地利用分区规划，配套出台法律法规，保障分区规划有效落实。美国分区制是认可度最高、应用最广的土地利用控制手段，日本土地利用功能分区更细，且都有相关分区法律加以保障；同时，虽然土地利用分区，但也综合考虑到产业发展要求及限制条件，在落实差异化分区管制过程中提出产业发展及结构调整。通过土地利用分区实现合理利用土地资源，并出台法律法规保障分区有效实施。

②注重发挥政府宏观调控作用，更好促进产业用地要素市场作用发挥。无论是美国、日本等政府主导下的分区制，新加坡的国家综合统一开发模式，还是国内的广东"三旧改造"、上海产业用地制度创新、杭州市积极出台政府新政，均充分体现了政府在产业用地管理中的强大调控作用。政府对土地限制条件、土地生态保护及产业限制类型等方面采取措施，是对市场调节过程中的"失态"行为的有益补充，政府的宏观调控有助于市场在资源优化配置中有效发挥作用。

③土地利用政策与产业政策相互协调、统筹并举。从名义上说，美国、日本的分区规划针对的是土地利用，其分区管制规则却重点突出到产业发展，目标分别是促进产城融合、产业集中集聚；国内最为典型的广东"三旧改造"重点环节就是针对二三产业用地优化再改造，上海的制度创新及杭州市的新政实施都不拘囿于自然资源部门，而是采取政府联动机制落实。上述案例分析重点突出了用地政策与产业发展政策的高度挂钩，以用地促进产业优化、以产业推进用地高效。

④产业发展注重生态环境保护，统筹协调各类用地布局。最为典型的当数美国、日本的空间分区，通过法律强制部分区域禁止、限制或有限程度开发利用，对其生态环境进行强制保护，对其内部产业发展及生产活动进行严格规定；国内省市从个体微观层面严格限制资源浪费、污染环境、效益低下等生产

企业，注重以人为本语境下的环境优美、气候宜人的生产、生活及生态，以达到区域产业用地综合效用最大化。

9.2 共生理想模式

借助共生理论及发生学视角，阐释共生模式类别及其决定要点，得出产业结构优化与土地利用效益提升对称互惠共生模式是最为理想模式，明确达到该模式状态下的要求，为后续产业结构优化与土地利用效益提升共生实践反思、实践条件及政策设计指明方向。

9.2.1 共生模式类别阐释

在识别共生关系时，首先要识别共生组织模式，再识别共生行为模式（图9-1）。对于共生组织模式的识别能够帮助明确共生的整体性质，而对于共生行为模式的识别则能够帮助明确共生的内部作用机制（赵曼丽，2013）。

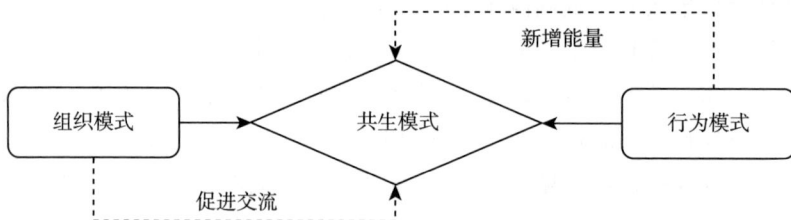

图9-1 共生模式判别途径及判别范式

（1）共生组织模式

共生组织模式包括点共生、间歇共生、连续共生与一体化共生四种类型（袁纯清，2001）。①点共生模式下，共生介质具有单一性，且共生时间较短，带来较强的偶然性及随机性，产业与用地在相互作用过程中难以形成独立于环境及主体之外的共生介质，两者相互作用与交流较少。②间歇共生模式可以视为多个共生点在时空上的累积，呈现出不连续的时空组合，而产业结构优化与土地利用效益提升共生也是间断性的，且由于共生对象具有特定指向性及共生点时间趋势性，所以具有一定的稳定性。从本质上说，已经形成了新的共生模式，并不是点共生模式的简单累积，这一点可以从产业发展不同阶段下可能会产生诸多共生点得到验证。③连续共生模式强烈反映了作为客观主体的产业与土地，已经充分受到企业、政府、公众、社会团体等的主动作用，并在各个团体代表的"经济人"理性前提下，形成了长期、连续、稳定的联系。这种联系是各类利益相关者主动作为下的必然结果，表现共生界面内在扩大性及共生系统开放性显著特征。④一体化共生是将不同性质的共生单元组合成一个具有独立性质与结构的共生体，共生单元消失及阻断生产要素配置流通。由于不是所有类型的土地都能够对应到产业发展类型之中，特别是生态保护区、脆弱区及尚未开发利用的荒漠、裸岩地等，所以一体化共生模式不在产业结构优化与土地利用效益提升共生组织模式范畴之内。

（2）共生行为模式

自然界和人类社会广泛存在的共生形式包括寄生、偏利共生、非对称互惠共生以及对称互惠共生四种类型（袁纯清，1998）。错综复杂的各类共生体系均是以这四种共生类型为基础，通过相互作用及演变，结合成多样的共生组织模式。与共生组织模式相同，共生行为模式也不是一成不变的，有时共生行为模式的变化会引发共生组织模式的相应变化。寄生关系通常不产生新的能量，只是改变寄主的能量分配，且能量从寄主向寄生者单向流动。偏利共生可以说是从寄生到互惠共生转换的过渡类型，最大特点在于存在能量、物质及信息交流，不过新产生的能量只是转移到一个主体单元，但对另一方无害。非对称互惠共生中，通过资源共享及分工协作产生新的资源和效益，进而产生共生关系，新能量分配比例由共生界面大小及性质决定。由于相互交流及合作，促进共生体系效率提高，共生价值增大，但由于非平均性分配导致共生体共生关系不稳定。根据共生系统交流及新增能量分配准则，对称互惠共生模式是最有效、最稳定的共生行为。由于共生界面决定新增能量分配均匀，共生体具有相同的增长速度且能够得到相同的发展机会，促进共生体之间双边交流及与外界多边互动，实现资源共享、降低生产成本及交易费用，保障共生体效率及效益。不过，由于现实条件制约及各种因素综合影响，完全对称互惠共生基本上是一种理想状态，通过创造良好共生环境、共生界面，促进共生主体无限接近对称互惠共生的行为关系。

9.2.2　对称互惠共生模式

根据共生"组织＋行为"的模式判定法则，连续对称互惠共生是最理想的共生模式。在所有的共生关系中，最有效率、最稳定、最理想的共生模式就是对称互惠共生模式（尾关周二，1996）。将其顺利运用到城乡发展（武小龙，2015）、农业企业与农户（彭建仿，2007）、县域农村公共服务（赵曼丽，

2013）等研究领域，均取得较为理想研究成果。从共生模式内涵考虑，在产业结构优化与土地利用效益提升共生趋向对称互惠共生的理想模式过程中：一要确保产业和土地两者共生单元地位平等公正，不是以牺牲一方利益为代价而使另一方发展进步；二要确保产业和土地之间双向交流、合作及共享新能量，实现整个共生系统物质流、技术流、人流等生产要素合理流动及配置，实现生产要素效率最大化下的产业结构优化与土地利用效益提升共生演化；三要确保产业与土地能够达到内外界环境良好，有利于扩大共生界面及便于交流合作。在产业发展及土地利用活动中，产业结构逐步优化升级，土地利用效益同样得到提升，且增长速率相当、方向一致，促进投入产业结构优化与土地利用效益提升共生系统生产要素实现产出最大化及发展成果分享均等化；产业结构与土地利用效益之间形成互动合作关系，产业结构优化进一步促进土地利用效益提升，土地利用效益提升也进一步推进产业结构优化升级，构建两者互促、互助的良好互动递增机制。

9.3 共生实践反思

本书在第1章的问题缘起及第3章的共生理论阐释中均指出，产业发展与土地利用处于不对等、不公平、不平衡的"病态"阶段，要求一切发展实现人与自然和平共存、和谐共生的"常态"趋势。为此，进一步凝练表述产业结构优化与土地利用效益提升共生的价值回归及价值取向，既是对第3章研究命题逻辑阐释的呼应，也是对下文实践条件及政策设计的思想提升。

9.3.1 价值回归：尊重自然规律下的以人为本

共生系统的本质要求就是共生进化。对称互惠共生是共生系统进化的一致方向，是生物界和人类社会进化的根本法则，对认识自然共生系统和构造社会共生系统具有不可替代的作用。对称互惠共生是自然界中的一个主要组织规则，是生物组织形成与发展的主要动力。人类社会发展已经证明并仍在证明对称互惠共生的伟大作用，任何无效和不稳定的系统一定违背了对称互惠共生法则。非对称和非互惠共生是系统相变的根本动力所在，也是系统低效率和不稳定的根源所在（袁纯清，1998）。产业发展必定存在于人类生产生活中，土地资源作为生产要素必定参与其中，归根到底就是产业带来土地利用效益以满足人类需求（谭文兵，2016）。所谓土地利用效益或效应，以价值作为衡量准绳为佳。在环境决定论、人地协调论关照下，需要尊重自然规律、以人为本（潘玉君，1997），一切人类生产发展及用地开发均要回归到人地关系协调发展上来（吴传钧，1991），否则就是违背了对称互惠共生法则。为了实现产业结构优化与土地利用效益提升，产业与土地在人类共同的社会经济环境中不断演化，满足人们日益增长的物质、文化、生活需求。理想模式莫过于两者良性循环，结构效益化与效益结构化互为衬托，达到"1+1＞2"的效应。

随着社会经济发展以及人口、资源、环境问题越发突出，人类对土地功能效用的认识与利用发生了深刻改变。土地于人类已不仅是单纯的生产要素，土地的社会功能越来越受到关注与重视，其价值决定已体现出多元化特点。一方面，土地价值决定同边际效用价值论一样，强调土地对人类的功能效用。另一方面，不同的是，相对于边际效用价值论而言，土地价值决定不仅取决于人类对土地的需求与产出，而且取决于土地对人类社会的各项功能效用因素。这样就完成了土地价值在整个土地价值体系中的复位，即土地价值不仅决定于土地的经济效用，还决定于土地的生态效用、景观功能、社会保障功能以及代际公平等多种功能与效用。依据对称互惠共生法则，按照产业结构优化与土地利用效益协调的对称性"双重目标"，综合运用市场运行机制及政府调控机制，提高质参数共生度、关联度及共生维度，共生组织由点共生向连续共生推进，向对称互惠共生关系演化，实现共生新能量 E_N 最大化，促进人类社会全面协调发展。

9.3.2 价值取向：按照互惠共生下的效益均衡

（1）理论路径推导

根据前文所述，产业结构优化与土地利用效益提升对称互惠共生的三个条件是相互依托、相互作用的。对产业和土地而言，两者地位平等公正是前提，两者之间能够相互交流是保障，两者对外交流是共生发展基础，两者共生趋向分别是产业结构优化、土地利用效益提升。从产业界定阐释，其指经济社会的物质生产部门，是社会分工及生产力不断发展的必然产物。每个相对独立部门专门生产制造相应产品，以满足人类物质、精神及文化等方面的需求。产业发展及结构优化程度以生产相应产品为衡量尺度，一切产业必须以占用某一特定区域部分土地资源空间为基础，土地也正需要产业生产产品来满足人类需求以体现土地使用价值，进一步评价反映出土地利用效益及资源优化配置效率。由于不同产业类型结构及空间占地所产出产品并映射到土地利用效益有所侧重，所以在产业结构优化与土地利用效益提升对称互惠共生语境下，产业与土地共生关系可以间接映至土地利用效益关系上来，实现产业结构优化与土地利用效益提升共生下的土地利用效益均衡发展。

（2）效益均衡思辨

根据陈洪博主编的《土地科学词典》，可将土地利用效益解释为土地利用活动所取得的各种有用成果的总称，包括经济效益、社会效益和生态效益三种（陈洪博，1992），这与前文界定一致。产业用地在某一时空区域内产出的土地利用效益类型总量及组成是不同的，表明资源、劳动、技术、资金等投入要素产出效率，反映资源优化配置下的产业结构好坏及土地利用效益高低。在此，考虑产业用地内在作用机制，产业用地效益是指区域不同产业用地在数量、质量、空间和时间上安排、使用及优化，给予区域形成经济、社会、生态效益及其总和。

从产业用地系统协调视角分析，产业用地系统是一个复杂大系统，包括自然系统、经济系统和社会系统。要使得产业用地系统保持平衡，必须协调好三个子系统。产业用地效益也可视为一个系统，是对产业用地系统输出结果的照应，包括经济效益系统、社会效益系统和生态效益系统。要实现最佳的综合效益，就要照顾系统间的平衡。协同论认为，形成系统有序结构的机理，不在于系统现状是否平衡，也不在于系统距离平衡状态有多远，关键在于系统内部各个子系统相互关联的协同作用，这是形成系统有序结构的内在动因（哈肯，1981）。合理的产业结构及用地占比，其实就是在寻找一种最优的协调方法，达到产业用地社会、经济和环境效益的综合平衡。产业用地生态经济平衡是生态平衡状态下兼顾经济平衡的一种协调，两者之间存在矛盾的对立统一关系，不过对立是绝对的、经常性的，而统一则是有条件的、相对的。生态经济平衡是社会经济发展的基础，保证各种可再生资源的可持续利用，也为自身发展提供优越环境。只有在生态经济平衡的条件下，提高社会经济效益才能真正实现；当生态经济系统失衡时，可以采取生态经济平衡调控，使之达到平衡状态（严金明，2001）。

从产业用地效益本质分析，经济效益、社会效益和生态效益之间存在着对立统一的互动关系。其对立表现为，人们在社会经济活动中，往往只重视从开发利用资源中获取直接的经济利益而忽视较间接的社会效益及与人类的整体利益、长远利益相关联的生态效益，只重视经济建设而忽视生活设施建设和生态环境保护，导致出现了一系列的社会和生态环境问题。其统一性则主要表现在三重效益的协同上（王万茂，1993），以资源环境的可持续性为基础，以经济的合理性为核心，强调"人地"关系和由此产生的"人人"关系，以社会的公平性为目标，旨在获取最佳的经济效益、社会效益和生态效益。

9.4　共生实践条件

根据共生理论框架，共生单元、共生模式、共生环境是共生三个基本要素，共生界面是共生基本要素相互作用的媒介和载体。共生关系是指在一定共生环境下由共生单元按照某种共生模式并通过共生界面所形成的共生关系的集合（袁纯清，2001）。在此，结合对称互惠共生发展，从共生单元、共生界面、共生模式、共生环境四个维度的实践条件加以产业结构优化与土地利用效益提升共生度分析。

9.4.1　共生单元地位明确

在产业结构优化与土地利用效益提升共生体系中，产业单元包括第一、二、三产业及其细分行业类型，土地单元涉及农用地、建设用地、其他用地及其分析用地类型，产业单元和土地单元共同构建产业结构优化与土地利用效益提升共生单元层次。产业结构优化与土地利用效益提升共生单元判识及定位要立足区域资源禀赋、社会经济发展水平、产业发展阶段特征，以及国家和大区域范围对其未来产业发展及土地开发、利用与保护的战略导向。具体而言，本着因地制宜、实事求是的原则，针对产业发展方面，探究明确区域主导产业、支柱产业及新兴培育产业，进一步确定及规定某一特定区域产业结构优化目标及标准；针对土地利用方面，总体框架性确定区域用地侧重于经济效益、社会效益或生态效益，保证在追求社会经济效益的同时，不盲目降低生态效益价值，不违背互惠共生下的尊重自然规律及效益均衡原则。

由此，针对某一特定区域的共生单元体系，需要从三个层次明确共生单元地位。一是从产业内部视角，立足支柱产业及优先发展的产业类型，明确未来产业结构优化升级目标及标准，而此不能仅囿于产业结构优化升级一般内涵及测度模型，务必要结合特定区域的产业发展现状及未来规划导向。二是从用地内部视角，要结合区域资源禀赋、用地基础及发展导向，战略性明确土地重点开发区域、保护区域、整治区域、预留区域等土地规模及空间布局，进一步明确某个特定区域土地经济效益、社会效益及生态环境效益的规模、程度及比配。三是从产业结构优化与土地利用效益提升之间视角，在产业结构优化与土地利用效益提升单元对应明确了产业结构和土地利用效益的前提下，加强产业与土地之间交流互动。产业结构、土地利用效益分别作为最为重要的质参量，在充分发挥政府调控及市场配置的双重作用下，加强两者之间协调耦合，实现从不共生到寄生再到偏利共生、互惠共生的逐级演变，由不一致或较差一致向良好一致的象限演变。此过程中两者地位是动态变化的，但是可以假设互惠共生模式作为两者未来目标。可以说，实现产业结构优化与土地利用效益提升互惠共生发展的关键在于事先明确共生单元的地位，只有摆正产业结构、土地利用效益及其之间地位，才真正可能实现产业结构优化与土地利用效益提升互惠共生推进（图9-2）。

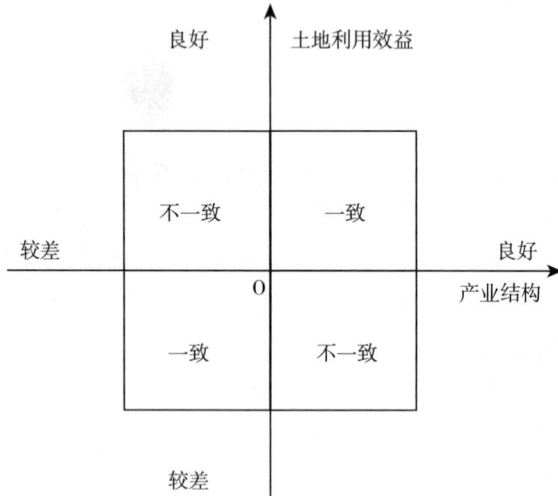

图9-2 产业结构与土地利用效益一致性象限

9.4.2 共生界面横纵延伸

产业发展与土地利用过程不可避免地涉及各种要素流的交流、交换及转移，同时土地资源开发本身还是产业发展的一项要素流，产业结构优化与土地利用效益提升之间的共生界面是产业结构优化与土地利用效益提升共生单元之间物质、能量及信息产生、交流、相互作用的主要通道，共生界面越多、越大、越宽泛，产业结构优化与土地利用效益提升各项生产要素流相互交流及共享越通畅，新的能量产生越多、越快（尹海英，2007）。简而言之，产业结构

优化与土地利用效益提升共生界面的存在就是为了最大化地实现产业结构优化
与土地利用效益提升生产要素互利共享，互相促进产业结构优化及土地利用效
益提升，使共生关系更稳定且趋向互惠共生方向，从而实现整个区域资源效率
优化及综合协调发展。产业必须占用一定土地资源进行发展，土地也只有通过
一定产业落地才能实现效益，而此是与生俱来形成的产业结构优化与土地利用
效益提升共生界面。随着人类社会深层介入及不断干预，人为因素对产业结构
优化与土地利用效益提升共生界面的影响作用巨大，且只有有利的人为干预才
能促进产业结构优化与土地利用效益提升共生关系稳定。

　　人为因素干预产业结构优化与土地利用效益提升共生界面，还是采用政
府调控和市场调节的"两只手"。从政府调控层面着手：一是产业管理部门
和土地管理部门可以采取联动管制，部分职能部门进行合并，联合出台产业
和用地相关的法律法规及政策文件，促进产业发展和土地资源联动管理；二
是可以探索产业、土地甚至生态环保的多规合一，编制实施区域产业用地规
划及分区，以此统筹明确产业和土地未来战略，为产业结构优化与土地利用
效益提升共生发展奠定基础；三是从政府考核视角，综合考虑产业、土地两
大要素及其内部不同产业产值、不同土地效益，摒弃唯 GDP 的考核标准，
实现政绩考核多元化。从市场调节层面着手：一是提高土地市场化资源配置
力度，促进产业选址及用地规模市场化运作，提升企业使用土地能动性及政
府管理部门弹性；二是结合产业结构优化与土地利用效益提升发展实践情
况，强化生态环保价值和环境污染破坏度量，重点突出用地生态服务价值、
推进排污权有偿使用及其市场化交易制度，促进产业结构优化与土地利用效
益提升系统生态环保及与生产发展协调，以符合互惠共生的均衡要求。共生
界面在产业结构优化与土地利用效益提升共生发展演变过程中至关重要，从不
同方面及维度促进共生界面横纵延伸，有利于实现产业结构优化与土地利用效
益提升互惠共生。

9.4.3　共生模式动态调整

　　共生理论表明，共生新增能量及其分配占比决定了共生单元关系，并对共
生模式起到决定性作用，是共生模式变化的内在动力；对称互惠共生新增能量
最多且分配均匀，具有很好的稳定性及内生性，是各种共生模式演变的最终目
标。产业结构优化与土地利用效益提升对称互惠共生模式具有内在驱动，且是
协调产业结构优化及土地利用效益提升、实现资源利用效率最优化的重要表

征。前文已述，由于产业结构优化与土地利用效益提升共生体系并非一体化运行，产业和土地各自仍保持着相对独立地位及其功能属性，两者之间模式可表征两者亲密程度及交流合作深度，应从组织治理高度调控两者模式动态演变。

首先，必须明确产业结构优化与土地利用效益提升各方的合作交流边界，这也是保持主体地位明确及独立的必备前提条件。通过规划或战略部署，明确哪些产业必须得到支持鼓励以及用地保障，哪些产业属于限制或禁止产业类型及其不能提供用地需求，哪些用地布局不能得到开发利用并需加以生态化保护，防止整个区域土地利用系统受到不可逆转的破坏。总而言之，产业结构优化与土地利用效益提升共生模式必须建立在产业和土地的系统功能相对独立的情况下，基于两者相互调整及耦合下的共生模式演变。

其次，产业结构优化与土地利用效益提升共生模式调整遵循一般共生模式演变规律，但要具有一定弹性机制。随着国家及更大区域产业发展、土地利用战略调整，能够影响产业发展与土地利用的各种因素变化，人们需求改变或重大技术创新驱动，以及现有产业结构发展与用地要求之间发生重大冲突，原有产业结构优化与土地利用效益提升共生模式路径就可能发生相应变化。但相信一点，现在的改变还是为了未来改变得更好。

最后，产业结构优化与土地利用效益提升共生模式发生在产业与土地之间，其实产业子系统及土地子系统内部同样存在各自共生关系，按照系统论原理，子系统内部优化可以促进外在大系统稳定运行。如此，产业结构优化与土地利用效益提升共生模式变化，要分别注重产业结构类型、土地利用方式及类型的内部优化调整，以及创造培育调整的各项条件及环境机制。产业结构优化与土地利用效益提升共生模式进化一旦缓慢，可能就是产业结构优化与土地利用效益提升共生单元之间缺乏应有的"交流"沟通。而这"交流"既可能是涉及产业结构优化与土地利用效益提升各种资源流、生产要素流的流通共享及优化配置，也有可能是产业结构优化与土地利用效益提升单元地位发生变化，一方受到另一方的"挤占"，导致其核心功能受损及系统紊乱。为此在模式调整中应找准原因及时加以解决。

9.4.4 共生环境培育适应

共生单元通过共生界面相互作用和相互交流而形成一定形态的共生关系（模式），整个过程均是在一定环境中发生与发展，共生环境是共生关系的外部条件及决定因素。针对具体某一共生体或系统来说，共生环境有诸多子环境，按照其对共生关系的作用方向，可分为正向、中性及反向，而最终形成的共生关系是来源于各个方向的合力反映。

产业结构优化与土地利用效益提升共生环境通过自然、政府、市场、公众等行使影响作用力。产业结构优化与土地利用效益提升共生自然环境较为稳定，一般难以改进优化，但是政府、市场及公众可以结合产业结构优化与土地利用效益提升发展现状、未来形势加以调整改善。其中，政府能够采取出台法律法规、实施规划、制定行政政策等手段，提高政府服务产业结构优化与土地利用效益提升发展水平，以及辅助优化市场运行机制，促进产业健康发展及土地可持续利用。特别强调一点，政府部门作为土地生态环保及其效益的主要利益诉求代表，真正受益者是广大公众，为此需要政府宏观调控加以保障。无论是产业发展还是土地利用，都是各个生产要素集聚及配置的过程，市场是资源优化配置的主要环境激励手段，需要市场管理者政府、市场参与者企业（产业）共同作用，促进市场健康稳定发展。公众作为劳动生产力的主要来源，是生产技术及管理的主要提供者，也是发展最终成果的享受者，还是产业结构优化与土地利用效益提升发展目标的重要决定者，在共生发展中的能动性很大。要将公众需求及意识形态整体纳入共生环境圈，全面考虑人为因素环境。其实，政府、市场、公众存在相互作用，且能使自然环境产生部分改变。共生环境对共生关系的作用不是单项作用的累加，而是有机组合模式下的综合作用。随着产业发展阶段变化、自然资源时空改变、重大科技成果创新等诸多因素变化，共生目标取向发生改变，环境发生变化，甚至可能导致共生单元及其连带共生界面改变，共生关系发生颠覆性调整。因此，共生作为自然和社会共同作用下的产物，一方面，根据发展目标定位，考虑如何主动改变共生环境；另一方面，结合外界共生环境形势，考虑如何被动适应共生环境。

9.5 共生政策设计

按照对称互惠共生发展要求，从共生单元、共生界面、共生模式及共生环境四个方面，理清了产业结构优化与土地利用效益提升发展的实践条件，下一步需要对具体政策设计构建一个规范性的分析框架，完善对称互惠共生发展的政策设计。在此，借助较为成熟且运用广泛的 Williamson 政策设计框架，加以共生理论要点，构建设计共生政策网络。

9.5.1　Williamson 理论分析框架

产业发展与土地利用均涉及自然、社会、经济及法律等诸多领域，而Williamson 的四层次分析理论涵盖了上述各个领域，且给出了一个清晰的分析框架，从上到下依次为社会基础、正式制度、治理结构和资源配置四个层次（Williamson O E，2000），在管理学、社会学和经济学提供了一个新的资源配置分析逻辑范式（吴次芳，2010；范树平，2016）。

该框架的四个层次改革难度由上而下逐级递增，社会基础基本固定，正式制度改变较难，作为终极目标的资源配置由于变化太快而很难约束，一般通过治理结构层面并辅以适当正式制度来达到资源配置动态最优化。社会基础包括文化、规范、习惯、道德、传统以及宗教等非正式约束，这些非正式约束已经被社会广泛接受，并且成为人类行为的基本约束框架（谭荣，2010）。中国特色社会主义市场经济条件下，第一层次的社会基础不会发生根本变化，只有通过政府和市场相结合的治理结构来实现资源优化配置，且有针对性地改革领域及相关方面的正式制度的游戏规则。①执行正式制度：前提保障。正式制度作为 Williamson 分析框架的第二层次，可视为"博弈的规则"，是人们在长期博弈过程中不断调整完善而最终形成的稳定状态。例如，制定及实施的法律法规内容中涉及产业与用地方面，以及政治体制、物权、产权、地权等正式制度，甚至包括政府行政管理体系、市场运行规则、产业及用地战略发展规划等方面。正式制度受到第一层次社会基础的控制影响，适应周期大致需要 10～100 年。②优化治理结构：中坚手段。治理结构作为 Williamson 分析框架的第三层次，可视为"博弈的玩法"，影响共生环境中涉及政府行政活动、市场运行及交易活动行为等一切边界制度或暂定安排。治理结构也受到第一、第二层次的影响和约束，但该层次周期相对较短，一般仅有 1～10 年。③发挥资源配置：后续方法。资源配置作为 Williamson 分析框架的第四层次，可视为"博弈的把戏"，凡是围绕产业发展及土地利用方面的一切日常运行活动均可纳入，范围可以涉及政府、产业（企业）、利益团体及公众等行为主体，以及介入政府行政管理及市场运行体系。资源配置最大的目标在于实现边际效率最优，也就是说，在既定的生产要素条件下，通过资源优化组合及投入，分别实现产业结构升级和土地利用效益提升的边际效率最大化。这一层次来源于第一、第二、第三层次的诸多因素影响，其最大特点在于不固定、周期短，活跃且变迁速度最快（图 9-3）。

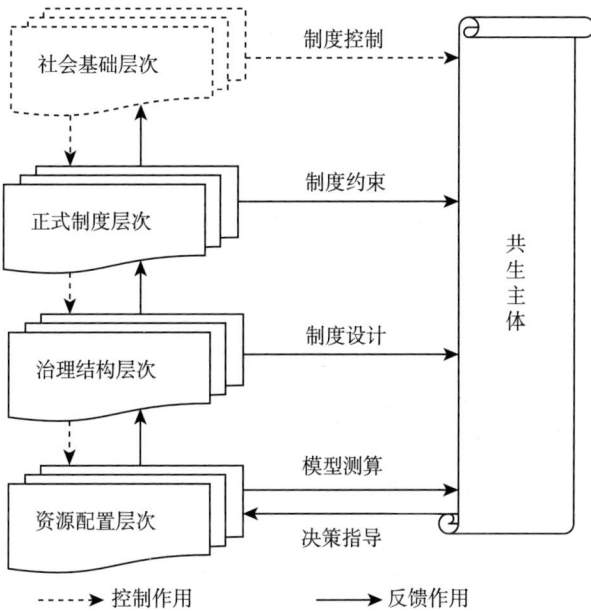

图 9-3　共生体系制度安排的 Williamson 分析框架

9.5.2　共生政策要点设计

紧扣共生理论，按照对称互惠共生发展的实践反思和实践条件，结合第 7 章研究得出的共生影响因素、共生发展对策建议及本章国内外实践经验总结，考虑到实践操作及技术运用推广，再次梳理归整系列成果，从法律法规、用地政策、用地规划、市场运行、政府调控、用地统计、用地评价、生态保护、公众参与等方面考虑，形成共生政策设计详细要点 13 项。

（1）严格贯彻执行法律法规

贯彻执行法律法规是保障社会稳定发展的基础条件。针对土地领域的法律法规，是为了实现土地资源优化配置、确定和维护国家土地制度、推行土地政策、解决土地纠纷、保障行政部门权力的法律依据；针对产业领域的法律法规，是为了规范产业（行业）健康发展，符合国家、地方产业发展政策，促进区域社会全面提升。各级管理部门、土地使用者、产业活动参与者等均应该认真贯彻落实已制定的法律法规，产业用地管理更需要由行政走向法治轨道。通过严格执法等法律手段，逐步推进产业资源合理利用和管理方式的根本性转变，规范和约束产业用地行为。

（2）探索制定规划分区法规

在制定产业用地相关法律法规方面，借鉴美国、新加坡及日本等已有成熟经验，独立制定土地利用规划、土地利用分区及用地管制、产业用地功能分区等方面的法律法规，强调土地利用与产业结构协调设计的法定性，牢固树立规划法律地位，完善中国及地方产业用地法律体系，保障用地规划、功能分区及管制分区能够顺利实施，最大限度地发挥区域产业用地规划实施成效。

（3）加强土地利用违法监察

充分发挥基层国土管理机构作用，全面落实土地执法监察巡查制度，建立违法用地的信息报告责任制度，切实提高违法用地的发现率。自然资源部门对土地违法案件，应当及时制止并依法做出处罚、处分，对制止无效或本部门无权处理的案件及责任人员，应及时报告同级政府和上级自然资源部门，并书面抄告或移送发展改革、建设等相关部门。各有关部门要根据相关职能，密切配合，确保土地违法违规行为得到及时有效制止。运用卫星照片、利用航空器拍摄的照片等现代科技手段，提高监察工作信息化水平，建立系统全面的巡查制度及土地、建筑物数据库，对违法违规现象快速反应。

（4）实现产业用地监测预警

由于土地用途在短期时间变更困难而限制存量土地结构转化，土地供给特性促使增量用地供给受到限制，从而导致用地结构调整滞后于产业结构调整步伐，可能导致用地数量及其在产业间比例构成限制未来产业发展。同时，产业规模的扩张会加大对土地资源的需求，从而进一步激化土地供给和产业需求之间矛盾。为了促进产业用地供给侧结构性改革，根据区域产业发展水平及未来产业战略调整，探索建立"产业—用地"动态监测和预警系统，运用 GIS 定位系统联网用地交易信息系统，实时监测产业用地情况及发展规律，定期向各用地部门及社会公布，重点对产业用地低效区域进行排查、监督及警告，及时出台纠正方案及整改措施。通过超前灵活的产业用地动态监测预警系统，克服市场变化和诸多不确定因素对用地的冲击，为产业发展及政府宏观调控提供决策支撑，有效解决用地供给与产业需求的本质矛盾。

（5）合理制定产业用地政策

中国实行社会主义市场经济体制，在市场自我调节失衡情况下，政府政策性及时干预显得十分必要。特别是在产业发展及转型过程中，政府缺乏有效调控或者放任市场运行，很容易出现产业过剩、产业用地闲置浪费、资源消耗过大且环境严重污染等问题，能够出台产业用地政策是引导产业结构合理优化、产业用地资源合理配置、发挥区域土地利用效益的重要保障。要紧密结合产业结构调整升级目标制定产业政策，土地政策及其他相关部门政策要与产业政策联动起来，对重点鼓励发展的产业要给予用地保障及优惠，对落后淘汰产业要严格控制。同时，为了加强产业用地持续集约高效，结合国家及地方差异，制定不同区域、不同产业的用地门槛，增强产业用地门槛政策灵活性，更好地促进产业结构优化和用地布局调整（范树平，2014）。

（6）编制实施产业用地规划

产业用地配置关键在于数量规模及其空间分布，正对应了"指标＋坐标"。将其引入各种相关规划，如产业规划、土地利用规划、城市规划、生态环保规划及各基础设施专项规划，增强政府宏观调控能力，发挥规划管控作用。另外，每个规划均是立足于不同部门利益及专业领域、代表不同产业类型而进行的数量配置和空间部署，因此规划之间相互衔接及统一、规划部门之间的交流和沟通程度直接决定了区域产业用地优化配置水平。产业结构与土地利用是相互作用的两个范畴，两者必须统筹协调。从管理部门成本及规划衔接考虑，规划是最好的结合点。建议按照"多规合一"理念及技术方法，至少融合产业与土地两大部门，单独组织产业用地规划编制实施，科学统筹产业用地布局，实现土地资源效益最大化目标。

（7）发挥土地市场运行机制

由于土地资源具有价值和使用价值，具备商品属性，所以土地资源成为一类特殊商品，应该通过价格、供求及竞争等要素作用，形成自我调节约束体系。为此土地资源优化配置必须建立在市场机制基础之上。社会主义市场经济体制要求市场作为基础的资源配置手段，土地市场作为优化配置土地资源要素的重要子市场，其政府管控的一级市场确保土地总量控制，二级市场通过价格杠杆作用实现土地优化配置。特别是在二级市场，土地使用者从自身经济利益考虑用地决策，对多占、低效用地会出于"经济人"理性考虑自行调整，逐步实现用地结构及空间布局合理、土地利用效益优化。不过，市场也不是万能的，各种因素可能导致市场失灵现象，必须对土地市场叠加政府宏观调控，才能促进用地更加合理。

（8）市场机制兼顾政府调控

众所周知，市场机制在资源配置、要素优化过程中发挥着不可替代的作用，但"看不见的手"有时会出现失灵状况，需要"看得见的手"积极地进行引导、干预，以更好发挥市场运行能效，实现国家发展目标。利用市场机制和政府宏观调控，促进产业空间和土地利用有机结合。市场机制和宏观调控不可分离、不可缺少，两者有机结合才能提高效率。具体的，要发挥市场在产业空间和土地资源配置中的基础性作用，并结合政府宏观调控，建立合理的产业空间和土地利用体系，促进区域产业空间与土地利益有机整合向更合理的高度化转变，为区域产业空间合理发展和土地资源可持续集约利用提供基础保障。考虑到国内外形势及市场变化，政府调控手段是多样化的、灵活机动的，包括土地供应、土地财税、土地金融、用地许可及规划管控等方面，最终目的是促进土地及产业用地市场健康稳定运行。核心仍在于治理结构和资源配置，重点在于如何充分发挥并优化组合好政府调控的"有形手"与市场调节的"无形手"。

（9）建立产业用地统计制度

根据现行国家产业用地统计情况，主要是居住用地、公共设施用地、工业用地、仓储用地、道路广场用地等类型用地的总量指标，缺乏专门对应于国民经济行业分类体系下的用地面积逐级统计。因此，需要建立行业分类体系下的产业用地统计制度，实行多部门联合统计制度，建立产业用地空间数据库，采用"企业＋地块"模式并带有行业代码、用地规模、投资额、产出额、利税等属性，实现产业数据与用地数据高度匹配，并按照行政级别逐级统计，定期向社会公布产业用地汇总信息。这样既可以准确及时反映产业发展过程中出现的土地利用问题，也可以为产业政策制定、产业用地规划、产业用地效益评价及产业用地指标下达等方面提供最新、最准确的用地数据支撑，为企业投资决定提供依据。

（10）推进产业用地节约集约

以资源节约型、环境友好型社会建设为契机，以产业用地节约集约为产业发展门槛，倒逼产业结构转型及社会经济发展转变，从源头解决产业用地的瓶颈压力。另外，要进一步控制建设用地规模及其挤占耕地、生态用地规模，引导行业和企业集聚发展，从严控制低水平产业项目重复低效建设。在新旧产业项目调整替换过程中，根据企业投资强度、科技含量、产出效益等方面确定企业用地规模及空间布局，科学提高土地资源的产业优化支撑度，提高产业用地的集约性、科学性及合理性，促进产业结构与土地利用的协调发展。与此同时，要进一步完善产业用地考核制度，将节约集约作为考核和衡量下一年度用地计划数量、政府绩效、官员晋升的重要依据，挖掘产业经济发展及其用地潜力的重点区域，提高土地的经济供给能力，促进产业结构的顺利调整和经济发展方式的合理转变。

（11）开展产业用地效益评价

产业用地效益评价有两个关键问题：一是结合区域产业发展及用地情况，从产业用地发挥的社会、经济、生态、环保等方面构建评价指标体系，收集整理指标所对应的数据资料；二是引用科学合理的评价方法、测度模型及标准值，运用计算机软件系统及 GIS 技术，将整个评价工作系统化，提高评价工作效率及降低工作成本。对于产业用地社会经济效益低的区域要进行及时整合或建议转移，对于产业用地生态环境效益低的区域要下达整改意见或方案，防止区域土地生态环境进一步恶化，以此判断产业用地优劣、调整产业用地使用方向、维护产业用地管理的稳定性和权威性，实现区域产业结构与土地利用效益的同步优化提升，推动共生协调发展。

（12）加大生态用地保护力度

生态环境是与人类关系密切，影响人类生活和生产活动的各种自然力量或作用的总和。区域生态用地是整个生态系统平衡的重要保障，也是产业、经济、社会可持续发展的基础保障。从宏观层面上，落实差别化产业用地政策，改善自然景观结构，强化生态用地保护力度，充分发挥湿地生态系统价值，构建城乡统筹下的生态用地整体布局。一方面，重建人与自然的和谐关系，大力推进节能减排制度，政策倾向于生态友好型产业项目用地供给；另一方面，加强产业用地结构合理性的布局和适宜性评价，统筹安排各产业用地及空间布局，实现产业用地的生态化和持续利用，实现生态、社会、经济效益的相互协调，促进区域可持续发展。同时，依据污染者付费（polluter pays principle，PPP）理论，将土地生态环境保护的非经济行为转变为经济激励手段，通过市场化运行提升环境保护实效。

（13）完善社会公众参与机制

借助社会监督力量、运用社会监督手段就是发动广大社会公众参与产业用地规划编制、实施、监督，以及产业项目选址、建设及施工。社会公众参与手段一般包括专家咨询评议制度、规划公告制度、公众参与制度，三者根据不同公众代表灵活运用，且三者互为补充、共同作用。通过积极调动公众潜力和主动意识，赋予产业用地相关者参与决策和监督的权利，促进政府部门公平、公正执法，提高管理工作成效，避免各种违法违规行为的发生。

9.5.3　共生政策网络设计

根据前文已阐述内容，构建"共生理论分析框架＋Williamson 分析框架"

下的共生政策网络体系，将上文形成的 13 项政策要点大致归整到网络体系（表 9 - 1）。

表 9 - 1　共生政策网络设计

层次		理论基础：*Williamson* 分析框架		
		正式制度	治理结构	资源配置
理论基础：共生理论分析框架	共生单元	(1) 严格贯彻执行法律法规 (2) 探索制定规划分区法规	(3) 加强土地利用违法监察 (5) 合理制定产业用地政策	(12) 加大生态用地保护力度
	共生界面	(1) 严格贯彻执行法律法规 (2) 探索制定规划分区法规	(5) 合理制定产业用地政策 (6) 编制实施产业用地规划 (9) 建立产业用地统计制度	(7) 发挥土地市场运行机制 (8) 市场机制兼顾政府调控 (13) 完善社会公众参与机制
	共生模式	(1) 严格贯彻执行法律法规 (2) 探索制定规划分区法规	(5) 合理制定产业用地政策	(4) 实现产业用地监测预警 (11) 开展产业用地效益评价
	共生环境	(1) 严格贯彻执行法律法规 (2) 探索制定规划分区法规	(3) 加强土地利用违法监察 (5) 合理制定产业用地政策 (6) 编制实施产业用地规划	(7) 发挥土地市场运行机制 (8) 市场机制兼顾政府调控 (10) 推进产业用地节约集约 (12) 加大生态用地保护力度 (13) 完善社会公众参与机制

　　具体的，第二层次的正式制度，包括严格贯彻执行法律法规、探索制定规划分区法规 2 项要点，均作用于共生单元、共生界面、共生模式及共生环境。可以说，法律发挥对共生关系是全方面作用，深入影响着第三、第四层次的治理结构、资源配置。第三层次的治理结构，包括 4 项政策要点，但作用共生侧重点有所不同，加强土地利用违法监察、合理制定产业用地政策重点作用于共生单元，合理制定产业用地政策、编制实施产业用地规划、建立产业用地统计制度侧重对共生界面影响，合理制定产业用地政策在共生模式上影响很大，加强土地利用违法监察、合理制定产业用地政策、编制实施产业用地规划对共生环境起到决定作用。第四层次的资源配置，涉及剩下 7 项政策要点，分别作用于共生关系各个层面，其中，加大生态用地保护力度对共生单元发挥作用，发挥土地市场运行机制、市场机制兼顾政府调控、完善社会公众参与机制主要作用于共生界面，实现产业用地监测预警、开展产业用地效益评价对共生模式及其调整影响较大，发挥土地市场运行机制、市场机制兼顾政府调控、推进产业用地节约集约、加大生态用地保护力度、完善社会公众参与机制共同对共生环境产生影响。由此可见，国家层面重点在于正式制度层面的法律法规制定及实

施，全面影响共生关系，并对治理结构及资源配置起到调控作用；地方部门及活动主体侧重于治理结构与资源配置，加大对国家层面法律法规的落实，制定符合本区域的政策、机制及制度，充分发挥市场运行作用，以及加强政府治理与公共服务能力。

第 10 章　研究结论及研究展望 ///////////////

10.1　主要结论

（1）产业结构与土地利用效益之间存在一般普适关系，产业结构决定土地利用效益、土地利用效益影响产业结构

产业结构形成和发展与特定区域、特定时代背景的社会经济发展历程息息相关，既是社会经济发展的产物，也影响着社会经济发展。产业结构演变具有内在的一般规律。通过土地资源及开发特征分析，生物生产、生态景观、资源仓储及空间承载是土地利用四大基本功能，且不同的用地类型侧重于不同的基本功能，土地利用功能又可以通过经济效益、社会效益及生态效益进行表征。不同产业类型的规模及空间布局调整决定占地规模及开发类型，同时决定了土地资源开发利用的社会、经济、生态等效益。投资者、政府及个体为了追求效益或利益最大化的本质目标，政府要科学合理地规划产业用地空间布局，企业要结合个体市场利益偏好而选择合适产业进行投资，通过利益权衡及相互博弈而影响区域产业结构形成及调整。

（2）产业结构与土地利用效益之间存在相互作用路径，不同产业发展阶段对土地利用效益作用存在差异，土地资源内在功能影响用地价值组成并决定产业结构形成

产业结构演变从低级到高级划分为农业化、前工业化、后工业化、信息化四个阶段，在不同发展阶段作用下，社会经济土地利用效益规制于自然生态环境承载容量，同时受制于生态环境用地效益；土地资源功能类型可划分为社会、经济、生态、生产四类，决定土地利用效益价值重构，以人为中心对用地功能及其土地利用效益产生影响。产业结构优化和土地利用效益协调是两者之间互动作用的子目标，达到两者共生发展是转变"两难"而实现"共赢"的有效途径。

（3）中国整体土地利用效益水平呈现逐渐增长趋势，但增速逐渐放缓；省

级空间分异表现明显，东南部高、中西部低，且一直在强化此种分异格局

中国土地利用效益从 1978 年以来呈现出逐年递增趋势且一直持续；其效益值增加幅度逐渐减小时期，也是地均工业废水排放量、地均工业固体废物排放量逐年增加阶段，是拉低效益增长幅度的主要诱因；但 2010—2015 年增长持续疲软，需要从根本上改变土地开发利用方式、产业基础结构及土地科技投入。从空间分布情况分析，社会经济发展较快且基础较好的东部沿海省份普遍较高，中西部省份及资源禀赋型省份明显较低，与社会经济、城镇化及产业化发展水平耦合程度较高。

（4）中国产业结构变化土地利用效益响应系数逐渐递增，但空间差异也非常明显；投资、产业发展及生态建设是其主要影响因素，从内在机理和外在驱动揭示产业结构对土地利用效益的作用机理

产业结构变化土地利用效益响应系数呈现出逐年递增态势，说明中国土地利用效益对产业结构变化响应程度不断增大，产业结构总体上适应土地利用效益提升，能够促进土地利用效益潜力挖掘；从省际情况看，响应系数的空间差异性明显且变化呈现拉大趋势，也就是说高值仍较高、低值仍较低，还呈现明显"梯度差异"，东部地区最高、东北地区中等、中西部地区总体较弱。研究表明，投资、产业发展及生态建设是响应系数核心影响因素，且影响时序存在差异性，有利于揭示产业结构对土地利用效益的作用机理。

（5）中国农业用地、非农用地的效益值及其比较优势度均呈现出明显的区域差异性，为土地利用效益影响作用于产业结构优化调整提供优良条件

中国农业用地效益值变化幅度较大，区域之间差异显著；非农用地效益区域差异更是悬殊，较高区域集中在沿海、沿江社会经济及产业发展水平良好区域，较低区域主要集中在西北偏远地区。农业用地比较优势较高值区域集中分布于农业资源禀赋优势区域，如黄河中下游平原区、长江中下游平原区及中部农业主导优势区域；较低值区域集中分布于城市群、大都市区等周边区域（非农用地效益极高而拉低农业用地效益比较值），以及云贵高原、西北地区等农业水热气候条件较差区域。非农用地效益比较优势高值区分布在全国大都市区域，以及处于中西部及西南部偏远地区，农业生产效益较低，从而凸显发展非农生产优势所在。

（6）产业用地效益比较优势受收入、消费及产值影响很大，结合空间分析结果，其可作为土地利用效益指导产业结构调整的重要依据，围绕其能够具体揭示产业结构对土地利用效益的作用机理

产业用地效益比较优势主要受到政府财政收入、城乡居民收入、地均消费、工农业产值因素影响，ESDA 能够很好地分析产业用地效益优势度的空间全局及离散情况，可实践性指导区域产业结构按照土地利用效益来调整优化。也正由此，以产业用地效益比较优势为中心，从参与主体、作用过程、作用手段三个环节，结合实践具体揭示土地利用效益是如何作用于产业结构优化调整的。

（7）产业结构与土地利用效益适合共生理论运用，具备很强共生动力、明显共生要素、有利共生条件，推断得出"双螺旋"共生演化周期模型，分外部、内部两方面演绎揭示产业结构与土地利用效益共生机理

产业结构优化与土地利用效益提升共生的内生动力来源于自然规律的内在制约及人本要求的内在驱动，而外生动力来源于市场运行机制规律的外在调节，以及政府宏观调控管理的外在导向；构建共生周期演化的"双螺旋"的逐级递进"耦合—趋稳—突变—耦合"过程，重点针对耦合过程及趋稳过程进行逻辑推导，分别模拟得到共生耦合过程的动态演化路径及"惠及系数"的演化路径，两种路径正好从理论上确切解释了共生发展的优化路径，分别从外部、内部并借助于共生理论分析框架范式研究共生机理。

（8）中国产业结构与土地利用效益由寄生发展到非对称互惠共生阶段，模拟得到将在 2021 年达到对称互惠共生，随后深度迈入非对称互惠共生模式，且与对称互惠共生条件差距不断扩大，表明中国产业结构调整、土地利用效益协调任务依然艰巨

1978—2015 年，中国产业结构与土地利用效益经历了寄生和正向非对称互惠共生两个阶段，δ_{IL} 逐渐增大、δ_{LI} 渐渐减小的趋势一直未变，两者差值随着年份逐渐收窄，直到 2006 年作为新的拐点，δ_{IL} 大于 0，产业结构与土地利用效益携手迈入正向非对称互惠共生阶段，且两者差距仍在进一步缩小，但两者的相互影响正逐步达到均衡状态，将向对称互惠共生阶段发展（$\delta_{IL}=\delta_{LI}>0$）。通过模拟估算在 2021 年中国产业结构与土地利用效益将实现对称互惠共生。不过，随后就又进入正向非对称互惠共生模式，既表明了后续强化产业结构与土地利用效益之间共生关系的重要性，也表明了产业结构调整、土地利用效益提升协调的紧迫性。

（9）从理论上分析，共生度受到资源供给、社会需求、土地市场、政府调控、土地集约、科技进步、生态建设、城乡协调八个层面影响；从计量上分析，所选指标因素针对不同类型共生度及不同区域，所起作用方向及作用程度均具有差距

从理论层面，资源供给、社会需求、土地市场、政府调控、土地集约、科技进步、生态建设、城乡协调均对共生度产生影响；从计量层面，基础设施建设密度、人均社会消费支出、固定资产投资占比、政府财政支出占比、生态环境建设指数、城乡人口结构是产业结构对土地利用效益共生度的核心影响因素，而就业人员数量规模、人均社会消费支出、固定资产投资占比、政府财政支出占比、人均占用建设用地、单位 GDP 地耗则是土地利用效益对产业结构共生度的核心影响因素。不同计量指标对全国、东部地区、中部地区、西部地区所起作用方向及程度也存在很大差异。

（10）从对称互惠共生视角考虑，中国应从搞好土地生态建设、加快经济优化转型、控制建设用地规模、优化政府投资模式四个方面，促进共生发展及发挥产业用地社会福利最大化

通过共生度测定、发展趋势及优化要求，影响因素理论分析及计量分析，以及安徽共生实践印证，遵循"δ_{IL} 适度降低＋δ_{LI} 极度提高"原则而促进共生，提出以下四个对策建议：一是坚持将搞好土地生态建设作为社会发展永恒主题；二是加快经济优化转型仍为土地开发利用核心保障；三是控制建设用地规模，强化土地资源节约集约利用；四是优化政府投资模式，注重区域土地投资调控效率。

（11）对称互惠共生模式作为共生理想模式，具有价值回归与价值取向的实践反思，共生实践条件就是共生单元地位明确、共生界面横纵延伸、共生模式动态调整、共生环境培育适应四个维度，构建共生政策网络体系非常重要，且具有较好践行之处

确定连续对称互惠共生是共生理想模式，提出共生单元平等公正、双向交流及外界环境充分接触三点要求。在此基础上，尊重自然规律下的以人为本的价值回归，以及按照互惠共生下的效益均衡的价值取向，是对称互惠共生发展的实践反思，进一步得到共生发展的实践条件是共生单元要求地位明确、共生界面要求横纵延伸、共生模式要求动态调整、共生环境要求培育适应。进一步提出严格贯彻执行法律法规、探索制定规划分区法规、加强土地利用违法监察、实现产业用地监测预警、合理制定产业用地政策、编制实施产业用地规划、发挥土地市场运行机制、市场机制兼顾政府调控、建立产业用地统计制度、推进产业用地节约集约、开展产业用地效益评价、加大生态用地保护力度、完善社会公众参与机制等共生发展的 13 项具体政策设计要点，构建了"共生理论分析框架＋Williamson 分析框架"下的共生政策网络体系。

10.2　研究展望

本书通过大量理论基础分析及具体实证案例检验，从国家层面和省级层面对产业结构与土地利用效益的互动机理及共生发展进行翔实研究，得到诸多理论及实践研究成果，可为国家政府及企业投资提供决策参考，也可为此领域学术研究添砖加瓦。但由于产业结构与土地利用是涉及诸多方面的一项复杂系统工程研究，受基础数据、文献参考、时间精力等各种因素制约，加之研究能力有限，且本书还有一些理论及实践上的创新之处，确实没有过多的直接研究参考及具体路径可寻。基于此，在本书基础上，希望在以下方面开展进一步研究。一是从夯实理论基础视角，进一步加强共生理论在产业结构优化与土地利用效益提升关系运用中的理论基础，以此更好地指导实证研究，研究成果更加有效推进产业结构优化、促进土地利用效益协调的"双赢"共生模式；二是从研究对象细化视角，产业结构要打破三次产业原有范式而细化到行业内部，土地利用效益要深化细分到经济、社会、生态、环境，以此进一步研究两者内部细分单元之间关系及共生取向，只有这样，研究成果才能更具有针对性及实践性，这也将对数据资料、经费支撑、人员时间等带来一定挑战。

参 考 文 献

毕宝德，2002. 土地经济学 [M]. 4 版. 北京：中国人民大学出版社.

曹晓风，孙波，陈化榜，等，2021. 我国边际土地产能扩增和生态效益提升的途径与研究进展 [J]. 中国科学院院刊，36（3）：336 - 348.

曹志宏，郝晋珉，郭力娜，等，2010. 黄淮海地区产业与用地空间集聚发展战略模式探讨 [J]. 资源科学，32（11）：2145 - 2151.

陈斐，杜道生，2002. 空间统计分析与 GIS 在区域经济分析中的应用 [J]. 武汉大学学报（信息科学版），27（4）：391 - 395.

陈国阶，1990. "三大效益"统一协调的定量评价 [J]. 中国环境科学，10（4）：294 - 298.

陈宏，韩轶，戴华，1997. 利用投入产出模型研究最优产业结构 [J]. 电子科技大学学报（3）：293 - 297.

陈洪博，1992. 土地科学词典 [M]. 南京：江苏科学技术出版社.

陈锦赐，2004. 以环境共生观营造共生城乡景观环境 [J]. 城市发展研究，11（6）：1 - 10.

陈利根，龙开胜，2012. 我国土地资源高效配置的政策阻碍及改革建议 [J]. 南京农业大学学报（社会科学版），12（3）：60 - 65.

陈强，2014. 高级计量经济学及 Stata 应用 [M]. 2 版. 北京：高等教育出版社.

陈士银，陈爱珠，周飞，2008. 区域土地利用的社会效益及其时空特征研究 [J]. 资源开发与市场，24（11）：975 - 978.

陈锡康，1983. 投入产出法 [M]. 北京：人民出版社.

陈彦光，2010. 中国人口转变、城市化和产业结构演变的对应关系研究 [J]. 地理研究，29（12）：2109 - 2120.

陈银蓉，2005. 政府土地管理行为研究 [M]. 武汉：长江出版社.

陈仲新，张新时，2000. 中国生态系统效益的价值 [J]. 科学通报，45（1）：17 - 19.

仇娟东，赵景峰，吴建树，2012. 基于耦合关系的中国区域土地利用效益水平测度 [J]. 中国人口·资源与环境，22（1）：103 - 110.

但承龙，熊华，2010. 海南土地利用结构与产业发展关系研究 [J]. 资源科学，32（4）：718 - 723.

但承龙，雍新琴，厉伟，2001. 土地利用结构优化模型及决策方法：江苏启东市的实证分析 [J]. 华南热带农业大学学报，7（3）：38 - 42.

董品杰，赖红松，2003. 基于多目标遗传算法的土地利用空间结构优化配置 [J]. 地理与地理信息科学，19（6）：52-55.

杜挺，谢贤健，梁海艳，等，2014. 基于熵权 TOPSIS 和 GIS 的重庆市县域经济综合评价及空间分析 [J]. 经济地理，34（6）：40-47.

杜文胜，曹彤，2022. 城镇化、城乡收入差距与产业结构升级：基于省域面板数据的实证研究 [J]. 统计学报，3（5）：1-9.

范斐，杜德斌，李恒，2012. 区域科技资源配置效率及比较优势分析 [J]. 科学学研究（38）：1198-1205.

范华，2015. 新加坡白地规划土地管理的经验借鉴与启发 [J]. 上海国土资源，36（3）：31-35.

范树平，程久苗，项思可，等，2014. 基于 ESDA-GIS 的皖江城市带产业空间判识及用地对策分析 [J]. 中国科技论坛（4）：113-122.

范树平，刘友兆，程从坤，2016. 中国土地管理制度困境及改革路径研究：基于 Williamson 分析框架 [J]. 中国国土资源经济（4）：60-63.

范树平，刘友兆，程从坤，等，2017. 巢湖流域土地利用效益测度与综合判定 [J]. 土壤，49（4）：838-845.

范树平，刘友兆，张红梅，等，2015. 基于层次模糊物元模型的承接产业用地空间适宜评价 [J]. 农业工程学报，31（6）：266-276.

范树平，项思可，张红梅，等，2013. 中部地区产业结构与用地效益的空间分异及耦合：基于皖江城市带 46 个评价单元的面板数据实证分析 [J]. 经济地理，33（9）：135-141.

范树平，周剑钧，刘友兆，等，2014. 中国地方产业用地标准剖析及关键技术设计初探 [J]. 中国土地科学，28（8）：17-23.

方创琳，2000. 区域发展规划的人地系统动力学基础 [J]. 地学前缘（7）：5-10.

方创琳，鲍超，乔标，2008. 城市化过程与生态环境效应 [M]. 北京：科学出版社.

冯清华，何蕾，2022. 生态文明背景下土地利用综合效益评价及其空间分异：以江西省为例 [J]. 自然资源情报（8）：14-21.

傅玲，2005. 重庆城市土地供需分析及其用地效益综合评价 [D]. 重庆：重庆师范大学.

干春晖，郑若谷，余典范，2011. 中国产业结构变迁对经济增长和波动的影响 [J]. 经济研究（5）：4-16.

高远东，张卫国，阳琴，2015. 中国产业结构高级化的影响因素研究 [J]. 经济地理，35（10）：96-10.

葛红玲，聂晓曦，2015. 中国房地产业与银行共生关系：特点及效果检验 [J]. 经济与管理研究，36（5）：31-38.

顾湘，2007. 区域产业结构调整与土地集约利用研究 [D]. 南京：南京农业大学.

顾湘，曲福田，付光辉，2009. 中国土地利用比较优势与区域产业结构调整 [J]. 中国土地科学，23（7）：6 - 65.

郭林海，巴逢辰，1991. 多目标排队决策法在大连市土地利用结构调整中的应用 [J]. 资源开发与保护（73）：155 - 158.

郭旭东，常青，刘筱，等，2017. 基于碳储量视角的城镇土地利用模式与生态效益分异特征 [J]. 中国土地科学，31（4）：61 - 70.

国家计委投资研究所，中国人民大学区域所课题组，2001. 我国地区比较优势研究 [J]. 管理世界（2）：45 - 55.

何春阳，史培军，陈晋，2005. 基于系统动力学模型和元胞自动机模型的土地利用情景模型研究 [J]. 中国科学 D 辑：地球科学，3（55）：464 - 473.

何鑫，王昌全，李琼芳，2004. 基于模拟退火遗传法的土地利用结构优化模型 [J]. 农业系统科学与综合研究，20（3）：215 - 218.

洪黎民，1996. 共生的概念发展的历史、现状及展望 [J]. 中国微生态学杂志（4）：50 - 54.

胡飞，2011. 产业结构升级、对外贸易与环境污染的关系研究：以我国东部和中部地区为例 [J]. 经济问题探索（7）：113 - 118.

胡蒙蒙，张军民，徐丽萍，等，2016. 基于生态绿当量的玛纳斯河流域土地利用生态效益研究 [J]. 干旱区研究，33（5）：996 - 1002.

胡守钧，2012. 社会共生论 [M]. 上海：复旦大学出版社 .

胡守钧，2000. 社会共生论 [J]. 湖北社会科学（3）：11 - 12.

胡毅，乔伟峰，万懿，等，2020. 江苏省县域土地利用效益综合评价及其分异特征 [J]. 经济地理，40（11）：186 - 195.

黄虹，许祺，2017. 人口流动、产业结构转变对上海市绿色 GDP 的影响研究 [J]. 中国软科学（4）：94 - 108.

黄金升，陈利根，张耀宇，等，2017. 中国工业地价与产业结构变迁互动效应研究 [J]. 资源科学，39（4）：585 - 596.

黄力平，2006. 退耕还林工程社会效益评价研究：以奇台县为例 [D]. 乌鲁木齐：新疆师范大学 .

黄亮雄，安苑，刘淑琳，2013. 中国的产业结构调整：基于三个维度的测算 [J]. 中国工业经济（10）：70 - 82.

黄群慧，李晓华，2015. 中国工业发展"十二五"评估及"十三五"战略 [J]. 中国工业经济（9）：5 - 20.

黄夏，李健，卫平，2015. 就业结构与经济波动的关系研究：基于 VAR 模型的定量分析 [J]. 生态经济（2）：96 - 101.

黄贤金，2014. 土地调控的制度掣肘与改革 [J]. 人民论坛（9）：25 - 27.

黄贤金，彭补拙，张建新，等，2002. 区域产业结构调整与土地可持续利用关系研究 [J]. 经济地理，22（4）：425 - 429.

黄湘燕，2016. "供给侧改革"与供给经济学的迥异 [J]. 改革与开放 (8)：45-49.

贾丹丹，冯忠江，高璇雨，2018. 产业结构优化与土地集约利用时空耦合分析：以京津冀为例 [J]. 西南师范大学学报 (自然科学版)，43 (1)：148-155.

简新华，叶林，2011. 改革开放以来中国产业结构演进和优化的实证分析 [J]. 当代财经 (1)：93-102.

江小娟，1996. 世纪之交的工业结构升级 [M]. 上海：上海远东出版社.

姜开宏，陈江龙，陈雯，2004. 比较优势理论与区域土地资源配置：以江苏省为例 [J]. 中国农村经济 (12)：16-21.

姜志德，2004. 中国土地利用的地域化配置及布局策略 [J]. 中国农业资源与区划，25 (1)：7-10.

解林晓，段艺芳，肖超菲，等，2022. 山东省土地利用生态—社会—经济系统耦合协调度时空演变及障碍因子分析 [J]. 中国农学通报，38 (12)：61-68.

鞠建东，林毅夫，王勇，2004. 要素禀赋、专业化分工、贸易的理论与实证：与杨小凯、张永生商榷 [J]. 经济学 (季刊)，4 (1)：27-54.

剧锦文，2011. 战略性新兴产业的发展"变量"：政府与市场分工 [J]. 改革 (3)：31-38.

孔祥斌，张凤荣，李玉兰，等，2005. 区域土地利用与产业结构变化互动关系研究 [J]. 资源科学，27 (2)：59-64.

兰宜生，2001. 要素流动与地区经济关系分析 [J]. 财政研究 (12)：67-70.

李边疆，王万茂，2008. 区域土地利用与生态环境耦合关系的系统分析 [J]. 干旱区地理，31 (1)：142-148.

李波，吴菲，叶樊妮，2022. 基于 TOPSIS 法的民族地区县域土地利用效益评价及时空分异：以甘孜藏族自治州为例 [J]. 西南农业学报，35 (10)：2379-2386.

李博，胡进，2008. 中国产业结构优化升级的测度和比较分析 [J]. 管理科学，21 (2)：86-92.

李冠英，张建新，2012. 南京市土地利用效益耦合关系研究 [J]. 地域研究与开发，31 (1)：130-134.

李晶，2006. 3S 支持下土地利用生态效益时空差异与生态安全评价：以陕北黄土高原为例 [D]. 西安：陕西师范大学.

李靖华，郭耀煌，2001. 国外产业生命周期理论的演变 [J]. 人文杂志 (6)：62-65.

李鸣，平瑛，2010. 产业结构优化理论综述及新进展 [J]. 黑龙江农业科学 (3)：116-120.

李培祥，2007. 城市产业结构转换与土地利用结构演变互动机制分析 [J]. 安徽农业科学，35 (31)：10069-10070.

李培祥，李诚固，2003. 区域产业结构演变与城市化时序阶段分析 [J]. 经济问题 (1)：4-6.

李姝，2011. 城市化、产业结构调整与环境污染 [J]. 财经问题研究 (6)：38-43.

李鑫,李宁,欧名豪,2016. 土地利用结构与布局优化研究述评 [J]. 干旱区资源与环境, 30 (11): 103-110.

李鑫,张瑞平,欧名豪,等,2011. 建设用地二三产业增长贡献及空间相关性研究 [J]. 中国人口·资源与环境, 21 (9): 64-68.

李秀彬,1996. 全球环境变化研究的核心领域:土地利用/土地覆被变化的国际研究动向 [J]. 地理学报, 51 (6): 553-558.

李亚丽,秦李虎,朱德铭,等,2022. 村镇土地利用效益及耦合协调度评价研究:以天津市蓟州区为例 [J]. 西部人居环境学刊, 37 (4): 10-18.

李娅,谭秋,王丽双,等,2022. 县域农业土地利用适宜性评价与优化研究:以山西省原平市为例 [J]. 中国农业资源与区划, 2022, 43 (1): 91-99.

李跃,2017. 中国地区产业结构形态变迁态势及其内生动因 [J]. 产经评论 (1): 5-17.

李植斌,2000. 一种城市土地利用效益综合评价方法 [J]. 城市规划 (8): 62.

梁昌勇,戚筱雯,丁勇,等,2012. 一种基于 TOPSIS 的混合型多属性群决策方法 [J]. 中国管理科学, 20 (4): 109-117.

梁红梅,刘卫东,2008. 土地利用效益的耦合模型及其应用 [J]. 浙江大学学报 (农业与生命科学版), 34 (2): 230-236.

梁琦,黄利春,2009. 马克思的地域分工理论、产业集聚与城乡协调发展战略 [J]. 经济前言 (10): 10-14.

林树高,刘少坤,陆汝成,等,2021. 2003—2018 年广西城市紧凑度与土地利用效益关系的时空特征 [J]. 水土保持通报, 41 (4): 300-309.

林毅夫,2010. 新结构经济学:重构发展经济学的框架 [J]. 经济学季刊 (10): 1-32.

林毅夫,2017. 产业政策与我国经济的发展:新结构经济学的视角 [J]. 复旦学报 (社会科学版) (2): 148-153.

林毅夫,苏剑,2012. 新结构经济学:反思经济发展与政策的理论框架 [M]. 北京:北京大学出版社.

刘斌,1996. 论小流域综合治理中社会效益的地位 [J]. 四川师范大学学报, 19 (2): 109-113.

刘冰,周玉斌,1995. 交通规划与土地利用规划的共生机制研究 [J]. 城市规划汇刊 (5): 24-28.

刘春山,辛杨,2005. 产业结构动态优化理论体系研究 [J]. 工业技术经济 (8): 74-75.

刘东皇,王志华,葛莹玉,2017. 劳动力成本、消费成长与产业结构升级 [J]. 当代经济管理, 39 (2): 1-5.

刘芳,闫慧敏,刘纪远,等,2016. 21 世纪初中国土地利用强度的空间分布格局 [J]. 地理学报, 71 (7): 1130-1143.

刘浩,2010. 产业间共生网络的演化机理研究 [D]. 大连:大连理工大学.

刘坚，黄贤金，翟文侠，等，2005. 城市土地利用效益空间分异研究 ［J］. 江南大学学报
（人文社会科学版），4（6）：67-71.

刘金全，印重，2012. 我国固定资产投资与经济增长的关联性研究 ［J］. 社会科学辑刊
（1）：131-134.

刘静怡，蔡永立，於家，等，2013. 基于 CLUES 和灰色线性规划的嘉兴北部土地利用优化
配置研究 ［J］. 生态与农村环境学报，29（4）：529-536.

刘俊杰，1994. 论技术进步与产业结构高度化 ［J］. 西北师范大学学报，30（2）：71-77.

刘美平，2011. 战略性新兴产业技术创新路径的共生模式研究 ［J］. 当代财经（11）：
105-111.

刘平辉，郝晋珉，2003. 土地利用分类系统的新模式：依据土地利用的产业结构而进行划
分的探讨 ［J］. 中国土地科学（1）：16-26.

刘瑞娜，2016. 中国产业结构的现状考察和优化思路 ［J］. 理论导刊（3）：7-11.

刘书楷，曲福田，2004. 土地经济学 ［M］. 北京：中国农业出版社.

刘淑茹，2011. 产业结构合理化评价指标体系构建研究 ［J］. 科技管理研究（5）：66-69.

刘伟，1995. 工业化进程中的产业结构研究 ［M］. 北京：中国人民大学出版社.

刘伟，张辉，黄泽华，2008. 中国产业结构高度与工业化进程和地区差异的考察 ［J］. 经
济学动态（11）：4-8.

刘彦随，刘玉，陈玉福，2011. 中国地域多功能性评价及其决策机制 ［J］. 地理学报，66
（10）：1379-1389.

刘艳军，李诚固，王颖，2010. 中国产业结构演变城市化响应强度的省际差异 ［J］. 地理
研究，29（7）：1291-1304.

刘耀彬，宋学锋，2005. 城市化与生态环境的耦合度及其预测模型研究 ［J］. 中国矿业大
学学报，34（1）：92-96.

龙花楼，2012. 论土地利用转型与乡村转型发展 ［J］. 地理科学进展，31（2）：193-200.

卢剑波，王兆骞，马岳，等，1993. 建德县南峰乡丘陵山地开发利用的生态经济规划研究：
多目标规划模型的建立 ［J］. 应用生态学报（43）：267-271.

卢为民，2012. 用地政策引领产业转型：新加坡节约集约用地启示 ［J］. 资源导刊（7）：
42-43.

鲁春阳，2011. 城市用地结构演变与产业结构演变的关联研究 ［D］. 重庆：西南大学.

鲁春阳，杨庆媛，文枫，等，2010. 城市用地结构与产业结构关联的实证研究：以重庆市
为例 ［J］. 城市发展研究（1）：102-107.

罗罡辉，吴次芳，2003. 城市用地效益的比较研究 ［J］. 经济地理，23（3）：367-370.

吕安民，李成名，林宗坚，等，2002. 中国省际人口增长率及其空间关联分析 ［J］. 地理
学报，57（2）：143-150.

吕红峰，王静爱，岳耀杰，等，2005. 土地利用结构优化图谱研制：以科尔沁沙地典型样

区为例 [J]. 地球信息科学，7 (4)：131 - 134.

吕政，2000. 关于中国工业化和工业现代化的思考 [J]. 中国工业经济 (1)：5 - 9.

马安胜，李诚固，刘双良，2012. 城市产业结构与土地利用耦合关系研究：以沈阳市为例 [J]. 山西财经大学学报，34 (4)：29 - 31.

马仁锋，沈玉芳，王筱春，等，2010. "移民—产业—环境" 共生型流域规划方法研究：以金沙江中游为例 [J]. 长江流域资源与环境，19 (5)：493 - 499.

马荣华，蒲英霞，马晓冬，2007. GIS 空间关联模式发现 [M]. 北京：科学出版社.

马世发，何建华，俞艳，2010. 基于粒子群算法的城镇土地利用空间优化模型 [J]. 农业工程学报，2 (69)：321 - 325.

马涛，2008. 产业规划：城市产业用地集约利用实现途径及其经济机理分析——基于土地空间特性的视角 [J]. 上海交通大学学报（哲学社会科学版），6 (16)：75 - 88.

马贤磊，周琳，赵爱栋，2014. 城市土地可持续集约利用的时空特征及影响因素研究：对传统土地集约利用的修正 [J]. 中国土地科学，28 (12)：32 - 38.

马小林，王悦天，侯庆丰，等，2022. 基于 TOPSIS 模型的甘肃省 2010—2018 年土地利用空间效益评价 [J]. 生态科学，41 (6)：146 - 156.

马晓冬，朱传耿，马荣华，等，2008. 苏州地区城镇扩展到空间格局及其演化分析 [J]. 地理学报，63 (3)：405 - 416.

茅锐，徐建炜，2015. 劳动力结构与产业结构调整 [J]. 浙江大学学报（人文社会科学版），45 (2)：164 - 183.

蒙吉军，2005. 土地评价与管理 [M]. 北京：科学出版社.

孟媛，张凤荣，姜广辉，等，2011. 北京市产业结构与土地利用结构的关系研究 [J]. 地域研究与开发，30 (3)：108 - 111.

缪春胜，邹兵，李江，2011. 适应产业升级与集约用地的工业用地控制标准探析：以深圳市工业项目建设用地控制标准为例 [C] //中国城市规划学会，南京市政府. 转型与重构：2011 中国城市规划年会论文集. 深圳：深圳市城市规划发展研究中心：14.

南锐，汪大海，2017. 基于 TOPSIS 模型的中国省域社会治理水平评价的实证研究 [J]. 东北大学学报（社会科学版），19 (3)：284 - 291.

聂忠海，杨世广，1988. 土地开发利用规划设计 [J]. 农业系统科学与综合研究 (4)：28 - 30.

潘家华，2013. 与承载能力相适应确保生态安全 [J]. 中国社会科学 (5)：12 - 17.

潘竟虎，石培基，赵锐峰，2010. 基于 LP - MCDM - CA 模型的土地利用结构优化研究：以天水市为例 [J]. 山地学报，2 (84)：407 - 414.

潘玉君，1997. 人地关系地域系统协调共生应用理论初步研究 [J]. 人文地理，12 (3)：75 - 79.

彭春华，1999. 产业结构高度化的动因分析 [J]. 岭南学刊（上半年增刊）：3 - 4.

彭建，蒋依依，李正国，等，2005. 快速城市化地区土地利用效益评价：以南京市江宁区

为例 [J]. 长江流域资源与环境，14 (3)：28 - 33.

彭建，王仰麟，吴健生，等，2002. 我国土地持续利用研究进展 [J]. 中国土地科学 (5)：37 - 42.

彭建仿，2007. 基于供应链管理的企业与农户共生关系研究 [D]. 杨凌：西北农林科技大学.

彭快先，2009. 土地资源调控与产业结构优化：以浙江省为例 [J]. 浙江经济 (20)：44 - 45.

平新乔，2016. 产业结构调整过程中的市场与政府之间关系 [J]. 经济与管理研究，37 (5)：3 - 7.

齐建国，2015. 中国经济"新常态"的语境解析 [J]. 西部论坛，25 (1)：51 - 59.

秦向东，闵庆文，2010. 六盘山南麓具有三个冲突效益的 Pareto 最优土地利用格局 [J]. 资源科学，3 (21)：194 - 197.

秦智雅，俞洁，孙国金，等，2022. 基于水足迹的嘉兴市农业产业结构优化模型 [J]. 浙江大学学报（理学版），49 (5)：613 - 622.

邱道持，肖刚，廖和平，等，2001. 小城镇土地利用环境效益综合评价探讨：以重庆市北碚区为例 [J]. 西南师范大学学报，26 (6)：728 - 732.

邱仁富，2008. 文化共生论纲 [J]. 兰州学刊 (12)：155 - 158.

任保平，2013. 结构失衡新特征背景下加快中国经济发展方式转变的机制 [J]. 社会科学战线 (3)：73 - 80.

任奎，周生路，张红富，等，2008. 基于精明增长理念的区域土地利用结构优化配置：以江苏宜兴市为例 [J]. 资源科学，30 (6)：912 - 918.

邵汉青，钟契夫，1983. 投入产出法（部门联系平衡法）概论 [M]. 北京：中国人民大学出版社.

石忆邵，范胤翡，范华，等，2010. 产业用地的国际国内比较分析 [M]. 北京：中国建筑工业出版社.

石忆邵，石凌宇，2015. 日本土地集约利用的主要形成机制 [J]. 上海国土资源，36 (3)：21 - 26.

史进，黄志基，贺灿飞，等，2013. 中国城市群土地利用效益综合评价研究 [J]. 经济地理，33 (2)：76 - 81.

史京文，1992. 土地利用规划效益实质的探讨 [J]. 湖北农业科学 (11)：32 - 37.

史宇微，杨和平，魏朝富，2021. 产业结构优化与土地集约利用耦合协调研究：以四川省为例 [J]. 西南师范大学学报（自然科学版），46 (3)：78 - 86.

宋戈，高楠，2008. 基于 DEA 方法的城市土地利用经济效益分析：以哈尔滨市为例 [J]. 地理科学，28 (2)：185 - 188.

宋涛，2012. 调整产业结构的理论研究 [J]. 当代经济研究 (11)：4 - 9.

苏东水，2000. 产业经济学 [M]. 北京：高等教育出版社.

苏东水，2015. 产业经济学［M］. 4 版. 北京：高等教育出版社.

苏国勋，2006. 全球化：文化冲突与共生［M］. 北京：社会科学文献出版社.

孙韩钧，2012. 我国产业结构高度的影响因素和变化探析［J］. 人口与经济（3）：39 - 44.

孙兴辉，2008. 呼和浩特市土地利用效益评价研究［D］. 呼和浩特：内蒙古师范大学.

谭荣，2010. 土地产权及其流转制度改革的路径选择［J］. 中国土地科学，24（5）：64 - 69.

谭文兵，2016. 从人地关系视角探讨人类的土地开发利用行为［J］. 中国国土资源经济（6）：11 - 14.

汤继强，李婷，张兴焱，等，2022. 数字普惠金融、科技创新与产业结构优化［J］. 统计与决策，38（17）：134 - 139.

唐焱，黄贤金，2005. 土地利用规划实施生态效益的几点思考［J］. 生态经济（10）：229 - 232.

唐永超，王成新，王瑞莉，等，2020. 基于精明发展的城市扩张与土地利用效益的耦合研究：以济南市主城区为例［J］. 人文地理，2020，35（4）：91 - 98.

田光进，张增祥，王长有，等，2001. 基于遥感与 GIS 的海口市土地利用结构动态变化研究［J］. 自然资源学报，16（6）：543 - 546.

田增瑞，赵天强，常焙筌，2016. VC 和 PE 产业链的竞争共生模型及其稳定性研究［J］. 复旦学报（自然科学版），55（1）：1 - 7.

佟林杰，孙博，2022. 长三角区域金融发展对产业结构升级的机理研究：基于科技进步中介效应的分析［J］. 河北工业大学学报（社会科学版），14（3）：27 - 34.

王成，赵万民，谭少华，2009. 不同土地利用模式与管理实践下的土地经济效益响应［J］. 农业工程学报，25（10）：284 - 289.

王国刚，刘彦随，方方，2013. 环渤海地区土地利用效益综合测度及空间分异［J］. 地理科学进展，32（4）：649 - 656.

王汉花，刘艳芳，2008. 基于生态位与约束 CA 的土地资源优化配置模型研究［J］. 中国人口·资源与环境，1（82）：97 - 102.

王吉霞，2009. 产业结构优化升级的影响因素探析［J］. 商业时代（14）：106 - 107.

王建国，杨林章，马毅杰，2002. 比较优势与土地利用：以苏南地区为例［J］. 土壤（4）：185 - 190.

王静，2005. 农地利用社会效益评价的理论与方法研究［D］. 北京：中国农业大学.

王君，周振，2016. 从供给侧改革看我国产业政策转型［J］. 宏观经济研究（11）：114 - 121.

王青，赵景兰，包艳龙，2011. 产业结构与环境污染关系的实证分析［J］. 吉首大学学报（社会科学版）（6）：92 - 97.

王群，王万茂，2015. 中国大陆地区土地利用结构研究进展［J］. 中国土地科学，29（8）：10 - 15.

王瑞鹏，王朋岗，2013. 城市化、产业结构调整与环境污染的动态关系：基于 VAR 模型的

实证分析 [J]. 工业技术经济 (1)：26-31.

王万茂，1983. 土地规划学 [M]. 北京：中国农业出版社.

王万茂，1993. 论土地生态经济学与土地生态经济系统 [J]. 地域研究与开发，12 (3)：5-10.

王万茂，1996. 市场经济条件下土地资源配置的目标、原则和评价标准 [J]. 自然资源 (1)：24-28.

王万茂，1997. 土地资源部门间分配与耕地保护 [J]. 中国土地科学 (2)：1-4.

王万茂，2002. 规划的本质与土地利用规划多维思考 [J]. 中国土地科学，16 (1)：4-6.

王万茂，2003. 土地资源管理学 [M]. 北京：高等教育出版社.

王万茂，李俊梅，1999. 关于土地资源持续利用问题的探讨 [J]. 中国土地科学，13 (1)：15-23.

王万茂，李俊梅，2002. 论土地系统的良性运行 [J]. 生态经济 (7)：53-55.

王伟娜，宋戈，2012. 哈尔滨市土地利用效益耦合关系研究 [J]. 水土保持研究，19 (2)：116-120.

王潇文，2010. 经济发展转型要求下广东"三旧"改造的经验与做法 [C] //规划创新：2010 中国城市规划年会论文集.

王欣亮，2015. 比较优势、产业转移与区域经济协调发展研究 [D]. 西安：西北大学.

王新生，姜友华，2004. 模拟退火算法用于产生城市土地空间布局方案 [J]. 地理研究，2 (36)：727-734.

王鑫，郑卫，2017. 与城市共生的大学社区：加拿大卡尔加里大学可持续校园规划建设解析 [J]. 浙江大学学报（理学版），44 (2)：221-227.

王修贵，王博，1994. 多目标决策在土地利用规划中的应用 [J]. 农业现代化研究，15 (4)：225-228.

王勇，樊仲琛，李欣泽，2022. 禀赋结构、研发创新和产业升级 [J]. 中国工业经济 (9)：5-23.

王云平，2006. 技术升级促进产业结构高度化 [J]. 经济研究参考 (67)：3-4.

王振华，2022. 数字普惠金融对农村居民消费与产业结构升级的影响研究 [J]. 价格理论与实践 (10)：188-191.

魏梅，2008. 资源和环境约束下的城市产业结构优化 [J]. 江苏环境科技 (2)：75-78.

魏农建，2000. 我国产业结构高度化的判析 [J]. 上海经济研究 (3)：6.

魏农建，刘静波，2011. 产业结构调整的政治经济学诠释 [J]. 产经评论 (1)：14-21.

魏彦昭，2000. 谈系统论与马克思主义哲学的联系 [J]. 衡水师专学报，2 (4)：14-15.

吴传钧，1991. 论地理学的研究核心：人地关系地域系统 [J]. 经济地理，11 (3)：1-6.

吴次芳，宋戈，2009. 土地利用学 [M]. 北京：科学出版社.

吴次芳，谭荣，靳相木，2010. 中国土地产权制度的性质和改革路径分析 [J]. 浙江大学学报（人文社会科学版）（6）：22-29.

吴嘉惠，吴克宁，李晨曦，等，2017. 土地利用经济效益耦合协调度及空间差异研究：以京津冀地区为例［J］. 中国农业资源与区划，38（6）：38-44.

吴敬琏，2008. 中国增长模式抉择［M］. 上海：上海远东出版社.

吴琼，濮励杰，符蓉，等，2008. 长三角地区产业升级与土地开发利用研究［J］. 改革与战略，24（10）：140-143.

武小龙，2015. 城乡"共生式"发展研究［D］. 南京：南京农业大学.

武晓霞，2014. 省际产业结构升级的异质性及影响因素：基于1998—2010年28个省区的空间面板计量分析［J］. 经济经纬，31（1）：90-95.

肖东生，石青，2011. 基于共生理论的湖南"3＋5"城市群区域合作研究［J］. 湖南社会科学（5）：119-121.

谢俊奇，1999. 可持续土地利用系统研究［J］. 中国土地科学，13（4）：35-38.

邢巧，王晨野，2011. 促进生态文明建设的海南产业结构调整探讨［J］. 生态经济（2）：333-337.

徐金哲，陶军德，2010. 哈尔滨市土地利用社会经济效益与生态环境效益相关分析［J］. 经济研究导刊（36）：142-144.

许坚，1998. 论土地利用中兼顾生态效益的经济意义［J］. 中国土地科学，12（5）：1-5.

许菱，刘道林，殷莲甜，等，2023. 经济复杂性、产品空间结构与产业转型升级：以稀有高熔点金属产业为例［J］. 资源开发与市场，39（1）：10.

许学强，朱剑，1988. 现代城市地理学［M］. 北京：中国建筑工业出版社.

薛秋童，封思贤，2022. "双循环"新发展格局下数字金融对产业结构升级的影响［J］. 暨南学报（哲学社会科学版），44（9）：1-24.

薛声家，2003. 基于投入产出模型的产业结构优化［J］. 暨南学报（哲学社会科学版）（1）：49-53.

严金明，1996. 土地利用结构的系统分析与优化设计：以南京市为例［J］. 南京农业大学学报，19（2）：88-95.

严金明，2001. 中国土地利用规划［M］. 北京：经济管理出版社.

严金明，2002. 简论土地利用结构优化与模型设计［J］. 中国土地科学，16（4）：20-25.

颜开发，叶祥峰，2011. 城市土地利用效益评价及其耦合关系研究：以桂林市为例［J］. 海南师范大学学报（自然科学版），24（4）：449-453.

杨承训，郭军，2009. 中国特色社会主义经济学［M］. 北京：人民出版社.

杨冬梅，万道侠，杨晨格，2014. 产业结构、城市化与环境污染：基于山东的实证研究［J］. 经济与管理评论（2）：67-74.

杨公朴，2005. 产业经济学［M］. 上海：复旦大学出版社.

杨万钟，1998. 经济地理学导论［M］. 上海：华东师范大学出版社.

杨玺，孙奕生，常世彦，等，2023. 加速能源转型与产业结构调整的环境健康协同效益评估：以京津冀鲁地区为例 [J]. 环境科学 (7)：1-14.

杨宇，2008. 城市土地利用结构与产业结构关系研究：以成都市为例 [D]. 成都：四川农业大学.

杨治，1985. 产业经济学导论 [M]. 北京：中国人民大学出版社.

杨治，1999. 产业政策与结构优化 [M]. 北京：新华出版社.

姚旻，2010. 生态文明理念下的产业结构优化：以贵州为例 [M]. 北京：经济科学出版社.

衣恩普，2009. 管子人本思想的现代视角 [J]. 学术交流 (3)：12-15.

殷闽华，肖志明，2018. 福州自贸片区用地结构优化与产业结构升级互动机制研究 [J]. 华东经济管理，32 (7)：35-39.

尹海英，2007. 企业文化与企业制度共生的机理研究 [D]. 长春：吉林大学.

于泽，章潇萌，刘凤良，2014. 中国产业结构升级内生动力：需求还是供给 [J]. 经济理论与经济管理 (3)：25-35.

余育礼，修广利，2022. 多维度视角下零售产业集聚形式与产业结构升级的相关性 [J]. 商业经济研究 (19)：180-183.

余子鹏，刘勇，2011. 我国产业结构调整与要素效率关系分析 [J]. 经济学家 (8)：20-26.

喻登科，解佩佩，高翔，2022.“双碳”目标下产业结构优化对区域绿色发展的影响研究 [J]. 创新科技，22 (9)：50-59.

袁纯清，1998. 共生理论：兼论小型经济 [M]. 北京：经济科学出版社.

袁纯清，1998. 共生理论及其对小型经济的应用研究（上）[J]. 改革 (2)：101-105.

袁纯清，2001. 共生理论 [M]. 北京：经济科学出版社.

袁纯清，2008. 和谐与共生 [M]. 北京：社会科学文献出版社.

袁纯清，2002. 金融共生理论与城市商业银行改革 [M]. 北京：商务印书馆.

袁礼，王林辉，2016. 不同类型技术进步对产业结构变迁的非对称性影响 [J]. 产经评论 (2)：37-47.

袁丽丽，2006. 武汉市土地利用效益演变及问题分析 [J]. 地理与地理信息科学，22 (2)：92-96.

袁满，刘耀林，2014. 基于多智能体遗传算法的土地利用优化配置 [J]. 农业工程学报，30 (1)：191-199.

原毅军，2008. 产业结构的变动与优化：理论解释和定量分析 [M]. 大连：大连理工大学出版社.

原毅军，董琨，2008. 产业结构的变动与优化：理论解释和定量分析 [M]. 大连：大连理工大学出版社.

原毅军，谢荣辉，2014. 环境规制的产业结构调整效应研究：基于中国省际面板数据的实证检验 [J]. 中国工业经济 (8)：57-69.

岳军，2003. 制度创新：中国产业结构优化的出路所在［J］. 山东大学学报（5）：106 - 109.

曾建民，2003. 略论绿色产业的内涵与特征［J］. 江汉论坛（11）：24 - 25.

臧俊梅，王万茂，2005. 我国土地利用的经济效益初探［J］. 广东土地科学，4（4）：19 - 23.

张宝山，陈娟，2006. 山东省土地利用经济效益综合分析研究［J］. 山东经济（6）：135 - 137.

张川川，2017. 中国的产业政策、结构变迁和劳动生产率增长1990—2007［J］. 产业经济评论（7）：17 - 33.

张殿发，卞建民，2001. 土地资源开发的农业生态效益评价［J］. 资源科学，23（2）：26 - 30.

张凤荣，2000. 中国土地资源及其可持续利用［M］. 北京：中国农业大学出版社.

张国强，温军，2011. 中国人力资本、人力资本结构与产业结构升级［J］. 中国人口资源与环境，21（10）：138 - 146.

张海兵，鞠正山，张凤荣，2007. 中国社会经济结构与土地利用结构变化的相关性分析［J］. 中国土地科学，21（2）：12 - 17.

张泓，柳秋红，肖怡然，2007. 基于要素流动的城乡一体化协调发展新思路［J］. 经济体制改革（6）：100 - 103.

张辉，丁匡达，2013. 美国产业结构、全要素生产率与经济增长关系研究：1975—2011［J］. 经济学动态（7）：140 - 148.

张建华，程文，2012. 中国地区产业专业化演变的U型规律［J］. 中国社会科学（1）：76 - 97.

张建华，李博，2008. KLEMS核算体系与产业结构优化升级研究［J］. 当代经济研究（4）：12 - 16.

张杰，庞瑞芝，2022. 货币政策不确定性、纵向产业结构与杠杆率分化［J］. 经济学报，9（4）：1 - 35.

张京祥，罗震东，何建颐，2007. 体制转型与中国城市空间重构［M］. 南京：东南大学出版社.

张琳，许晶，李影，2014. 我国城市土地资源稀缺度与区域经济增长的关系［J］. 城市问题（3）：19 - 25.

张萌，姜振寰，胡军，2008. 工业共生网络运作模式及稳定性分析［J］. 中国工业经济（6）：77 - 85.

张明斗，翁爱华，2022. 东北地区产业结构优化与城市土地集约利用协调性［J］. 自然资源学报，37（3）：734 - 752.

张秋变，李景国，2000. 邯郸市域土地利用结构与经济结构关系分析［J］. 河北师范大学学报（自然科学版），24（1）：129 - 132.

张荣天，焦华富，2014. 泛长三角城市土地利用效益测度及时空格局演化异［J］. 地理与地理信息科学，30（6）：75 - 81.

张舒，2001. 西方城市地域结构理论的评介［J］. 辽宁大学学报（哲学社会科学版），29（9）：84 - 88.

张苏缘，顾江，2022. 文化产业集聚如何赋能区域产业结构升级：基于城市品牌的中介效应分析 [J]. 江苏社会科学（5）：1-10.

张韦萍，石培基，尹君锋，2022. 兰西城市群土地利用效益时空演变及耦合协调关系 [J]. 生态学杂志，41（11）：1-13.

张文，孙林岩，何哲，2009. 中国产业结构演变的影响因素分析 [J]. 科技管理研究（6）：373-375.

张旭，2004. 基于共生理论的城市可持续发展研究 [D]. 哈尔滨：东北农业大学.

张颖，2005. 经济增长土地利用结构研究 [D]. 南京：南京农业大学.

张颖，王群，王万茂，2007. 中国产业结构与用地结构相互关系的实证研究 [J]. 中国土地科学，21（2）：4-11.

张正峰，赵伟，2007. 农村居民点整理潜力内涵与评价指标体系 [J]. 经济地理，27（2）：137-140.

章铮，1996. 边际机会成本定价 [J]. 自然资源学报，11（2）：107-112.

赵曼丽，2013. 我国县城农村公共服务协同供给研究：以共生理论为分析框架 [D]. 武汉：华中师范大学.

赵小敏，2004. 土地利用总体规划技术方法研究 [M]. 北京：新华出版社.

赵亚莉，2015. 长三角地区城市土地开发强度变化及其适度性研究 [D]. 南京：南京农业大学.

郑度，2002. 21世纪人地关系研究前瞻 [J]. 地理研究，21（1）：9-13.

郑华伟，张锐，刘友兆，2012. 基于物元分析的土地利用系统健康诊断 [J]. 中国土地科学，26（11）：33-39.

郑岚，张志斌，马亚兄，等，2022. 甘肃省土地利用效益评价及耦合协调度分析 [J]. 兰州大学学报（自然科学版），58（1）：11-19.

郑振刚，2016. 供给侧结构性改革下创新存量工业用地管理探析 [J]. 中国土地（8）：15-17.

中国土地勘测规划院土地利用所，1993. 黄淮海平原土地利用总体规划研究 [M]. 北京：科学出版社.

钟茂初，李洁，杜威剑，2015. 环境规制能否倒逼产业结构调整：基于中国省际面板数据的实证检验 [J]. 中国人口·资源与环境，25（8）：107-115.

钟契夫，1982. 投入产出原理及其应用 [M]. 北京：中国社会科学出版社.

周蓓，李艳娜，2003. 我国特大城市地域扩展中用地效益的初步研究 [J]. 经济地理，23（5）：640-644.

周诚，2003. 土地经济学原理 [M]. 北京：商务印书馆.

周海林，2004. 可持续发展理论 [M]. 北京：商务印书馆.

周玉东，2005. 和谐社会的哲学系统论解读 [J]. 广州大学学报（社会科学版），4（7）：67-70.

周章伟，陈凤贵，2011.2009 年广东省土地利用社会经济效益与生态环境效益协调发展研究 [J]. 地域研究与开发，30（6）：116 - 120.

周振华，1992. 产业结构优化论 [M]. 上海：上海人民出版社.

朱晓华，蔡运龙，蒋为国，等，2005. 自组织的土地利用系统 [J]. 中国土地科学，19（2）：21 - 28.

宗寒，2010. 我国经济发展中的产能过剩及其防治 [J]. 毛泽东邓小平理论研究（1）：30 - 38.

［德］哈肯，1981. 协同学导论 [M]. 郭治安，译. 西安：西北大学.

［德］克里斯塔勒，1998. 德国南部中心地原理 [M]. 常正文，王兴中，等译. 北京：商务印书馆.

［德］马克思，恩格斯，1965. 马克思恩格斯全集 [M]. 北京：人民出版社.

［德］马克思，恩格斯，1972. 马克思恩格斯全集 [M]. 北京：人民出版社.

［德］马克思，恩格斯，1995. 马克思恩格斯选集 [M]. 北京：人民出版社.

［德］屠能，1997. 孤立国同农业和国民经济的关系 [M]. 吴衡康，译. 北京：商务出版社.

［德］韦伯，1997. 工业区位论 [M]. 李刚剑，等译. 北京：商务印书馆.

［加］歌德伯戈，钦洛依，1990. 城市土地经济学 [M]. 北京：中国人民大学出版社.

［美］蒂坦伯格. 环境与自然资源经济学（经济科学译丛）[M]. 10 版. 北京：中国人民大学出版社，2016.

［美］雷利·巴洛维，1989. 土地经济学：不动产经济学 [M]. 北京：北京农业大学出版社.

［美］钱纳里，1989. 工业化和经济增长的比较 [M]. 上海：上海三联书店.

［美］斯蒂格利茨，2000. 经济学 [M]. 2 版. 北京：中国人民大学出版社.

［美］西蒙·库兹涅茨，1999. 各国的经济增长 [M]. 北京：商务印书馆.

［美］伊利，莫尔豪斯，1982. 土地经济学原理 [M]. 腾维藻，译. 北京：商务印书馆.

［美］约翰·H. 霍兰，2000. 隐秩序：适应性造就复杂性 [M]. 周小牧，等译. 上海：上海科技教育出版社.

［日］黑川纪章，2009. 新共生思想 [M]. 覃力，杨熹微，慕春暖，吕飞，等译. 北京：中国建筑工业出版社.

［日］尾关周二，1996. 共生的理想 [M]. 卞崇道，译. 北京：中央编译出版社.

［英］亚当·斯密，1996. 国民财富的性质和原因的研究 [M]. 北京：商务印书馆.

Anselin L，1995. Local indicators of spatial association - LISA [J]. Geographical Analysis（2）：93 - 115.

Block O，1987. Compensating corporate venture managers [J]. Journal of Business Venturing（2）：41 - 52.

Brouwer F M，Thomas A，Chadwick M J，1991. Land Use Changes in Europe：Proeesses of Change. Environmentalions and Future Pattems [M]. Dordreeht：Kluwer Academic Publishers（8）：21 - 47.

Carsjens G J，Van Der Knaap W，2002. Strategic land – use allocation：dealing with spatial relationships and fragmentation of agriculture [J]. Land – scape and Urban Planning，58 (2)：171 – 179.

Chenery H B，Syrquin M，1975. Pattern of development，1950 – 1970 [M]. London：Oxford University Press.

Cooper A，Shine T，McCann T，et al.，2006. An Ecological Basis for Sustainable Land Use of Eastern Mauritanian Wetlands [J]. Biological Conservation，67 (1)：116 – 141.

David Rhind，Ray Hudson，1980. Land Use [M]. London：Methuen.

Deng Xiangzheng，Huang Jikun，Rozelle Scott，et al.，2010. Economic growth and the expansion of urban land in China [J]. UrbanStudies，47 (4)：813 – 843.

Ding Chengri，Lichtenberg E，2011. Land and urban economic growth in China [J]. Journal of Regional Science，51 (2)：299 – 317.

Douglas A E，1994. Symbiotic Interactions [M]. Oxford：Oxford University Press.

Fan C，Scott A，2003. Industrial agglomeration and development：a survey of spatial economic issues in East Asia and a statistical analysis of Chinese regions [J]. Economic Geography (79)：295 – 319.

Getis A，Ord J K，1992. The analysis of spatial association by use of distance statistics [J]. Geogra Analysis (24)：189 – 206.

Grossman G，Krueger A，1995. Economic Environment and the Economic Growth [J]. Quarterly Journal of Economics，110 (2)：353 – 377.

Kuznets S，1971. Economic growthof nations：Total output and production structure [M]. Cambridge：Belknap Press of Harvard University Press.

Lichtenberg E，Ding Chengri，2009. Local officials as land developers：Urban spatial expansion in China [J]. Journal of Urban Economics，66 (1)：57 – 64.

Margulis L，1981. Symbiosis in cell evolution [M]. New York：W. H. Freeman.

Maslow A H，1943. A theory of human motivation [J]. Psychological Review，50 (4)：370 – 396.

Moore J H，1978. A measure of structural change in output [J]. The Review of Income and Wealth (12)：105 – 117.

Moran E，O Jima D，Buchman N，et al.，2005Global Land Project：Science Plan and Implementation Strategy [R]. Stockholm：IGBP Report NO. 53 and IHDP Report NO. 19.

Paul K，1991. Increasing Returns and Economic Geography [J]. Journal of Political Economy，99 (3)：483 – 499.

Podrecca E，Carmeci G，2001. Fixed Investment and Economic Growth：New Results On Causality [J]. Applied Economics (33)：177 – 182.

Rey S, 2004. Spatial analysis of regional income inequality. In: Goodchild M, Janelle D (eds). Spatially Integrated Social Science: Examples in Best Practice [M]. Oxford: Oxford University Press.

Ru X, Chen S, Dong H, 2012. An Empirical Study on relationship Between Economic Growth and Carbon Emissions Based on Decoupling Theory [J]. Journal of Sustainable Development, 5 (8): 43 - 48.

Sang - II L, 2001. Spatial Association Measures for an ESDA - GISFramework Developments Significance Tests, and Applications toSpatio - Temporal Income Dynamics of U. S. Labor Market Areas, 1969 - 1999 [D]. Ph. D Dissertation, Ohiothe: Ohio StateUniversity.

Scott, George D, 1969. Plant symbiosis [M]. London: Edward Amold.

Timmer M, Szirmai A, 2000. "Productivity Growth in Asian Manufacturing: The Structural Bonus Hypothesis Examined" [J]. Structural Change and Economic Dynamics, 11 (1): 371 - 392.

Tumer II B L, Clark W C, Kates R W, et al. , 1990The Earth as Transformed by Human Action: Global and Regional Changes in the Biosphere Over the Past 300 Years [M]. Cambridge, New York: Cambridge University Press.

Tumer II B L, Meyer W B, Stole D L, 1994Global Land - use/Land - cover change: towards an integrated study [J]. Ambio, 23 (1): 91 - 95.

Westing A H, 1989. The environmental component of comprehensive security [J]. Security Dialogue, 20 (2): 129 - 134.

Williamson O E, 2000. The New Institutional Economics: Taking Stock, Looking Ahead [J]. Journal of Economic Literature, 38 (3): 595 - 613.